家康公が生まれた岡崎城

街の中心部を流れる乙川

岡崎の桜まつり

岡崎中央総合公園内の芝桜

東公園の花菖蒲

北山湿地

五万石ふじ

岡崎城下家康公夏まつり花火大会

くらがり渓谷

家康公生誕祭

滝山寺鬼まつり

岡崎版吉本新喜劇の事前PR

「すち子のハッピーウエディング?イン岡崎」に出演(2015年8月22日)

「内田康宏と行く加賀百万石の金沢・五箇山合掌集落」男川学区の参加者と

地域の盆踊り大会にて

「あいちトリエンナーレ2013」康生会場

2013年3月18日、総務省から「レッドサラマンダー」が貸与される

市長室にて

市政報告会

市民対話集会

カナディアン・カヌーによる乙川視察

はすの花が咲く伊賀八幡宮

家康行列で本多忠勝公を演じる藤岡弘、さん

家康公が再起を誓った大樹寺

滝山東照宮

本多忠勝公像と三河武士のやかた 家康館

松平家・徳川家の崇敬篤い六所神社

東公園「恐竜広場」

ティラノサウルス（右）プラキオサウルス

ステゴサウルス

パキケファロサウルス

パラサウロロフス

アンキロサウルス

プテラノドン

トリケラトプス

赤ちゃんのトリケラトプス

子どものトリケラトプス

スピノサウルスのすべり台

JR岡崎駅前「出会いの杜公園」オープン（2018年3月24日）

旧額田郡公会堂

岡崎信用金庫資料館

奥殿陣屋

岡崎泰平の祈り　天の川プロジェクト®

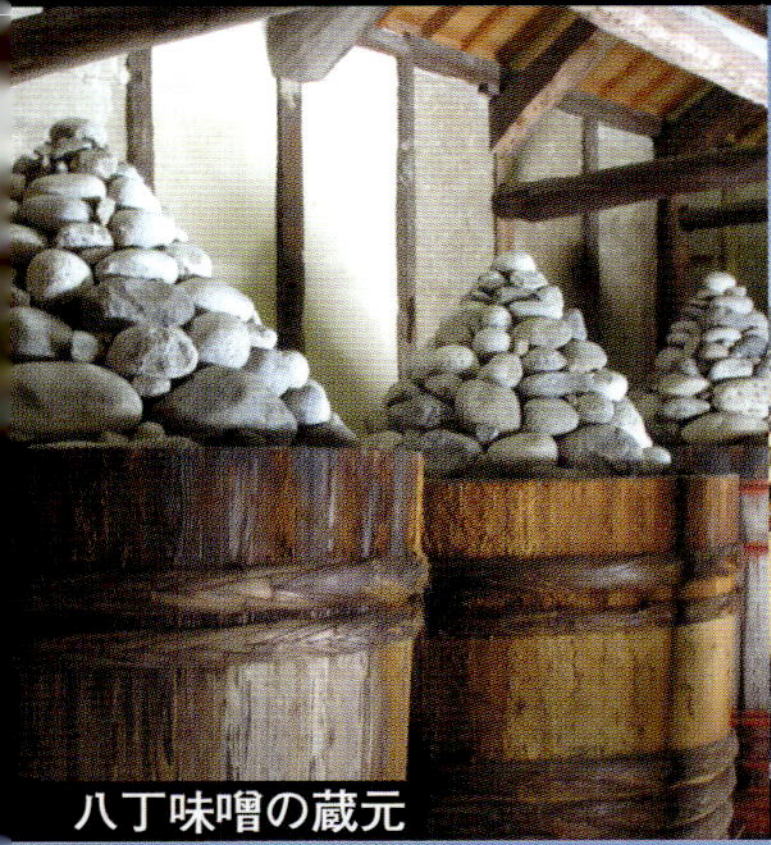
八丁味噌の蔵元

六ツ美悠紀斎田お田植えまつり

六供配水場

岡崎モーターフェスティバル

乙川人道橋（仮称）のイメージ

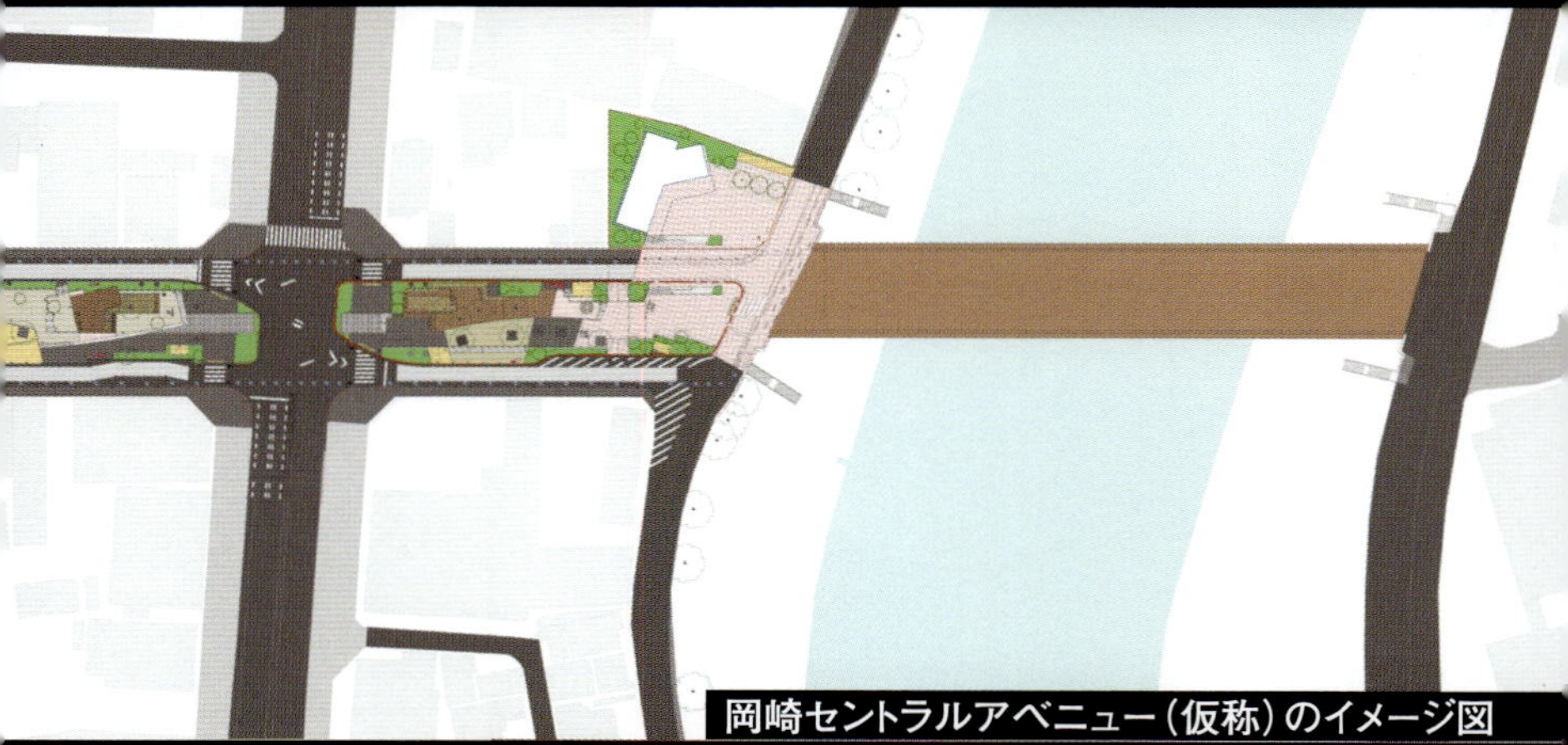

岡崎セントラルアベニュー（仮称）のイメージ図

井伊直政公像

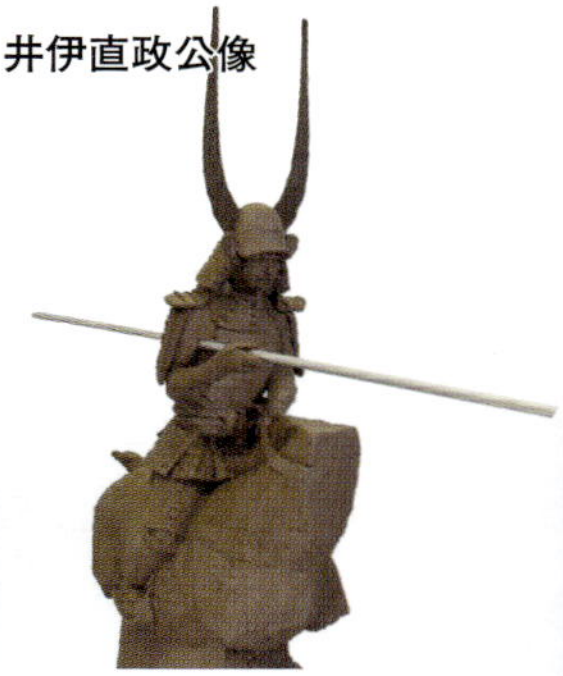

北東街区の夜景（イメージ）

馬上の将　徳川家康公像

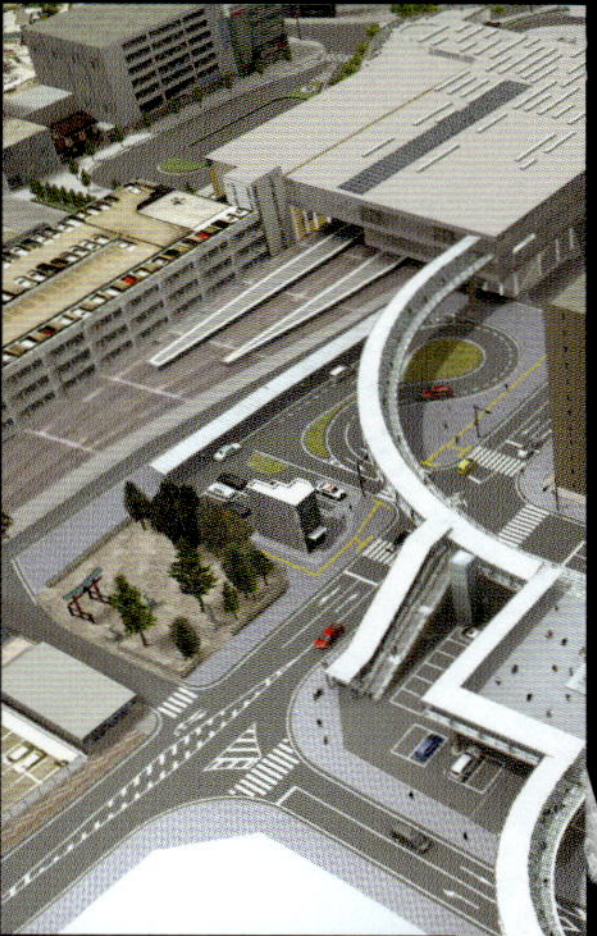

北東街区　（イメージ）
ペデストリアンデッキ

本多忠勝公像

酒井忠次公像

榊原康政公像

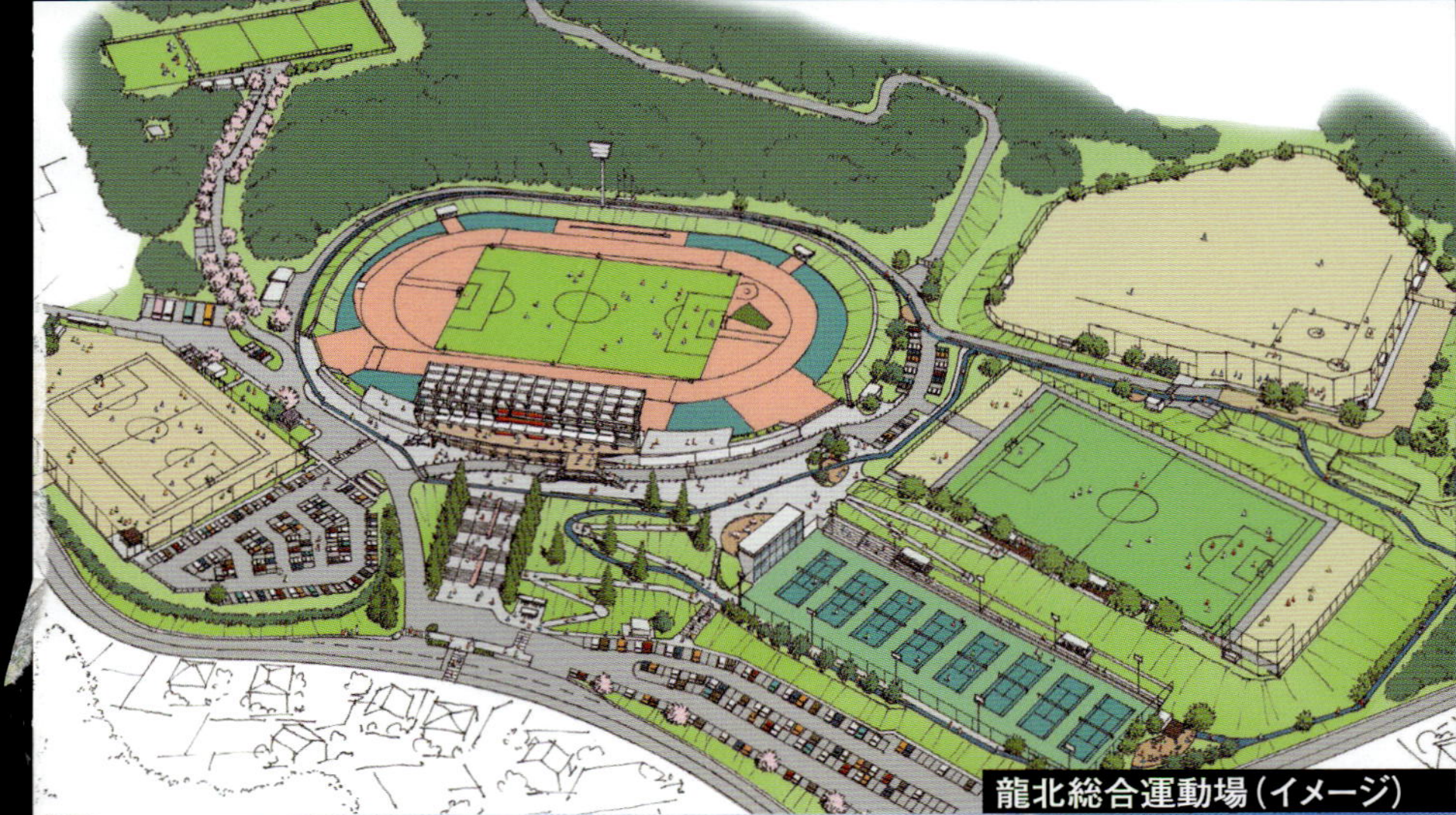

龍北総合運動場（イメージ）

藤田医科大学岡崎医療センター外観（イメージ）

出初式の花形　一斉放水

夢ある新しい岡崎へ

内田康宏

はじめに

私が平成24年（２０１２年）に市長に就任してからこれで６年目を迎えている（執筆時）。決してこれまで国や県の施策を眺めながら選挙公約や政策を考えてきたわけではない。長年、岡崎市の歴史的経緯や先人たちの思い、積み重ねてきた政策の流れを見て、岡崎市が向かうべき方向性、本市が行うことによって大きな効果が期待できる施策を模索してきた結果が、現在の本市のまちづくりのベースとなっている。

とはいえ、当初から私のめざしてきた〝歴史的文化遺産を活かしたまちづくり〟と〝美しい自然景観・河川空間を活かしたまちづくり〟というものが、国の推進している「歴史まちづくり」事業と「かわまちづくり」計画と合致していたため、大きな追い風となり、例外的ともいえる資金援助を受けながら事業が進んでいることは、現在、目で見て御理解頂けることと思っている（国から両事業の認定を受けているのは、当時県下で岡崎のみであった）。

時に〝補助金目当ての事業〟だとか〝ハコモノ行政〟といった言葉に結びつけて言いがかり的な批判をされる方もあるが、これは今まで私が申し述べてきたことに対する無理解と独自的先入観に基づく曲解であり、私の本心とは全く異なるものである。

私の政策は終始一貫して「ふるさと岡崎をより良い所にしたい」というシンプルな動機に基づくものであることを重ねて申し述べておきたいと思う。

もちろん、これまで国や県との政策調整、議会の審議と議決、そして私が公約の一つとして設立した民間の知恵を活用した岡崎活性化本部等からの提言、専門家の識見、地元の要望などを勘案する中で、最初の公約の内容から形が変わってきたプランもあるが、骨子は同じ流れである。

たとえば一部の政党から反対されていた乙川人道橋は、そもそも二つの橋を架け替える〝ツイン・ブリッジ構想〟が変形してできたプランである。建築後90年近く経過し老朽化が目立ち、中心市街地の渋滞の要因ともなっている殿橋《とのばし》と、明代橋《みょうだいばし》の二橋を架け替えることが県の政策と異なるため種々の理由によってできないこととなり、次善の策として岡崎活性化本部から提言されたのが人道橋である。しかも本市における政策実現は他の多くの都市のように、議会における審議と議決のみを正当性の根拠とするのではなく、50回近い市民対話集会、３００回を超える各種講演会・政策説明会を重ねることにより実施してきたものである。

求められれば、小中学校へも講演に出かけ、今年度は高校生、大学生も対象とした対話集会も始めている。

周知のための努力も半端ではない。市の広報やマスコミ報道（時に偏向報道もあった）のみに情報提供を頼らず、6年間にわたり重要案件は私のブログによって逐一詳細に説明しており、タウン誌「リバ！」上でも毎月継続して意見を述べてきている。自ら標榜している「顔の見える民主主義」の実現のため、ここまでやっている首長は他にいないものと自負している（いたら教えてください）。

ところが世の中には、ここまでやっても「市民の声を聞け」と言う人たちがいるのである。この人たちの言う市民とは一体いかなる人々のことであろうかと思うものである。議事録は公開され、各戸配布の広報で何度も発表され、もちろん毎度各マスコミが取り上げている。これだけの情報開示が行われている中で市の政策を知らないというのは、そもそも政治に関心が無いか、理解する能力に欠けているか、異なる思想の相手の言うことにははなから聞く耳を持たない人たちであると考えている。

私としては、これからもできる限り多くの方のご意見を拝聴しながら、先人、専門家、識者の提言を参考にし、より良い政策の実現のために邁進する心づもりである。

また、私は、常々「モノづくり」の岡崎に続く「観光産業都市」岡崎の建設をうたっているが、原点はあくまで住んでいる人が楽しく快適に安心して暮らせるまちづくりである。当然ながらそうしたまちでなくては、国内はもとより外国からも多くの人が来ることは考えられないからである。

そして、究極の目的は、岡崎の子どもたちが自らのふるさとに対してこれまで以上に大きな愛情と誇りの持てる「夢ある新しい岡崎」を築くことである。

平成30年9月12日

岡崎市長　内田康宏

夢ある新しい岡崎へ　もくじ

◆２０１２年～２０１３年

◆２０１４年

◆２０１５年

◆２０１６年

◆２０１７年〜２０１８年

◆内田やすひろクロニクル

生い立ち

2012年
9月21日

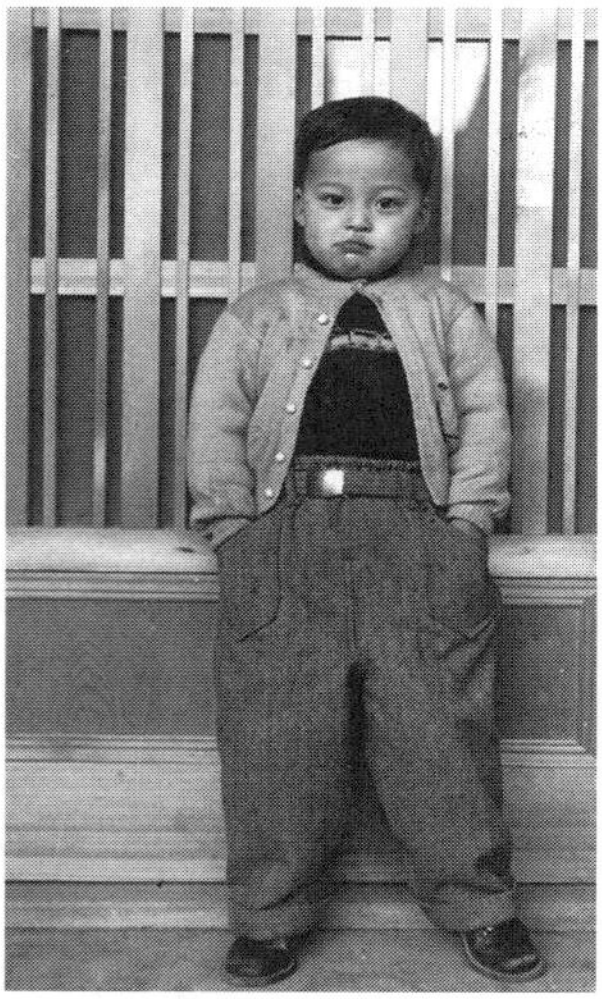

愛隣幼稚園時代

昭和27年（1952年）12月23日、辰年生まれ。愛知新聞社（注・東海愛知新聞社の前身）の社主であった内田喜久《よしひさ》の長男として、岡崎市康生町に誕生。

写真はキリスト教系の愛隣幼稚園に通っていたワンパク坊主時代のものである。この頃は日活映画の全盛期であり、石原裕次郎がスターであった。決してそのポーズを真似しているわけではない。こういう生意気なガキであったのである。

当時の子どもたちの遊びは刃のついていないオモチャの金属刀でのチャンバラや、銀玉鉄砲を使った戦争ごっこなどであった。私の子ども時代であった昭和30年代はテレビが一般的に普及し始めた時代であり、子どもたちのヒーローは「月光仮面」や「七色仮面」、「快傑ハリマオ」、「赤胴鈴之助」、「白馬童子」などであった。

黒潮おどる南海に　血風すさぶ離れ島
生まれてここに十余年　仇なす敵に剣をとる
ああ　変幻　三日月丸は　快男児

私は今でも「変幻三日月丸」の歌を口ずさむことができるが、覚えている人がほとんどいないのが悲しい。

「鉄腕アトム」や「鉄人28号」のマンガが月刊少年誌の誌面におどり、週刊の「少年サンデー」や「少年マガジン」が刊行されたのもこの頃であった。その後テレビはアメリカの戦争ドラマ「コンバット」や忍者モノの「隠密剣士」、ＮＨＫの「ひょっこりひょうたん島」が流行り、映画館は若大将・加山雄三がスターの時代となっていた。日本の高度経済成長の始まりと共に生活は年々豊かになり、大きく時代が移り変わっていった。安保闘争などで世間は騒然としていたが、古き良き時代であったことは間違いない。

愛隣幼稚園時代は、背中に刀をしょって風呂敷で覆面をして近所の子どもとともにお城の石垣をよじ登ったりした。朝近所の子どもたちとグループで登園したはずなのに、昼になっても12人ほどの子どもたちが到着せず大騒ぎになったこともある。

園児失踪事件の首謀者は私であった。その頃の幼稚園は弁当持ちであった。弁当を持って家を出ればどこに行こうとこっちのものである。愛隣幼稚園は六供町《ろっくちょう》にあるが、近所の子どもたち全員で甲山《かぶとやま》に遊びに行くことにした。木に登ったり、防空壕の跡の洞穴にもぐり込んだりして遊んでいるところを先生や親たちに発見された。今であったら新聞沙汰である。おかげさまで「あの子とは遊ばないように」と周りでよく言われたものだ。

留学時代

2012年
9月23日

地元の連尺小学校、城北中学校、県立岡崎北高校を経て、昭和46年（1971年）、日本大学法学部に入学。高校の担任の教師に、

「浪人して大学入試を再挑戦したい」

と言うも、

「浪人すれば必ず学力が上がるとは限らん。それに大学は大学生としての学究の場であり、

中南米探検の旅でマチュピチュへ

ニューヨーク、ワシントン・スクエア公園にて（1975年11月）

大学の名前より本人の心がけの方が大切だ。もし、そんな余分な時間と金があるなら、君はアメリカに行け」

と言われ、気がつけばその通りの人生コースを歩んでいた。

大学を卒業した昭和50年（1975年）に渡米、ニュージャージー州立ラトガス大学のサマー・コースを受講する。9月からの学部入学の予定が狂い、ニューヨーク大学に通うことになる。ニュージャージー州リビングストン市の教育長宅に居候しながら（ホームステイではない）半年間を過ごす。

昭和51年（1976年）6月よりインディアナ州立大学に入学。政治学を学ぶ。2年間の大学生活のあいだ、友人と剣道部を創立したり、日本人会の幹事をやったり、各種パーティーやスポーツ・

大学構内のレモン湖で

イベントにかかわったりした。どうもその頃の経験が今日につながっているような気がしてならない。
夏休み、冬休みは日本へ帰らず、長距離バス（グレイハウンド）を乗り継ぎ、アメリカ大陸をほぼ一周。また友人と二人で中南米探検の旅にも出た。前ページの写真はペルーの奥地、マチュピチュに行ったときのもの。当時23歳。
このころは朝から晩まで勉強していた。そんなことはこれまで私の人生にはなかった。寮→学部→図書館→寮→学部……という魔のトライアングルの毎日。
この写真は大学の構内のレモン湖で撮ったもの。まさか中西部のここでヨットに乗れるとは思わなかった。ひさしぶりの解放感にゴキゲンの私。

安倍晋太郎先生の秘書になる

2012年
9月27日

昭和53年（1978年）6月、イリノイ大学主催の第19回ヨーロッパ探求旅行に参加。日本人は自分だけだった。旅行終了後、フィンランドのヘルシンキからモスクワを経て、シベリア鉄道でソ連を単独横断、出発から3か月後ナホトカ経由、船で横浜に帰る。実に3年半ぶりの帰国となった。

帰国後、父の三度目の市長選を手伝ったあと、昭和54年（1979年）5月末より、当時竹下登氏、中川一郎氏、宮澤喜一氏らと共にニューリーダーと呼ばれた安倍晋太郎代議士（晋三・元総理の父）の秘書となる。福田派・清和会付きの秘書として全国遊説の随行役を担った。

仕事を終え、安倍先生と遅い夕食

テレビや新聞でしか見たことのなかった、田中角栄、福田赳夫、大平正芳、三木武夫、中曽根康弘といった大物たちと毎日のように顔を合わせ、後に〝三角大福時代〟〝自民党戦国時代〟と呼ばれる激動の時代にかけがえのない政治体験をすることができた。当時、世田谷の安倍邸においでになっていた晋太郎先生の岳父、「昭和の妖怪」こと岸信介先生と何度かいっしょに朝食を頂いたことがあるが、緊張のあまりしびれた。今そんな政治家はいない。

昭和55年6月。衆議院選挙（衆参同日選挙）に突如自らが出馬することになった。

本来ならば、父が出馬するのが順当であったが、3回目の市長選挙を終えたばかりで岡崎の経済界から自重を求められていたようだった。現職の県会議員も県会の職を賭けてまで国政選挙にうって出る決断をされる方もなく、お鉢が私にまわってくることになってしまった。

千賀代議士以来、三十数年間地元の代議士のなかった岡崎に、中央との独自のパイプを作ろうという気運の高まりに乗った形になった。今思えば、傍《はた》から見れば無謀な挑戦としか見えなかっただろう。準備不足の中、解散から33日間の総選挙を全力で戦うも、7万8480票の御支援を頂きながら当選には至ることができなかった。悔しさと共に徒労感にまみれた選挙戦だった。

その後選挙違反事件が起き、岡崎市民に多大なる御迷惑をおかけすることとなる。自らが関与していなくとも、こと志に反する不祥事に対するショックで政治への道を断念しかける。しかし、選挙違反事件に連座した市会議員の3分の2以上の方々が各地で私を励ます会を開いてくださった。

「君がここで志を断念するということは、自分たちがやってきたことがすべて過ちであったということになってしまう。くじけることなく、再起を期してほしい」

と何度も励まされたものだった。

そうした皆様の変わらぬ決意と熱心さによって、徐々に私の心も変わって来た。さらに多くの支援者の方々からの励ましと期待の言葉とお支えの力のおかげで、今日への歩みを再開することができました。感謝。

愛知県会議員に初当選

2012年10月2日

政治浪人中の私は、おじの会社に籍を置き、主に損害保険の部門を担当し、その間上級代理店の資格を得ることができた。また、設備会社であったおじの会社で現場の人手が足りないときには、学生時代にアルバイトをした経験のある私が現場の手伝いに出向いたこともある。おかげで、今もトラックや単車が運転できるし、簡単な家のリフォームは自分でできる。現に今も暇を見つけて家の改築をひとりでやっている。

元来土いじりや工作が好きな性分でもあり、良き同僚にも恵まれ、そうした期間を明るく過ごせたことは幸運であった。同時に貴重な社会体験を積むことができた時期でもあった。また、もの好きな女性と縁があり、結婚したのもこの頃だった。

昭和62年（1987年）4月。7年間の雌伏の時を経て、県議選に出馬。大激戦の末、保守系候補者四人の内最上位となり、初当選した。

この時ほど人の情けや善意、ご支援の力をありがたく思ったことはない。大きな挫折、失敗を乗り越えて私が政治への歩みを再開することができたのは、今は亡き多くの先達と岡崎市民の皆様の真心のおかげである。変わらぬご支援を頂いている後援会の皆様、ご理解を賜っている市民の皆様に改めて感謝を申し上げます。

この当時自民党の総務会長であった安倍晋太郎先生がお忙しい日程をぬって、選挙の応援に来てくださった。中央政界の大物が自分の地元でもない県会議員の選挙の応援に来るのは、異例中の異例のことである。その恩に報いるためにも、なんとしても勝たなくてはならないという気持ちになった。

安倍晋三先生、奈倉しゅんさんと

また、当時秘書官をつとめておられた安倍晋三先生にも、この選挙のために総決起大会、青年部の総会、そして選挙中と、3回も応援に駆けつけて頂いた。

写真の真ん中の女性は、高校時代の下宿先の材木町の奈倉しゅんさんです。子ども時代からずっとお世話になってきた方。年齢的には私の祖母と同じくらいであるが、「おばあさん」と

言うと、

「子を産んだことのない女がなんでばあさんじゃ！」

と怒られる。旧制女学校の出身で、ドイツ語でシューベルトの「野ばら」を歌ったりする、文字通り「モダンばあさん」であった。私が東京で生活するようになってからも、ときどき電話がかかってきて、

「今晩9時からＮＨＫの教育でキャサリン・ヘップバーンの『旅情』をやるから、見ておきなさい。あれは名作だから」

などと指示をされる。私の外国映画好きは彼女の影響もあると思う。

県議初当選から26年。

私の郷土愛、ふるさと岡崎のためにガンバロウという気持ちはますます強くなっている。

県議会副議長、議長に就任

2012年
10月3,8日

一回は当選しないと応援頂いている皆様に申し訳ない、と思って戦った最初の県議戦から5回連続当選。県議5期目の平成15年（2003年）11月28日、国政選挙出馬のために辞任した副

議長のあとを受け、第95代副議長に選任された。

12月、いきなりぶっつけ本番の議会であったが、同僚、先輩、事務局の助力もあり無事任務を果たすことができた。後に先輩から、「党が危機に陥りかけたあの時の君の決断と行動の結果が、後の議長への道につながったんだよ」と言われたが、当時はそんなことを考えている余裕もなかった。

翌年平成16年（２００４年）３月に、アメリカの太平洋艦隊である第七艦隊旗艦のブルーリッジが名古屋港に寄港することになった。県庁に届いた艦上レセプションの招待状に対し、事務局から、

「知事、副知事、議長も出席しないので、内田副議長も欠席されてはどうか」

という提案があった。私は、

「日本の有事には必ずお世話になることになるわけだから、ぜひ誰かが出席するべきだ」

と言って出席した。もちろんそのことは先輩の県議にも相談して決定したことである。今は地方自治体であっても国政の問題に無関係ではいられない時代となっていると思う。

ちなみに私がブルーリッジを訪れるのはこのときが二回目であった。秘書時代安倍晋太郎先生の代理として、10人ほどの国会議員といっしょに、横須賀に寄港中のアメリカ太平洋艦隊の原子力航空母艦ミッドウェイとともにブルーリッジを訪問したことがあった。そのときにミッドウェイではなく、巡洋艦なみの大きさの、しかしコンピューターの塊のような艦橋を持つブ

ルーリッジが第七艦隊の旗艦であることを知り、たいへん驚いたものであった。現代の海戦における旗艦は、大きな攻撃力のある船ではなく、宇宙衛星と連携をとりながら艦隊全体に的確に指令を下すことのできる船になっているのだ。

現代社会における人間も同じではないだろうか。

平成18年（２００６年）５月26日。県議５期目の最終年、同僚、先輩の議員に推され、第86代愛知県議会議長となる。岡崎人として実に55年ぶりのことであった。まさか自分が県会議長になれるとは思っていなかった。かつて先輩の議長を仰ぎ見ていたものだったが、その任の重さを自ら一身に感じたものだった。

第86代愛知県議会議長となる

縁というのは不思議なもので、この同じ年、安倍晋三先生が第90代内閣総理大臣に任命された。それぞれが国と県の重責につくこととなった。

そして平成24年（２０１２年）９月、安倍先生は自民党総裁となった。再び総理への道を歩もうとしている時、私も新たなる道に挑戦していた。10月21日の市長選挙までひと月を切っていた。何か見えざる力の存在を信じずにはいられない。

◆出馬表明から初登庁まで

出馬表明

平成24年（2012年）4月25日は忘れられない日となった。この日、2月以降面会を求めてもドタキャン続きで会うことのできなかったS市長宅を訪れ、市長選出馬の意志をようやく伝えることができたのだ。

記者会見の日時の設定のため、担当に電話したところ、翌日の昼ならOKということで、急遽26日の昼、市役所で出馬の記者会見をすることが決まった。「市長選出馬は、一時の思いつきではなく、長年熟考し、自らの年齢と経験を考えた上で決断した。岡崎に生まれ岡崎に育った一人として、次の新しい岡崎建設に向けてがんばりたい」ということを語った。重点政策としては、歴史文化遺産を活かした観光都市岡崎の建設と川の水辺空間を活用した町づくりを訴え、不必要なハコモノ行政は廃し、教育、医療、福祉に光を当てた市政をめざすことを表明した。

当初はまだ現職が再出馬するかどうかわかっていなかった。6月に進退表明をするということであったが、どうやらこれは時間稼ぎで、すでに秘密裏に対抗馬の擁立に動いていたことが当事者らの証言で後に判明している。しかも複数の関係者の弁によれば、真意は私を市長選におびき出して、つぶしてしまうことが目的であったそうである。

この年の選挙は、後援会の活動が夏をはさんでのものであり、暑さとの戦いでもあった。暑いさなか、様々な年代の多くのボランティアの皆さんのおかげで選挙への準備が着々と進められていった。ただただ感謝の一言である。

初日から中盤戦へ

前市長と現知事が後押しする対立候補には、労組と、宗教団体を母体とする政党も推薦する形となった。

私は９月26日の総決起大会をはずみに10月の選挙戦に突入と考えていた。同日に行われた自民党総裁選のため安倍晋三先生の来岡は不可能となったものの、昭恵夫人の来訪により、かえってムードが上がる結果となった（天佑神助《てんゆうしんじょ》は我にあり、と思ったのもこの頃から）。

初日の10月14日の出陣式は、安倍晋三総裁が来られないということでまたしても奥様の昭恵さんにお出で頂くことになった。昭恵さんは出陣式だけでなく、その後の街頭宣伝活動にもご参加頂いた。

驚いたことに、自分の話が終わると街宣車を降り、道行く人ひとりひとりにお願いしながら握手をしている。交差点の信号が青に変わると、横断歩道を走って道路の向こう側の人たちにもお願いをして回っている。自分の選挙ならともかく、応援に来てここまでやってくださる方は珍しい。さらに、お帰りになる直前に残していった言葉は、

「もう一度主人には選挙中に来るように頼んでみます。そのときには大きな会場で話をさせるのではなくて、大通りだとかスーパーの前とか駅前とかを歩かせてください。大きな会場で話をしても聞いているのは味方ばかりです。外に出れば必ずしも支援者ではない方たちに接触できます。そういう使い方をした方が効果的だと思います」

なかなかここまでは言えない。まさに政治家の妻の鑑である。

選挙戦初日、安倍昭恵さんが応援に

その後中央から続々と応援がかけつけた。

丹羽秀樹衆議院議員、参議院議員の片山さつき先生、佐藤ゆかり先生、藤川政人県連会長（参議院議員）、鈴木政二参議

院議員、鈴木淳司前衆議院議員、伊藤忠彦前衆議院議員、などの方々の激励を頂いた。またいつになく尾張名古屋の先生方のご協力が多く、ほとんどの自民党の県会議員の方々にかけつけて頂いた。

今回は毎朝、各駅の駅頭で朝7時ころから「駅立ち」を行った。８時前にはマイクも使えない。ただ「おはようございます。市長候補の内田です。よろしくお願いいたします」と連呼するだけである。１００人にひとりくらい握手をしてくれる人がいる。その人の顔が神様のように見える。

昨年の県議選で、私の後援会の主要地盤でない岡崎市内の北部や南部を街宣車で回ると、現地の反応はきわめて冷ややかであった。当り前である。地元の候補者がいるところでよその候補者が来て宣伝活動をやっても、誰も振り返らない。ところが今回は北部の中根よしたか県会候補、南部の青山秋男県会議員ならびにご子息の青山周平さん、そして額田からのうめむら順一県会候補、それぞれの協力と支援を受けている。そのため今まで無反応に近かった街宣活動に対して、各地であたたかい応援を頂くことができた。同じことが各地域で行われた個人演説会の場にお集まり頂いた皆様の顔ぶれにもあらわれていた。

ばらばらであったそれぞれの保守勢力が今回の選挙を通じて、初めてひとつの方向に結集しつつある兆しを感じた。

自民党安倍総裁来たる

各候補の運動は徐々に熱を帯びてきた。岡崎市内を45人の市会議員候補者と4人の県会議員候補者と2人の市長候補者、そして各党ならびに市長候補の確認団体の街宣車約60台が大音量を上げながら走りまわっているのだ。

今回の選挙で各候補者の主張における大きな違いというのは、あまり見受けられない。岡崎市という限定された地域での政治課題というものを現実的に考えれば、対応策、政策といったものが似通ったものになってくるのは当然のことであろう。そうした中で市長選における考え方の違いが二つ浮かび上がってきた。

ひとつは、私の唱える市民生活に密着した医療・福祉・教育の重点主義の堅実政策。

もうひとつは、対立候補の方の、借金を増やしても新文化会館、第二市民病院を作るという積極政策。

それぞれの姿勢の違いが明確になってきた。

ただ私の場合、堅実と言っても、決して何もやらないということではない。岡崎市政100周年記念事業として「岡崎ツインブリッジ」構想（殿橋、明代橋の橋上公園化＋石のモニュメント）による岡崎の新しいシンボル（使えるモニュメント）の建築も提案している。

これは「観光都市岡崎」を作るためのひとつの目玉であり、中心市街地再開発への道程であるとも考えている。


10月19日（金）。自民党安倍総裁、来たる。

奥様の昭恵さんのご尽力はじめ、各国会議員の働きかけ、そして佐藤裕彦《ひろひこ》元都議会議員の粘り強い交渉のおかげをもって、半ばあきらめかけていた安倍総裁来訪が実現した。国政選挙が近づいていることもあって、総裁の地方応援は原則的に国会議員だけである。地方選挙の応援の前例を作ると収拾がつかなくなる。よって自民党本部は個人的な人間関係による地方選挙への党幹部の応援を歓迎しない。そのことがわかっているだけに、今回の安倍晋三総裁の信義ある行動には頭が下がる（お父上の安倍晋太郎先生も私の最初の県会議員選挙のときに、当時自民党総務会長の立場でありながら、応援にかけつけてくださった）。

何よりも驚いたのは、この日は午後4時から各党党首会談が予定されており、国政選挙の解散問題が話し合われるのだ。そんなときによく応援に来て頂いたものだ。

選挙後、多くの人から「あのタイミングで安倍さんが来てくれたことが決定的だったね」ということを言われた。

10月20日（土）選挙戦最終日

緑丘学区市民ホームにおける今選挙最後の個人演説会を終え、事務所に帰ってきた。事務所常勤者とともに多くの支援者の方々のお迎えを受けた。ホールで選挙のご協力に対するお礼の挨拶を終え、事務所の椅子に腰かけたところ、どっと疲れが出てきた。

選挙の始まる前は、

「たいへんなのは選挙が始まるまでで、選挙が始まれば、あとはレールに乗って走るだけだ」

などと言っていたものだが、とんでもなかった。

やはり、議員選挙と首長の選挙とでは同じ選挙でも質が違う。

今回の選挙では毎日の選対会議で次々と予定の変更があった。選挙戦の戦い方も、夜の個人演説会主体のものから街頭における街宣活動重視の〃都市型選挙〃へと変化してきた。ことに今回の選挙の特徴は相手の姿が見えなかったことである。通常、議員選挙では毎日のように相手候補の活動状況の情報が入ってくるものである。今回は相手のそうした動きがなかなかつかめなかった。

　私たちの選挙のやり方は地域後援会を主体とした地域ごとの人間関係をもとにした役員会、総会、そして励ます会、語る会といった地に足のついた地域運動の積み重ねによるものが基盤となっている。どうやら相手はそうした方法をとっていない、あるいはとれないのではなかったかと思う。ちょうど衆議院選挙で、後援会選挙型の自民党が実体が見えているのに対し、組合や特別な支援団体を母体とする候補者の選挙のやり方が外からは見えにくいのに似ている。

　今回相手候補の支援団体がそうした関係の方たちであるだけに、脅威でもある。

　この選挙を戦っていて、なんともいえない底疲れがするのはそうした見えない敵を相手に戦う精神的なストレスからくるものだと思う。ふつう選挙戦の終盤に入れば、一応の選挙に対する見通し、強弱、そんなものが感じ取れるものだが、今回はさっぱりわからない。やれること、考え得ることはほとんどやってきた。しかし、それが効果があるのかどうかわからない。地方における選挙も新しい段階に入ったのかもしれない。

10月21日（日）投票日

10月21日（日）。この日は久しぶりに朝をゆっくり過ごした。

8時ごろ起きだして、コーヒーを飲んで、ひとりで投票所に向かった。

今回は投票所が変わって、りぶら（岡崎市図書館交流プラザ）の中である。

背広を着て行くのがいやだったので、綿パンにジャケット姿で出かけた。町なかですれ違う多くの人は気がつかなかったが、それでも時折気がついて挨拶をされたり、「今投票してきました。がんばってください」などと言われたりして握手をされてしまう。投票所は意外に混んでいた。投票所の数が減らされたせいか、20メートルほどの人の列ができていた。こんなところであんまり声をかけられたくないと思っていたが、やっぱり見つかってしまった。何人かの方とご挨拶をしながら、ようやく投票用紙を受け取る。聞いていたとおり、市長と市議はひとつの投票箱であった。間違えて入れたらどうなるかと思っていたら、間違えたものも正当にカウントされるそうである。それよりも投票用紙に記入間違いの可能性が高いのではないか。やはり面倒でもひとつひとつ個別で投票するのが有権者に対する親切ではないだろうか、と思った（なお県議は別の箱であった）。

昼から一度事務所に行き、開票後の打合せをして帰宅。

夕食をとってから、ＤＶＤで「ウエストサイド物語」を見ることにした。なぜかというと、選挙中に個人演説会の会場から次の会場に行く途中、なぜか突然頭の中に「トゥナイト」のメロディーが浮かんできたからだ。それも何回も。そのせいでなんとなく選挙が終わったらこの映画を見ようと思っていたのだ。自分としては珍しい。戦争映画や西部劇が見たくなるのなら話はわかるが、選挙中に「ロミオとジュリエット」の現代版と言われるミュージカルの「ウエストサイド物語」を見たくなるなんてどういう心境の変化だろうと思う。

いずれにしても毎回、開票結果が出るまでは、何かテレビで映画を見ることにしている。その理由はいちばん最初の選挙のときに、気を揉んでずっとテレビの前に座って開票結果を見ていて、敗戦に至った経験があったからだ。以来、運を天に任せて映画を見ることに決め込んでいる。

11時を少しまわったとき、選挙事務所から迎えの車が来た。

開票状況はどうかと訊くと、「接戦だが少しこちらが勝っている」という。ただ開票立会人の内田勝美さんがにこにこ笑っているのでたぶん大丈夫だろうということであった。

その後、選挙事務所のすぐ近くの駐車場で待機することになった。

11時40分に、内田６万８０００で、先方６万６０００と少し差がついた。

それからしばらくして事務所に来るようにという電話がかかってきた。ぐるりと回りながら、事務所の正面に車で乗り付けた。

大勢の支援者と共にテレビカメラやマスコミのカメラのフラッシュに出迎えられた。玄関から中に入った瞬間、割れるような拍手とともに、大歓声が上がった。

小呂町の選挙事務所にて

そのとき初めて自分が勝ったのだということがわかった。

中央の台の上に立たされるが、挨拶の順番がなかなか回ってこない。次から次へと来賓の方のお祝いの言葉が続く。あんまり遅くなると、せっかく考えきた台詞を忘れてしまいそうである。ただでさえ、テレビカメラの放列とカメラのフラッシュで緊張が高まってきているのだ。
7、8人の方のご挨拶のあとようやく順番が来て、次のように話をした。
「皆様のおかげをもちまして、このたびの岡崎城攻防戦ともいえる、厳しく難しい市長選挙に勝利することができました。心より感謝申し上げます。今回の選挙は相手候補もさることながら、その背後にあるいくつかの大きな力との戦いでもありました。そのため、いつもの選挙と異なり、選挙戦の実体がなかなか掴めず、対策のとりにくいストレスの多い選挙戦となりました。

それにもかかわらず、連日連夜にわたる多くの支援者、支援団体の皆様のご協力のおかげでこの難局を乗り切ることができました。まさにこれは、岡崎市民の良識と団結心、伝統の力による勝利であると確信いたしております。これからは選挙中にお約束いたしました、数々の公約実現のため、ひとつひとつ着実に努力を重ねて参ります。

今回の選挙戦に際し賜りました、おひとりおひとりの皆様のご厚情、お力添えに対し、重ねてお礼申し上げ、ご挨拶といたします。ほんとうにありがとうございました」

初登庁と市長訓示

開票結果の発表の後、記者会見が深夜1時半ごろまで続いた。

残っているお客さんのお相手をしたら家に帰ろうと思っていたら、「市役所の人が来てます」ということであった。どうしてこんなに早く市役所の人が来ているのだろうと思ったら、秘書課の職員で、その日の朝から仕事が始まるという連絡であった。2、3日のんびりしてから当選証書をもらって仕事が始まるだろうと思っていたのに、まったく認識不足であった。秘書課の職員は本日の日程と向こう一週間の予定表まで持ってきていた。

朝9時40分ごろ車で迎えに来て10時に初登庁、10時20分当選証書付与式、そして10時45分から市役所大ホールにて幹部職員に対して「市長訓示」を行うことになっているのだそうだ。その後再び記者会見、そして市長事務引き継ぎの打合せ、臨時部長会議、さらに秘書課打合せ、などなどと初日の仕事がびっしり詰まっていた。

選挙事務所でお客さまのお相手が終わったのが、朝4時半だった。家に帰って犬の散歩をして猫のご機嫌を取ってから市長訓示の原稿を書き始めた。6時半を過ぎたころから電話が鳴り始めた。もちろんお祝いの電話である。電話を頂くのはありがたいことであるが、こちらは原稿のことが気になってそれどころではない。そんなことを考えながら電話の応対をし、原稿を書いているうちに車の迎えの時間が近づいてきた。新しい背広を用意する時間もない。結局最終日に着た背広をそのまま着て行くことにした。大きな市長車の後部座席に座ったものの、なんとなくしっくり来ない。随行秘書が「市長さん」と言うが、誰のことかと振り返ってしまいそうになる。まだ当選して何時間も経っていないのだ。

市役所の近くに来たが、車は市役所に行かない。

近くの駐車場に止まって運転手が時計を見ている。

「30秒前です。出発します」

と言って車を走らせた。

初めて市長の執務室に入る

市役所に着いたのは午前10時ジャストであった。

到着する前は気楽に考えていたが、出迎えの人波にびっくりしてしまった。女の人から花束を渡されていきなりカメラのフラッシュに囲まれた。新聞社のカメラマンがこっちを向けと手を振ったのを勘違いして、手を振り返してしまった。いったい何をやっているのだろう。

登庁記念の写真を撮ってから、4階の市長室に通される。よく考えてみたら市長の執務室に入るのはこれが初めてである。説明に来た職員から「市長」と呼ばれるがまだぴんと来ない。借りて来た猫というのはこんな気分なのだろう。改めてその日の日程の説明があった。

市長訓示のため福祉会館の6階大ホールに向かった。会議などで何回も来た場所であるが壇上から幹部職員360人ほどを前に訓示をするというのは、何か緊張する。おまけに慌てて書いた自分の原稿の字がよく読めない。途中から読むのをやめてしまい、自分の言葉で喋ることにした。選挙のときに市民の皆さんに話しかけたことをもう一度話すことにした。


「岡崎市役所各部の部課長はじめ、職員の皆さんにおかれましてはお忙しい中、ご参集頂きありがとうございます。わたくしは昨日の市長選挙におきまして岡崎市民の皆様の負託を得て第11代の岡崎市長に当選いたしました内田康宏であります。本日より、わたくしが市政を担当させて頂くにあたりまして、職員の皆様にひとことお話申し上げたいと思います。

今般の選挙を通じて、わたくしが市民の皆様に提案申し上げて来た政策や、わたくしの考えにつきましては、職員の皆様には十分ご理解を頂き、実現に向けて叡智を絞って頂きたいと考えております。しかしその際、もし異論があるならば積極的に申し述べて頂きたいと思います。議論を積み重ねることでより良いものが見出されるからであります。そして、そうした意見を聞く耳をわたくしは持っているつもりであります。

もちろん今まで過去の方針のもとに政策を積み上げて来た皆様ですから、これまでのさまざまな経緯やしがらみもあろうと思います。また、法律や財政上の限界といった壁もあろうと思います。しかしながら、そうしたことをすべて承知した上で皆様と共に知恵を出し、新しい岡崎、次の時代の岡崎を築いて参りたいと考えております。

いうまでもなく、岡崎は歴史と文化、伝統に支えられた素晴らしい町であります。市職員の皆様と二人三脚で本市がますます発展いたしますよう、夢と実効のある政策をすすめて参りたいと思いますので、よろしくお願い申し上げます。

以上簡単ではありますが、わたくしの市長就任のご挨拶といたします」

◆2012年〜2013年

親は火消し、娘は火付け

2012年
12月3日

11月25日（日）。今日は日曜日であるが、朝から大事な会が目白押しである。まず8時40分に顧問をやっている東部ソフトリーグの秋季大会で挨拶と始球式、その次にニューグランドホテルまで行って消防の制服に着替えて岡崎市消防団の観閲式、次に河合学区の総代会で挨拶、そのあと1時半から日本舞踊の「貞寿会《ていじゅかい》」で来賓挨拶、夕方から夜にかけて消防団の表彰伝達式ならびに懇談会が続く。

ことに今回初めて臨む消防団連合観閲式はプレッシャーが大きかった。

消防団の経験もないわたくしが消防団の総元締め役をやるのだ。後援会の中には歴代の消防団の幹部のお歴々がキラ星のようにそろっている。

「消防観閲式で市長がきちっと敬礼を決めて挨拶で消防団を締めることができるかどうかで、次の1年間の岡崎消防の士気が決まる」

だとか、

「ここしばらく消防の観閲式など見に来たことがなかった。今日はお前がきちんとできるかどうか確かめに来た」

「いい加減な敬礼をやったら、しっかりお仕置きだ！」

などと次から次へと脅かされる。

市役所で予行演習をやったときは何とかできると思っていたが、当日が近づくにしたがって段々と心配になってきた。なにせ敬礼はボーイスカウトの三本指の敬礼しかやったことがないのだ。そこで得意の映画に頼ることにした。

まず、「沈黙の戦艦」に出てくる元特殊部隊のコック役のスティーブン・セガール。

私の知る限り、敬礼姿でこれほどかっこいい人はいない。映画は、アメリカ海軍の白の正式軍装姿のセガールが敬礼をする場面で終わる。そこを静止画像にして手首の曲げ方から指のそらせ方、2本の指だけ少し段差にさせる点、などをしっかり真似した。

次に毎年必ず見る「トラ・トラ・トラ！」。

この映画は私の知る限り、最高の戦争映画のひとつである。何よりもドキュメンタリー・タッチでストーリーが進んでいくのがいい。はじめは日米双方とも何とか戦争を回避しようと努力するのであるが、ある段階を過ぎると、戦いの方向に事態が向かって行くことを、もう誰も止められなくなってしまう。これは外交と政治を担う者にとって忘れてはならない教訓だと思う。

いずれにしてもこの映画の冒頭場面は素晴らしい。当時の連合艦隊の旗艦、戦艦「長門《ながと》」（戦艦大和はまだ完成してなかった）の艦上に船首から船尾にかけて、真っ白な日本海軍二種軍装（夏服）に身を固めた水兵が敬礼をしながら立ち並んでいる。そこに短艇に乗った山村聡演じる山本五十六連合艦隊司令長官が到着する。迎えの笛の合図のあと、捧げ銃《つつ》が行われ、軍楽隊による「海ゆかば」の演奏が始まる。同じく白の将校服に身を固めた海軍将校たちが歩み進む山本五十六に対して次から次へと敬礼をしていく。その敬礼に対して、山本五十六はゆるやかに手を伸ばしながら軍帽のひさしに人差指を付け、ひとりひとりの兵士に目線を送りながら歩みを続ける。そのときの歩き方、スピード、目線の位置、軍帽の角度などをしっかりと記憶にとどめた。これをきちんと再現できたら誰からも文句を言われることはないだろうと思った。

ついでにひとことだけ付け加えておくと、「トラ・トラ・トラ！」に出てくるゼロ戦、あれだけは許せない。零式艦上戦闘機というのは第二次世界大戦中最も美しい日本の誇るべき飛行機である。それが映画では本物がないので仕方がないが、アメリカのテキサンをベースにした改造機を使っていた。まず機体のフォルムのなめらかさが違う。決定的なのは主翼である。ゼロ戦の主翼は上から見て機体に直角にとりつけられている。ところがテキサンは後退翼である。この点は看過できない。映画に文句をつけても仕方がないが、見るたびにこの点だけがどうしても気になる。ことに山村聡の登場場面で、いい歳をしながら毎回胸が熱くなるだけに、この部分が何とかならないかといつも思っている。

ところで、今日の消防観閲式のために、各消防団の人たちは各地でそれぞれ練習を積み重ねてきている。さらに今日は朝7時ころからこの河川敷に集結して準備をしていたそうだ。毎年のことであるが、ほんとうにご苦労なことである。こうした人たちの努力のおかげで私たちの日常の平穏な生活が当たり前のように続けられるのである。感謝。

乙川の河川敷に出向くと、山村聡の山本五十六を迎えた海軍将兵のように岡崎消防署の署長から職員まで次から次へと私に敬礼をしてくる。それに対しておもむろに敬礼を返していく。このときにあわてて敬礼を返してはいけないのだそうだ。

式典が始まっていよいよ自分の出番が来る。檀上に上がって指揮官の「かしらーっ、なか」の号令を聞きながら再びゆっくりと敬礼をしながら体を１６０度回転させる。こうした動作が式典の間に数回ある。どちらにしても数百人の消防団員が私に対して視線を集めて敬礼してくるのである。初めはたいへん緊張していたが、だんだん慣れてくるにしたがって快感に変わってくる。来年からははまりそうである。

父親が火消しの親玉の役をやっているちょうど同時刻に、娘は市民会館で2年に一度行われる「貞寿会」の第19回の発表会で名取の一人として、「櫓《やぐら》のお七」（八百屋お七）を演じていた。

八百屋のお七とは、江戸火災のときに避難所で一目ぼれした寺の小姓にもう一度会いたくて江戸の大火を引き起こして、火あぶりの刑に処せられたあの娘のことである。どういう理由でこれが日本舞踊の演目になったのか私は知らないが、うちの娘がそれをやりたいと言ったとき、私は、

「まさにお前に適役だ」

と言ってやった。それに対しうちの嫁さんが、

「あなただけ今度もまた娘の晴れ姿が見られないわね」

と皮肉っぽく言ってきた。

あとである人が、

「親父が火消しで、娘は火付けか」

と私に言った。そのときまで私も気が付かなかったが、まさしくそのとおりであった。

娘の演技はまたのちほどＤＶＤを買ってから見ることにしようと思っている。

追記

今日の貞寿会は、西川貞寿先生がお亡くなりになってから初めての発表会であり、私が公職を辞してからご案内をいただい

「櫓のお七」

たため、今回の祝辞と来賓挨拶は遠慮しようと思っていましたが、寿女司《すめじ》先生からの「母はそう望んでいます」というきっぱりとしたお言葉で、肩書きなしの祝辞をパンフレットに載せて頂くことになりました。

選挙の結果によっては両先生にたいへんな恥をかかせる可能性がありました。当選が決まった瞬間、貞寿会のことが脳裏に浮かんできました。ほんとにほっとしています。

「いいニャ!」の心について

2012年
12月13日

のっけからラジオ番組の「小沢昭一的こころ」のようになりましたが、これも今週12月10日に小沢昭一氏が83歳でお亡くなりになったせいかもしれない。何を隠そう、私は大学生のとき親戚の水道屋でアルバイトをしていた頃から、あの番組の愛好家の一人であった。軽トラを運転しながらこのトボケた味の語りを聴いていたものだ。

小沢昭一氏はふざけたことばかり言う博識の助べえオヤジを装っていたが、実は海軍兵学校出のエリートである。太平洋戦争に日本が敗れ、海軍をお払い箱になってから早稲田大学に入り直し、その後芸能活動の道を歩むことになった彼の来歴が改めて報道された（もちろん、私

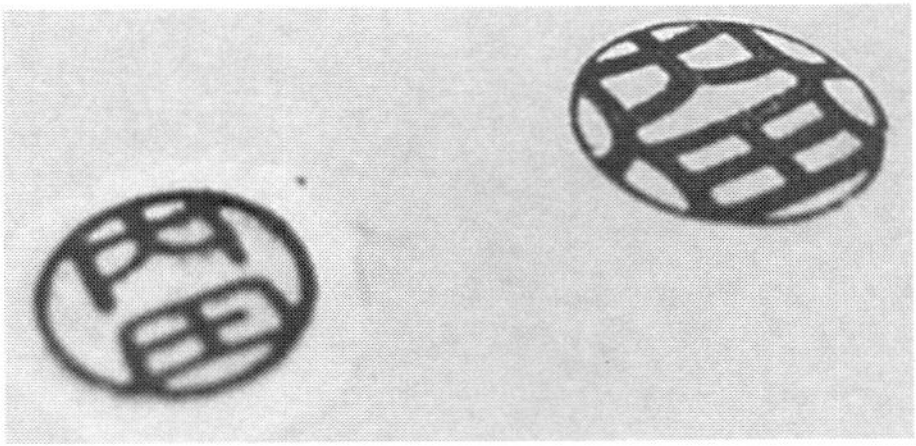

右側が新しく作った内田印

はそのことは前から知っていた）。とりあえず、合掌。

表題のせいで話がヨコ道にそれてしまったが、現在私は役所の決裁印として上の写真の右側の内田印を使っている。当初はその左隣の百均で買ったハンコを使用していたのだが、いくらなんでも億単位の決裁もあるのに百均ではマズかろうと思い、表通りの「小野印房」さんで一つ作ってもらうことにした。ご町内割引きで、１万円を越える値段が８０００円ほどになった。ひょっとすると当選祝いの意味かもしれない。いずれにせよ感謝！

それから数日後、お店の前を通りかかったとき息子さんに呼び止められた。「内田さんのために特別に作っておいたので、コレも使ってください」と言って渡されたのが、写真のネコのゴム印である。全部で３つ。どうやら私のブログを見て、私をネコ派のマニアだと思ったらしい。発想は面白いと思ったが、流石の私も「ＯＫです」や「いいニャ！」を決裁印とするのはためらわれるところである。それでも折角の心遣いなので、アンケートの回答の時などに使っている。

私は康生に生まれ育って今年の12月で60年になるが、この町の好きなとこ

特別に作ってくださったネコのゴム印

ろはずっと岡崎の中心であったという歴史よりも、こうした隣近所の温かい心遣いが残っている点にあると思う。最近日本も何かと世知がらくなり、人間関係もギスギスしてきて嫌な事件も増えてきているが、まだまだ岡崎は捨てたものではないと思う。

私がひとりで家のリフォームをやっていたときも、家族は〝モノ好きの趣味〟だと言わんばかりに誰一人手伝ってくれなかったが、隣の「みどりや」のオヤジさんはカナヅチの音を聞きつけて「何、やってんだ?」と窓からのぞきこみ、最新型の電動工具一式を携えて手伝ってくれた。

私はこうした岡崎人の心遣いを「いいニャ!」と思う。

このネコたちのゴム印を決裁に使ったときの副市長以下の顔を一度見てみたくなった。

またやっちまった! Ⅰ

2013年
1月24日

私はいわば結婚記念日恐怖症である。

新婚当初のころは、毎年名古屋で外食し、劇団四季のミュージカルを観に行くという約束をきちんと守っていたが、それも三回くらいのことで長男が生まれてからはいつしか沙汰やみとなってしまった。それでもときには覚えていて、花など買って帰ったこともあったが、このところ忙しすぎて、つい忘れてしまうことが多い。何せ自分の誕生日も忘れているくらいだ。ことに5年前は最悪であった。夜遅くまで会合続きで少々疲れていた。人は疲れると、甘い物が食べたくなるものである。コンビニでプリン付きのカップケーキを買って帰り、11時すぎごろ、テレビを見ながら一人で食べていた（うちの女たちは甘い物が嫌い）。

しばらくして、うしろで頭をつつく奴がいる。乾いた声で、

「今日は何の日か知ってる?」

と言う。

ようやく誰の声だかわかったが、何のことやらさっぱりわからない。

「真珠湾攻撃は12月8日だし……?」

「今日は12月11日ですよ」

そこまで来てようやく結婚記念日であることを思い出した。しかも間の悪いことに25周年の銀婚式である。先月までは覚えていたのに忘れてしまっていた。

友人の話を聞くと、奥さんがこうした記念日をとても大切にしていて、「僕の場合、『忘れたら命はない』か『帰宅したときに猫しか待っていない』ということになりかねない」と言われた。隣で見ていた娘からは「サイテー」と言われるし、まったくとんでもない日であった。

このときのことを教訓に30周年のときは絶対に忘れないようにしようと思い、先月手帳に赤い字で記入しておいた。

今回も一か月前まではちゃんと覚えていたのだ。

ところがである。「また、やっちまった！」のである。

10月21日に自分の選挙が終わって、「皆様のおかげで当選することができました――」と言っているうちに新しい職務が始まり、最初の議会と共に衆議院の解散、総選挙、ということに相なった。

我々、政治を職業とする者は、選挙や議会のときには「親の死に目にも会えない覚悟をしろ」と言われている。しかし、今どきそんなことが通用する時代ではないこともわかっている。

当日は某衆議院議員候補の総決起大会であった。無事大会が終わり、選挙事務所に顔を出してからうちに帰ると、再び「結婚記念日おめでとう」という乾いた声が響いて来た。まるで「番町皿屋敷」の皿を数えるお菊の声のようだ。何とも言い訳のしようがない。

しかし、現在、給与も手当もボーナスもすべて彼女の管理する私の銀行口座に振り込まれている身の上としては、そのくらい大目に見てもらわねばやっていられないと思う。まあそれにしても、本当に「また、やっちまった！」である。

上様のおな～り Ⅰ

2013年
1月31日

岡崎は徳川の発祥の地（家康公の生誕地）であるが、それは過去にとどまらない。現在もなお岡崎市は、家康公検定や大樹寺の法要をはじめ、さまざまな関連行事に徳川家・第18代の徳川恒孝《つねなり》さんにご出席して頂いている。

また大平町にある大岡稲荷社には、毎年春と秋の祭礼に大岡越前（江戸町奉行、のちに大名）第15代の大岡秀朗《ひであき》さんがお越しになっている。

昨年オープンした「旧本多忠次邸」の先祖、本多平八郎の一門の皆さんも、岡崎には頻繁に来訪されている。岡崎は今もいにしえの歴史と深いつながりのある町であるといえる。そのことを十分知っているつもりの私でも、ときどき驚く出来事がある。

最近は「何とか維新」とか「〇〇維新の会」というのが進歩的なイメージとして使われ、流行っているが、先の大戦前までは明治維新の推進母体であった薩長（鹿児島県と山口県）グループが軍閥や政治閥の元凶として陰口を叩かれていたこともあった。そうした体制に反旗を掲げた2・26事件の反乱軍将兵が唱えていたのが「昭和維新」であったのは皮肉である。

どちらにしても明治の御維新で古い幕藩体制は崩壊し、徳川の勢力は影も形もなくなってしまったかのように思われがちであるが、どっこい歴史はそんなに単純なものではないようである。信長が本能寺で暗殺され、秀吉の時代となり、徳川幕府が成立し織田の一族の影は薄くなったが、信長の妹のお市の方（浅井長政の妻）の三女、お江《ごう》が二代将軍秀忠の妻となり、血脈はつながっている。

徳川幕府も江戸無血開城のおかげで、大坂城の二の舞は踏まずに済んだものの全体で８００万石ともいわれた石高が静岡の70万石に限定され、旗本が娘を奉公や身売りに出すような苦難のときを経た。そのことによって逆に旧幕臣たちの団結心が強まったせいなのか、現在もその絆は生きているようだ。

先年、大樹寺の法要の折、出席予定であったメインゲストの徳川恒孝氏が急に欠席することとなり、電報が届いたことがある。

「残念ながら、急遽、関東幕臣会議が開かれることとなり大樹寺の法要に出席できなくなりました――」

との内容であった。不埒にも私は「プーッ」と噴き出してしまい、思わず隣の人に「いまどき、幕臣会議だって……」と小声で言ってしまったところ、前列の方のおじいさんたちから怖い顔でにらまれてしまった。

　一般人の私たちに縁がないだけのことであって、今も天皇家と公家の子孫の人間関係が形を変えて残っているように、かつての武家の名門たちも形を変え現代に生き残っているのである。婚姻関係もそうした範疇で行われることが多いと聞いている。

　徳川恒孝氏が岡崎においでになったとき、どういうわけだか県議時代から私が接待役をおおせつかることが何度もあった。その折に幕臣会議のことを恒孝氏にお尋ねしたところ、「確かに関東だけでなく全国でもやっているけれど、うちは同窓会のように和やかにやっていますよ。しかし島津さん（鹿児島）のところはもっときっちりやっておられるそうですよ。今でも正月などに旧家臣団の子孫が集まると、今どんな職業についていようと、席の序列はかつての先祖の地位の順番だそうです」とのお話であった。

　また、その徳川恒孝氏が大樹寺においでになるとき、大樹寺の住職やお寺の世話役の方たちが恒孝さんのことを「上様」とか「御前様」と呼んでおり、ぶったまげてしまった。まるで江戸時代に戻ったような気分であった。それまで気楽に「さん付け」で話をしていたが、私も「上様」と言わなければいけないのかどうか気になってしまった。気になり出すと、今までのように気楽に話ができなくなってくる。改めて考えてみれば世が世であれば、徳川幕府の将軍職に

徳

ついていらっしゃる方である。とてもこんなふうに気楽に話のできる立場ではないだろう。

ついでにもうひとつ述べるならば、徳川本家の徳川の「徳」の字は本物ではない。ぎょうにんべんを書いて、隣に「十」の字を書いて、下に「四」を書く。ここまでは同じだが、「四」とその下の「心」の間に「一」の字が入る。

私はたまたまそのことを本で読んで知っていたので、名刺を頂いたときにその話をしたところ、

「そのことに気付く人はあまりいませんし、正しい『とく』の字で年賀状を書いて来る人も年々少なくなってきました」

とおっしゃった。

私たちはふだん自分たちの目の前の出来事の中でしか物事を考えて生きていない。しかし一度立ち止まってまわりをゆっくり見まわしてみると、歴史的な問題も含めいろいろなものが見えてくる。そんなものを発見したとき、何かとても愉快な気がしてくる。

またやっちまった！ Ⅱ

2013年
2月3日

私が生来の粗忽者《そこつ》であることは、第三者の指摘を待つまでもなく自分自身がいちばんよくわかっているつもりだ。自分なりに気を付けていても、ときどきポカをやらかしてしまう業の深さに我ながらあきれる始末である。

1月20日（日）、明日でいよいよ市長就任満3か月を迎えるところまで来た。今日も朝から日程がいっぱいで、睡眠不足とストレスで少々疲れ果てていた。夜最後の日程が岡崎歯科医師会の新年会であった。歯科医師会は、昨年の市長選において、いち早くご推薦を頂き、様々な圧力にも抗して私に対して力強いご支援を賜った団体である。

その日、開会から閉会までずっと出席させて頂いた。自分なりに愛嬌を振りまきながら応対をしていたつもりであるが、そこが根っからの宴会苦手男！　やっぱり、つまらないミスをしでかしてしまう。

ベテランコンパニオンのお姉さんを女医さんと勘違いしたり、女医さんをコンパニオンと間違えたりしてしまった。

こんなことを書くとまた叱られそうであるが、一昔前、女医さんといえば眼鏡をかけたあまり服装に気を遣わない「しっかり勉強して、お医者になりました」というタイプの人が圧倒的に多かった印象がある。また、女性の占める割合も少なかった。

しかし、男女同権社会の今は、まるでモデルか女優かと見紛うような女医さんが少なくない。女性の方が真面目にしっかり勉強する人が多いせいか、世の中のあらゆる責任ある分野でこういうことが増えてきている。

私の学校の先輩でもあるA先生のお嬢さん（女医）などはまさにその見本のような人である。和装で近づいてきたときには、ゲストの「ミス何とか」なのかと思った。最近診察してもらった○○病院の整形の先生もそうだが、「天は二物を与えず」というのは嘘であると思う。どうでもいいことであるが、私は美人の女医さんと話をするのも苦手だ。何を言われても「はい」と返事をしてしまいそうな恐怖感がある。「腎臓は二つあるから一つ取りましょうね」などと言われても、うっかり「はい」と言ってしまいそうである。やっぱり医者は年寄の男がいい。

この日も和服を着た楚々とした女性が私にビールをすすめに来た。少々眠たくなっていた私は相手の顔もしっかり見ずに、

「正月に痛風が発生したので、ウーロン茶を頂けませんか、できたら氷を入れてもう少し大きいコップにしてください」

と言ってしまった。コンパニオンのお姉さんだと思っていたのだ。

しばらくして、にこにこ笑いながら注文のウーロン茶を持ってきてくれた女性の胸の名札を見て、ドクターであることに気が付いた。立ち上がって平身低頭、平謝りである。

本宿のK先生、本当に申しわけありませんでした。お許しください。

あなたの寛大さと優しさはまるで女神のようでありました。

プロの技

2013年
2月17日

2月も中盤となり、間もなく市長職満4か月を迎えようとしている。これで、少し落ち着いて、今までの足跡を振り返る心の余裕が出てくるかもしれない。

何といっても3500人近い大所帯が、この岡崎市役所である。特定の職員とは何度も顔を合わせて話をしているが、まだまだ一般職の個々の職員とは挨拶もできないでいる。

最近当たり前のことをうなずきながら確認することがある。役所というところは、さまざまな特技、資格を持った専門家たちのパズルの組み合わせのような組織だともいえる。そのことは個々の担当官と意見を交わすときによくわかる。

それぞれ自分の専門分野のことになると、立て板に水の弁論が続き、さらに法律的な裏付け話まですぐに出てくる。本当に優秀だと思う。

ただ私の県議時代の経験からして気を付けていることは、そうした意見が中立的で素《す》の意見であることは稀であり、多くは特定の方向への誘導の意志が見え隠れする点にある。さらに、一般論としていうならば、官吏は自分たちに都合の悪い情報はあまり積極的に報告しないものである。国会でも風呂敷に包んだたくさんの資料を官僚たちは持ってくるが、議員が問題点に気付いて指摘しない限り、彼らはそれを解いてまで詳しく説明しようとはしない。議員に余計な知恵を付けさせないためだ。そんなときこそ、個々の議員の政治家としての器量が問われることになるのである。

余計な話から書いてしまったが、それにしても役所の職員の専門分野における力量には舌を巻くことが多い。

財政部門の担当官は、当然ながら数字に明るく、政治経済の動向を見通しての見識を披露してくる。ときに一方的に説得されてしまいそうになる。法律分野の担当官は、発言に法令や条文に則ったものが多く、抵抗できない。ある広報の職員は、私の書いた文章を分析し、文体を似せた基本文案を持ってくるという熱心さで、驚かされる。

他にも自己の専門分野に誇りを持って堂々と持論を述べる職員がたくさんいることに驚くと

共に、たのもしく感じることがある。こうした一人一人の人々がそれぞれの担当分野の一隅を照らしており、総体としての役所の機能を成り立たせていることが最近実感としてわかってきたような気がする。

今、私の公用車の担当運転手の運転を見ていると、まったく自分の車の運転が恥ずかしくなってくる。まるで自動車教習所の教官が隣に乗っているかのような交通法規に則った安全運転をする。その慎重さは際立っており、少し遠くからでも歩行者を発見すると、その人が通り過ぎるまで待ってからこちらの車を出す。交差点でも必ず対向車に道を譲り、彼がクラクションを鳴らすのを一度も見たことがない。その上時間には正確で、私のせいで出発が遅れてもちゃんと定時前に目的地に送り届けてもらえる。こういうのをプロの仕事とでもいうのであろう。おまけに彼のプロらしさは、私に神経を使わせまいと余計なことを一切話さない点にもうかがえる。お調子者でお喋りの私にはとても務まりそうにない。前市長が彼を専属運転手として長年手放さなかった理由がよくわかる。

一度彼に、「あなたは事故なんて一度も起こしたことないでしょ?」と尋ねたことがある。そのとき返って来たのは、

「はい、ありません。でもそれは偶然のことだと思います」

という言葉であった。こういう心構えが長年に渡り、完璧な仕事を無事故で成し遂げている

のだということを教えられたような気がした。

まだお会いして話をしたことのない役所の職員の中にも、彼のような本物のプロフェッショナルが各所にいるはずである。

上様のおな〜り Ⅱ

2013年3月4日

先々月に書いた文章（「上様のおな〜り Ⅰ」）を読み直してみて、ひょっとすると徳川恒孝《つねなり》さんが今もまだちょんまげ姿で生活していると勘違いしてしまった人がいるかもしれないと思い、再びペンをとっている。


徳川恒孝氏は昭和15年（1940年）生まれの現在、72歳。

かつて会津松平家の次男であり、本来は松平姓であった。昭和38年に17代徳川家正氏（外祖父）の死去により、養子であった恒孝氏が第18代の当主になったそうである。恒孝氏は長身でスマートな紳士であり、もちろんちょんまげなど無い。

平成15年から、財団法人「徳川記念財団」の理事長として現在に至っている。また、静岡商工会議所の最高顧問でもある。国内における徳川家にまつわる行事には積極的に出席されており、岡崎も家康公生誕の地ということで様々にお世話になっている。徳川家の当主としての祭祀の折には、正式に古来の束帯姿で威儀を正して東照宮などへ出かけられるそうである。以前は日本郵船に勤務されており、同社の副社長を経て、顧問に就任されている。

若かりしころの話で面白いエピソードがあるので、ひとつ披露させていただく。

当時日本郵船には、加賀の前田家第18代前田利祐《としやす》氏が、本社の同じ部署に勤務されていたそうである。そのときの上司が、

「徳川と前田両家の当主を部下として使うのは、太閤秀吉以来、俺ぐらいのものだろうな」

と笑ったという逸話がある。

また、現在翻訳家として活躍しておられる長男の家広氏がベトナム人の女性と結婚したとき猛反対したという、世間でよくあるような話も聞いている。しかし最終的にはそれを認められた。開明的な判断をされる方でもある。奥様は寺島宗則伯爵の曾孫であり、元首相細川護熙氏のいとこだそうである。ちなみに熊本の細川家も出自は岡崎の細川町であるという。事実、細川首相が退任されたのち平成7年10月28日、細川町の蓮性院常久寺における法要にお越しになっている。そのときの記念碑もある。

毎年春と秋に大平町で行われる大岡稲荷の祭礼には私も毎回出席しているが、大岡家の現在の当主が必ず東京からお越しになる。大岡越前公（江戸町奉行、大名）の第18代の大岡秀朗《ひであき》さんは私と同年輩である。現在メルセデス・ベンツ日本株式会社の常務取締役で毎年一年の3分の1はドイツに出かけられる多忙な方であるが、よほどのことがない限り毎回岡崎にお越しになる。この人も東京風インテリ・イケメンである。大岡稲荷の改修工事の折には、多額の寄付をして頂いている。

本多平八郎公につながる旧本多忠次邸を本市に寄付して頂いた本多家の皆さんは、今もよく家族で岡崎までお越しになることがある。子どものころ自らが暮らした家が、遠く父祖の地で再建されて活用されていることを大変喜ばれていたのが印象的である。お兄さんは学者のように物静かな方であるが、妹さんの本多葵美子《きみこ》さんは大変気さくで筆まめな方で、今もよくお手紙をくださる。口癖は「私は江戸っ子ですから」であり、さすが闘将本多平八郎の子孫である、全日本女子アマチュア・ボクシング大会において上位に入賞する猛者である。しかも学習院大学資料館の学芸員というインテリでもある。

＊現在は結婚され、岡崎市民となられた。

このほかにも商工会議所の出している観光ガイドブックにある「大名となった三河武士たち」の記事を見ると、江戸期に三河から60家ほどの大名が誕生しており、全国で活躍していることがわかる。

こうして再び書いてみて改めて、徳川家康公が苦難の末に江戸幕府を開かれたことによって岡崎人の血が全国に伝わり、今日の日本人の考え方、行動、気質に三河的な影響を与える一因となってきたのではないかと感じている。私たちはもっとこの故郷と岡崎的なことを誇りに思ってしかるべきであると思う。

ボーイスカウト、備えよ、常に！

2013年
3月6日

岡崎市長になると、様々な団体組織の会長、顧問と称して約125あまりの諸団体の役職につくことになっている。1月20日、本日さらにボーイスカウト三河葵地区の名誉協議会長に就任することと相なった。

他の団体のときはそれほどでもなかったが、ボーイスカウトと聞くと何かとても懐かしい気持ちでいっぱいとなる。実は私もOBの一人である。

ボーイスカウト時代　筆者は前列右

小学校4年生から中学2年の途中まで足かけ5年近くボーイスカウトでお世話になった。昭和30年代の中ごろというのは、ちょうどボーイスカウト運動の盛んな時代であり、私の町内の子ども会の男坊主はこぞって入隊したものである。今から思うと、まるで徴兵されたかのようだった。

最近はスパルタ教育が批判されているが、当時は鉄拳制裁もあった。わがままなクソ坊主であった私が曲がりなりにも人並みになれた？のは、ボーイスカウトのおかげだと思っている。今でも手旗信号やロープワークはできる。当時の隊長の口癖であった「自分のことは自分でやる」「備えよ、常に」というスローガンは今でもすぐに思い出すが、3つの誓いと12の掟はうろ覚えとなってしまっている。

私の所属していたかつての第9団の神部《かんべ》隊長は、旧帝国陸軍航空隊の生き残りで、戦争中は「呑龍《どんりゅう》」という重爆撃機の機銃手であった。キャンプに行くとテントの中では必ず戦争の話であった。イギリスの戦闘機スピットファイアーがどんな爆音と機銃音をさせて攻撃して来るかと、自らの口で音を真似しながら臨場感豊かに空中戦闘場面を再現してくれた。今考えると戦闘中の爆撃機の中で、相手の戦闘機の爆音や銃撃音がどこまで正確に識別できたか疑問であるが、何せ子ども時代のことである、耳をそばだてて真剣に聴いていたものである。私が県会議員のとき同僚から軍事オタクと呼ばれた素地は、この頃養われたものかもしれないと思う。

その頃、ボーイスカウトの先輩の何人かが少年自衛官として自衛隊に入隊したことがあった。中学を卒業して自衛隊に入隊すると、訓練をしながら高校卒業の資格がもらえたのである。ときどき帰省報告に来た先輩の自衛隊の制服姿が子ども心に凛々しく、まぶしく見えたものだ。近眼になりあきらめたが、私も高校2年生までは密かに戦闘機のパイロットになりたいと思っていた。

当時は全市のボーイスカウトで毎年運動会ができるほどであったが、現在は時代も大きく変わり、ボーイスカウトにかつての華やかさはうかがえない。個人的な思いであるが、その理由の一つはテンガロンハットをやめてベレー帽にしたせいではないかと思う。申し訳ないが、あれは冴えない。売れない画家か緑のおじさんに見える。でかくて邪魔に思う人がいるかもしれないが、かつてのわんぱく坊主たちは、あのテンガロンハットがかぶりたくてボーイスカウトに入ったようなものである。おりしも当時のテレビ番組は「ローハイド」「ララミー牧場」「ライフルマン」「拳銃無宿」「ガンスモーク」「シャイアン」「ブロンコ・ビリー」など西部劇のオンパレードでもあった。うちに帰ると、ボーイスカウトのかっこうのまま腰に拳銃をぶら下げて公園に遊びに行ったものである。今言うと「馬鹿か」と思われるかもしれないが、銀玉鉄砲で早撃ち競争や決闘ごっこをしたこともある。

今回の会長就任にあたって、何十年かぶりで、昔の幼馴染や先輩とお会いすることができて、本当に懐かしかった。かつての紅顔の美少年?も今や皆いいおじさん、おじいさんとなっていた。大変面白かったのは、今もって、ほとんどの者が日常小型ナイフを手放せないことがわかったことである。まさに「備えよ、常に」の精神は今日も生きていた。

新・石垣空港、開港式へ

2013年
4月6日

去る3月2日、岡崎市と親善都市提携をしている沖縄の石垣市の新空港・開港式に岡崎市長として出席することとなった。沖縄本島は県議時代に委員会視察などで3、4回訪れたことがあるが、石垣島まで足を伸ばすのは今回が初めてである。

当初イメージしていた石垣島は、南海のひなびた小島だった。ところが着陸体勢に入った飛行機の窓から見えた島影が思っていたよりも大きなものであり、意外であった。人口5万人程

石垣島の水牛車

でありながらホテルが27もあるというのはうらやましい限りであるが、それはこの島がリゾート地として観光が経済の大きな糧であることの証しである。また逆にいうならば、他の産業は漁業か農業しかないということになる。

また島内を車で移動中に気が付いたことだが、なぜかコンビニはココストアばかりだった。

岡崎市と石垣市の交流の始まりは、戦時中、石垣の旧大浜飛行場にいた岡崎出身の海軍将校が特攻隊の「八重桜隊」結成にあたり、その兵舎に大浜小学校を使わせてもらった縁で、戦後、贈り物をしたことがきっかけとなっている。将校の母校であった岡崎の奥殿小学校と大浜小学校が姉妹校となり、昭和44年に岡崎市と石垣市の親善都市提携へと発展したものである。以後、小中学校や各種団体との相互訪問をはじめ、産業、教育、文化など幅広い交流が続いている。かつては岡崎市が寄贈した岡崎会館という施設もあり「そこで私たちは成人式をしました」という方ともお会いした。現在は跡地に交流の足跡を伝える様々な石碑が残っている

石垣島の空港の歴史は、海軍の飛行場として建設されたことに始まる。戦後、米軍の統治を

経て民間空港が運航を始め、昭和47年の日本復帰後、第三種空港として指定を受け、その後滑走路を整備して小型ジェット（B－737）の運航に対応してきた。

全国の地方空港の中では、乗客、貨物ともに利用率の高い空港である。しかしながら滑走路が1500メートルのままでは、ジェット化への対応が難しくなってきた。飛行機の機種や大きさに加え、重量も制限が課せられた。また過去に着陸時にオーバーラン事故が起きたこともあった。そこで中型ジェット（B－767）が就航可能な2000メートル滑走路をもつ新空港建設が地元の宿願となっていたのである。

私が石垣空港(旧)に到着した折も、着陸時にブレーキ操作があり、最後に飛行機がつんのめったように停止したのが大変印象的であった。次にこの島に来るときは、新空港に到着することになるのでこんなこともなくなるのだろう。

新空港建設については、当初海上空港案もあったが、サンゴ礁の自然を守ろうとする地元漁業者や環境保護団体の反対運動もあり、長年に渡って地元を二分するやりとりが続いていた。陸上空港方式に転換してからも、今度は建設予定地問題で新たな議論が起こり、ようやくこの度の新空港建設・開港にたどり着いたものと聞いている。

何事を行うにも賛否両論の意見があり、利害対立のある大きなプロジェクトであればあるほど、まとめることは簡単ではないということである。

開港式典は2日（土）の午後3時から新空港のロビー全面を使って行われた。県知事、市長、国会議員などの挨拶と共に事業の経過報告ならびに新空港の紹介が映像を交えて行われた。私の隣に座ってニコニコしている人と挨拶をしたが話が通じない。年で耳が遠いのかと思っていたら、名刺を交換したところ、台湾の姉妹都市の市長さんであることがわかった。考えてみれば、ここは日本本土よりも台湾や中国の方が近いのである。そういえば、話題の尖閣諸島は石垣島の目と鼻の先であり、石垣市の市域である。

6時から所をホテルに移してお祝いのパーティーがあった。私は少々疲れていたので途中でホテルに帰り休むことにした。替わって二次会に出席してくれた秘書課の随行は、歌手の夏川りみさんの生歌を聴くことができたと感激していた。

テレビの天気予報を見ていて気づいたことだが、私たちは天気予報といえば日本列島の地図の上に太陽や雲、雨のマークが付けてあるものがおなじみであるが、八重山群島と呼ばれるこの地では、海に点在する島々の間に天気マークが表示されている。そんな違いに新鮮な驚きを感じた。こうした場所で、船で島々を回って選挙をするのはさぞや大変なことだろうと思う。しかもここは台風銀座である。選挙中、会場に行けなくなったり、家に戻れなくなったりもするのだろう。

翌日午前中に石垣市役所を訪れ、中山義隆市長に挨拶をした。まだ若い45歳の市長さんであり、新空港開港を契機に故郷《ふるさと》を大きく飛躍させようという意気込みにあふれている様子が、話す言葉の端々に感じられた。

午後5時が帰りの飛行機の出発（搭乗）時間である。その時間まで、石垣市の御好意で市の車で島内を案内してもらえることとなった。といっても十分な時間が無いので、とりあえず車で島を一周し、隣の竹富島まで行って帰るだけの日程となった。

それにしても曇り空の下で眺めても美しいエメラルドグリーンの海を見ていると、こんな所で生活できる人がうらやましくなってくる。

私は若い頃、スキン・ダイビング（素潜り）が好きで、深さ8メートルまで2分間くらいは平気で潜っていた。もちろん今は無理であろうが、一応、高校の元・水泳部である。

ダイビングは、小学生の頃から足ヒレ、水中メガネ、シュノーケルを使っており、澄んだ水の中に漂う宇宙遊泳のような体感に魅せられてきた。中学生の頃には手製の水中銃で自ら採った魚を料理して食べていた。大学時代は毎年夏になると、かつての岡崎市育英会・東京学生寮の仲間たちと伊豆七島を順番に巡ったものである。ゴムボートで海岸線沿いに探検したシーンが、今も夢の中で回想されることがある。そういえば、寺田副市長も当時のメンバーの一人である。

もし10歳若かったら今回も水泳パンツぐらいは持って来ていたかもしれない。老後はぜひこんな海のきれいな所で犬や猫に囲まれてのんびりと余生を送って暮らしたいと考えているが、結局は見果てぬ夢に終わることだろうと思う。

SBDドーントレスがやってきた

2013年
4月12日

この名前を聞いて、すぐに何のことかわかる人は相当のマニアだと推測できる。

これは、太平洋戦争の勝敗の分岐点といわれる「ミッドウェイ海戦」において、日本海軍・第一機動部隊の「赤城」「加賀」「蒼龍」「飛龍」の四隻の主力航空母艦を屠《ほふ》った米海軍艦載機の急降下爆撃機の名前である。アメリカにとっては名誉ある飛行機である。

ドーントレスとは「怖れ知らずの勇者」とでもいう意味らしい。速力は時速402キロほどで、敵の戦闘機（零戦は時速534キロ）にでも見つかれば、重い爆弾を積んだ二人乗りのため動きが鈍く、たちまち撃ち落とされてしまう。ところが、ミッドウェイ海戦の折には、日本軍を先に発見していたアメリカのTBDデバステイター（破壊者・荒くれ者）という雷撃機の部隊が魚雷攻撃を繰り返していたため、空母の上空を守っていた日本の零戦隊の多くは防衛対応のため海面付近に引き寄せられていた。

　そのため、折しもがら空きとなった上空から少し遅れて到着した450キロ爆弾を抱えたドーントレスの部隊が断雲をぬって急降下爆撃に成功し、日本の三隻の主力空母が使用不能となった。通常、一発や二発の爆弾の直撃で軍艦が沈むようなことはないが、折悪く、魚雷から爆弾へ、爆弾から魚雷へと兵装転換を繰り返していた艦内に魚雷や爆弾が散乱していたため、それらが誘爆を起こして日本の三隻の空母はその日のうちに沈んだ。

　たまたま雲に隠れて攻撃をまぬがれた「飛龍」も、その後単艦奮闘するが、敵空母攻撃のための第二次攻撃隊を発進させたあと、集中攻撃を受けて沈められてしまうことになるという悲劇がミッドウェイ海戦の要旨である。以後日米の海軍力は、アメリカの工業力の底力のために逆転していったのである。


　どうしてこんな話を書くことになったかといえば、数年前に東京の音大を卒業して、ミュージカルの勉強のためにニューヨークに留学中の姪っ子が、この正月の帰国みやげに、しょうもない伯父のために18分の1の「ＳＢＤ」の模型を買ってきてくれたのである。18分の1というと、組み立てると縦横70〜80センチ、高さ20センチほどになる。箱に入ったままだと、縦横30センチ、長さ1メートル近くとなってしまう。箱付きの模型の価値を理解する彼女は、そんな厄介なものを郵送すれば壊れると思い、手荷物として持ち帰って来てくれたのである。泣けるではないか。

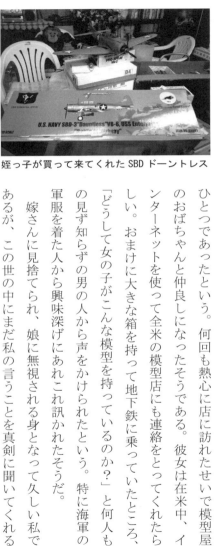

前回、彼女が帰国した折、

「もしニューヨークの模型屋で、18分の1のシリーズの飛行機があったら買ってきてほしい」

と言ったことをちゃんと覚えていてくれたのである。彼女に頼んだのは、第二次大戦中の戦闘機のシリーズであったのだが、すでにアメリカではブームは去っていた。マンハッタンの模型専門店を何軒かまわったが、残っていたのはこの「ＳＢＤ」ひとつであったという。何回も熱心に店に訪れたせいで模型屋のおばちゃんと仲良しになったそうである。彼女は在米中、インターネットを使って全米の模型店にも連絡をとってくれたらしい。おまけに大きな箱を持って地下鉄に乗っていたところ、「どうして女の子がこんな模型を持っているのか?」と何人もの見ず知らずの男の人から声をかけられたという。特に海軍の軍服を着た人から興味深げにあれこれ訊かれたそうだ。

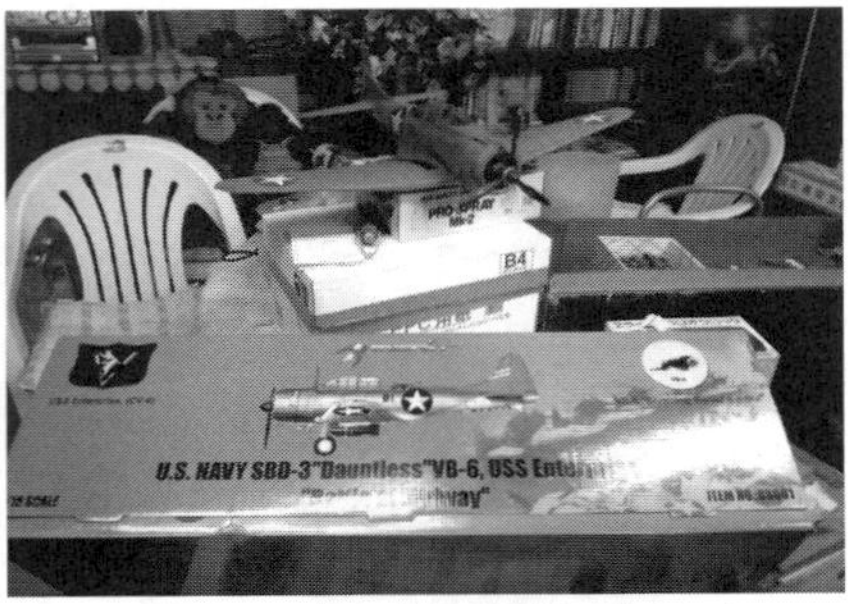

姪っ子が買って来てくれたSBD ドーントレス

　嫁さんに見捨てられ、娘に無視される身となって久しい私であるが、この世の中にまだ私の言うことを真剣に聞いてくれる女性が一人でも残っていたのは実に幸せなことである、と思っている。

彼女はこのあとアメリカに戻り、シカゴでオーディションに合格、「ミス・サイゴン」のミュージカルの舞台に出演した。

初の人事異動と佐藤栄作

2013年
4月16日

4月となりいよいよ新しい年度が始まった。昨年市長職に就いてから初の新年度予算の編成と人事異動を行った。そして4月1日には、192人の新しい職員を岡崎市に迎えることになった。私のいちばん下の子どもと同じ世代の人たちが実社会に飛び込んで来ることに、何か不思議な思いにとらわれている。それだけ自分も年を経たのである。今回の彼らの入庁によって、私は初めて後輩ができたことにもなるのだ。

この度の新規採用職員は、一般行政職58人、消防職15人、保育教育職21人、医療職98人の計192人である。まだ初々《ういうい》しい感じの彼らが、一日も早く貴重な戦力となることを期待している。

同時に昨年より107人多い、863人の人事異動も行われた。発表は突然ということになるが、昨秋より本人の希望も確認しながら個別の取得資格を基準の上に移動の基本計画は準備されてきた。新市長の政策変更に基づく庁内の機構改革と個々人のこれまでの経歴、実績を踏まえ、幹部、OB、各業界、庁内での上下の評判まで加味しながら、部長級、課長級、主幹、等々と順番に適材適所の原則を念頭にパズルのコマを並べるように人事のプランが練り上げられていった。

古い話であるが、佐藤栄作元総理は、役人であったときからすでに「人事の佐藤」という異名があった。人事配置、人事のバランスをとることで組織の機能を十二分に発揮させる名人であったといわれている。いちばん有名な例が、総理になった翌年の第1次改造内閣の組閣時（昭和40年）に、大蔵省出身の切れ者、福田赳夫氏を財政金融の要の大蔵大臣にすえ、党務の中心の自民党幹事長に党人派の若き実力者、田中角栄氏を配したことである。経歴も性格も対照的なライバル関係の二人をそれぞれの得意分野で競わせて、強力なる自民党の政治体制を構築していったのである。この当時は今のように、選挙向けの広告塔として、有名人というだけで若くて実績の無い議

佐藤栄作元総理　毎日新聞社提供

員を大臣に起用することはなかった。今よりも学歴偏重の時代において、小学校卒で30代で郵政大臣になり、47歳で党幹事長になった田中氏はずば抜けた政治力の持ち主であったといえる。

長州出身（山口県）でありながら、よく徳川家康にたとえられた佐藤総理は、7年8か月に及ぶ歴代最長の政権運営を果たした。その後、福田・田中の両雄が覇権を巡って角・福戦争を始め、「三角大福」（三木・田中・大平・福田）に中曽根を加えた自民党・戦国時代の幕開けとなるのだ。私が秘書をしていた安倍晋太郎（現総理の父）や竹下登・中川一郎の面々がまだニューリーダーと呼ばれる前のことである。

一人長期政権の結果、派閥対抗政治の原因を作った感のある佐藤氏を批判する向きもあるが、人事を考える上で「政治の要諦は人事にあり」と看破した佐藤栄作という人は慧眼であったと思う。

今回、初めての経験でもあり、様々な人の意見を拝聴しながら何度も手直しをして組み上げた人事案であるが、内示の時期を迎え、職責分野ごとに個々に辞令を発令していった。これだけ慎重に手順を踏んできたはずであるが、個々の反応はさまざまであった。

ほんの一瞬のことであるが、昇級・昇進に笑みが浮かぶ者、一生懸命に喜びを噛み殺している者、昇格したものの配属が気に入らないのか仏頂面を隠さない者、「また同じ所か！」とガッカリが目に出る者、等々それぞれの性格、人生模様の一断面が見てとれた。「さすが！」と思ったのは心の内をけぶりにも見せずに無表情で辞令を受理してゆく者が多かったことである。この点、公務員という人々はよく訓練されているものだと感心した。

役所において、人事と昇給がモチベーションの源泉であるといわれているが、今回自らが関わった初めての人事を経験してそのことをより一層強く認識することができた。

私自身はどちらかというと、ポストにあまりこだわらない方であった。県議の時、立ち回りもヘタだったせいもあるが同期でいちばん若くもあり、ポストの選択権は後になることが多かった。しかし人生とはよくしたもので、希望のポストが必ずしも自分に向いているとは限らないし、やってみたら意外とつまらない仕事だったこともある。また望んでいなかったポストで想定外の勉強ができたり、貴重な人脈ができたりということもあった。「人生万事塞翁が馬」ということわざの通り、とかくこの世はままならぬが、そのために結果オーライとなることもある。希望のポストに就けた人は油断なく、そうでない人は次のチャンスのため現在の持ち場でベストを尽くしてほしいと思う。

佐久市訪問（ゆかりのまち30周年）

2013年
5月22,26日

5月の連休中の2日間、ゆかりのまち30周年の第二弾として長野県佐久《さく》市を訪問することとなった。「岡崎市と佐久市がなぜゆかりのまちなのか？」という、嫁さんの質問に明確に答えられなかったので、改めて調べてみた。

そもそもの始まりは、江戸末期の文久3年（1863年）、第8代奥殿藩主であった松平乗謨《のりかた》公、のちの大給《おぎゅう》恒《ゆずる》が岡崎市の奥殿にあった陣屋を信州佐久1万2千石の中心地臼田《うすだ》に移し、龍岡《たつおか》藩主となった縁による。その後、昭和58年（1983年）7月1日に岡崎市と臼田町が旧縁をもとにゆかりのまち提携をすることとなったのである。

今回訪れたのは、ゆかりのまち30周年記念を寿ぐと同時に、当地で21回目となる「佐久バルーンフェスティバル2013」に参加し、フリーフライトに試乗し、同日行われる第51回目の「佐久鯉まつり」に参加するためである。岡崎市がゆかりのまち提携をしたのは臼田町であったが、2005年4月に佐久市、臼田町、浅科《あさしな》村、望月町が合併し、新しい佐久市となったため現在は佐久市とゆかりのまち提携を続けている。

面白い話として日本中で海からいちばん遠い地点、海からいちばん遠いスシ屋の所在地でもある。とはいえ、佐久という名前は私たちにあまりなじみが無い。合併して10万人程の新しい市であり、長野県といっても東部にあるため経済的には関東圏の影響下にある。四辺を山々に囲まれた、佐久平と呼ばれる盆地に位置する。住民の気質は穏やかであり、近隣の市町との関係も良好な住みやすい所だそうである。

市内を千曲川が貫流し、耕地の広さが目につく農業地帯でもある。古くは中山道と甲州道の結節点の宿場町として始まったという。現在は上信越自動車道が通り、長野新幹線の駅まであることがうらやましい。駅周辺では将来を見越して、機能的に整備されている。周囲の田畑となっている土地が区画整理され市街化されれば、将来の発展性は高い。新幹線で東京まで70分という立地を考えると、一度都市化の流れが始まると、急速に市の外観が変容してゆくことが想像できる。一つ不思議であるのは観光地という訳でもないのにホテルが5、6軒も存在していた点である。軽井沢に近いことがその理由かもしれない。

5月4日の午後、佐久市到着早々、新海議長と共に臼田にある宇宙空間観測所の視察に行った。細い山道を抜けてしばらく行くと、白い円形の巨大な建造物が山の中腹に見えてくる。これが日本一大きな直径64メートルの大パラボラアンテナであることが、到着後に教えられる。

堂々と説明する女性はＪＡＸＡ（宇宙航空研究開発機構）の博士かと思っていたが、佐久市の職員であった。あの宇宙探査機「はやぶさ」の帰還の折、微弱な電波を最初に受信したのはこの施設だそうである。施設の中核をなす64メートルのパラボラアンテナは総重量が２０００トンもあり、部品として運んだとしてもどうやってあの細い道を通ってきたものか疑問が残る。牽引型のトラックで運んだとすれば神業である。

その夜、バルーン・イリュージョンの見学に出かけた。これは、地上に固定したバルーンに翌日開催のレースに備えガスバーナーの火を当てる催し物である。それから歓迎夕食会に向かった。

個々のカラフルで個性的なバルーンは闇夜のネオンサインのように輝いていた。

５月５日（日）、早朝６時にホテルを発つ。熱気球のフライトには風の少ない早朝が良いそうである。先日のグライダーに続き、「煙となんとかは高いところに行きたがる」のたとえ通り、またしても私は大空高く舞い上がる乗り物に試乗することになった。今度は茅ヶ崎市長と新海議長も道連れである。

我々の乗るバルーンは「佐久の鯉太郎」号であった。バルーン下のカゴに乗って浮き始めると、一斉にカメラのレンズが向けられる。上から「最後の写真になるかもしれないから上手に撮ってネ」と声をかけると、下から「遺影を撮るときは『イエーイ！』と言って指サインをしてください」と返ってきた。要望に応えその通りにするところが我々の世代の良いところである。

　バルーンは上空４５０メートルあたりまでゆるやかに上昇し、地上の会場の周囲を一周するような形で30分近く浮遊した。遠くには頂《いただき》に雪を残した山々が見える。会場のまわりにはのどかな田園風景が広がっている。私たちは会場の隣の田んぼにゆっくりと着地した。当初１０００メートルくらいまで上昇すると聞いていたが、上空は強い気流があったため、流されてレースの邪魔にならないように高度を調節したということであった。高度によって吹く風の向きが違い、熱気球はハンググライダーのように簡単に向きをコントロールできない。そんななか、自然の風に乗り、どれだけ正確にゴールに近づけるかを競うのがこのレースである。そのため競技は、一般的に風の穏やかな早朝か夕方に行うのだそうだ。強い風ばかりでなく、雨や露でも競技中止になることがあるという。「上空は寒い！」と言われ厚着をしていったが、４５０メートルくらいでは大したことはなく、逆にガスバーナーの熱で頭が焦げそうであった。

「佐久の鯉太郎」号で上昇中

　佐久では毎年この大会が終わるまで農家の方た

ちが田んぼに水を入れずに待っていてくれるそうである。大会終了と同時に水を引き、田植えが始まるという。

早朝の熱気球のフリーフライトを終え、ホテルに戻り朝食をとり、再び会場に向かう。バルーン・レースの出発会場はすっかりお祭り広場に模様替えされていた。養鯉《ようり》業はこの地の伝統産業であり、海から遠い山間地において貴重なたんぱく源であった。そのせいかこの地で鯉は食用専門である。

大人の体ほどもある木彫りの鯉の載った台車のおみこしを引きながら、はっぴ姿の子どもたちが場内を一周する。その後壇上で始まった式典で鯉拝領の儀式があった。龍岡藩主に扮した人から各町の代表に、生きた鯉が口上を述べながら手渡された。そして我々の登壇挨拶となった。

考えてみれば、歴史的つながりとは不思議なものである。一言で縁と言ってしまえばそれまでであるが、100年以上前の出来事がこうして遠く離れた地域の人々に友好関係をもたらしており、そして今、岡崎のゆかりのまちである佐久市と茅ヶ崎市が岡崎を通した縁によりこの度防災協力都市協定の縁組みをすることになった。こうした友好と助け合いの輪が広がってゆくことが、よりよい日本を造ることにつながると私は信じたい。

オカザえもん騒動について　その1

2013年
5月28日

話題騒然のオカザえもん

いずれブログに書くつもりで機会を見ていたが、このところ、あまり各方面から賛否両論の御意見を頂くため、ここで一度「オカザえもん」についてしっかりと触れておこうと思う。

私が初めてオカザえもんを見たのは、昨年11月、県市合同で開かれたプレ・トリエンナーレ岡崎会場のオープニング・セレモニーのときであった。テープカットが行われる前から周囲をうろうろしているけったいな着ぐるみの物体がオカザえもんという出品作品であることを、そのとき初めて知った。当初は学生がウケねらいでふざけてやっていることだと思っていた。なにせ「岡崎の〝岡〟の字をデフォルメしてそれを顔にし、白い体操服のようなものの胸のあたりにムナ毛と称して〝崎〟の字を配する」というあまりに安易な発想。しかも犬とも猫ともつかぬ変な顔であり、カワイらしさも感じられない。長身（180センチ）で、黒ヘルメットのようなオカッパ頭？が妙な威圧感があるせいか、子どもたちも怖がって近づかなかった。私もまさかこれがプロの作家の手によるモノとは思わなかった（失礼）。

次に出会ったのは、担当部局から「トリエンナーレがらみで一年限定ということで決まっておりますのでよろしく」と言われ臨んだ、「岡崎アート広報大臣・任命式」の席においてである。「思ったことを率直にコメントして頂いて結構です」という話であったので、「発想が安直でまるで高校生の文化祭のよう」と評したら一部から抗議の声が来た。「せっかく岡崎のためにがんばってくれているのに失礼だ！」というのである。

その一方で、「いったい岡崎市は何を考えているのか？　あのようにグロテスクで死神を連想させるモノを広報大臣にするとは！　誰が決定したのか？　審美眼とセンスを疑う！　怖がって泣く幼児の感覚こそ正しい！」という内容のお手紙を何通も頂いている。

最後に認可のハンコを押したのはほかでもなく私であり、皮肉なことにアート広報大臣の決定者は私ということになるが、オカザえもんが浮上してきたことの経緯は、今もってよくわからない。

オカザえもんはおおむね50代以上の皆さんにはウケが悪いようだ。あのシュールで、生物でありながら無機質な感じの風貌に感覚的についていけないらしい。

私も県会議員の頃、かつてのデザイン博のミミズのようなシンボル・キャラクター（もはや名前すら思い出せない）や、愛知万博のモリゾーとキッコロ（公表当初はまだ名前が無かった）のデザインにも不満があった。なんだかわからないうちに珍妙なシンボルキャラクターが決まってしまったのである。愛知万博のときはさすがに不評の大きさに気がついたのか途中から笑い顔のモデルもつけ加えるようになったが、私は当初のブキミなイメージのせいでどうしても最後まで好きになれなかった。

あのようなものを製作して使うくらいなら、万博会場内にトトロの家まで作ったのだからスタジオ・ジブリに使用料を払ってもトトロをイメージ・キャラクターにした方がよかったと思う。またこの愛知県には、世界に誇る「ドラゴンボール」、「Ｄｒ．スランプ　アラレちゃん」の作者であるマンガ家の鳥山明氏もいる。なぜそうした純国産で国際的認知度も高い才能を用いずに、奇をてらったヘンなモノを使いたがるのか、私には今もって当時の関係者の意図がわからない。

どちらにしても、こうしたものの決定については、いつも不可思議なことが多く、判然としないケースが目につく。「それが芸術というものだ」と言われてしまえば返す言葉が見つからない。

このところ巷《ちまた》で「内田市長はオカザえもんが嫌いだそうで云々」というようなことを言われることがある。確かに好きではないが、別に毛嫌いしているわけでもない。

私はダリの絵画や人物像にも興味があり、本やＤＶＤも持っている。であるから、決してシュールレアリスムを否定するものでもないし、あの不思議な世界観、それぞれの画家の個性的な作風も面白いと思っている。しかしそうだからと言って、デザイン博や愛知万博のキャラクターやオカザえもんのようなモノを自分の趣味や美意識を越えて理解する必要もないと思っている。第一、私は芸術評論家ではない。ただの一愛好家にすぎないのである。

個人的な話であるが、私は、スペイン内戦の無差別爆撃に抗議の意を込めたピカソの大作「ゲルニカ」でさえ芸術作品と考えることができない。有名人である彼の政治的メッセージとしての価値は認めるし、ピカソが絵画、芸術の世界における新たな領域を切り拓いた巨人であることも理解できる。しかし子どもの頃から様々な本や映像でその存在を知り（最初に知ったのは手塚治虫のマンガであった）、長じてから本物を見たこともある「ゲルニカ」などの作品と私の美意識が結ぶことはないのである。

私はピカソの初期の作品には好きなものがある。たとえば、たまたま市長室の隣の第一来賓室に複製画が飾ってある「腕を組んで座る軽業師」の絵など、ウチの長男の横顔に似ていることもあり、気に入っている。しかし「ゲルニカ」などについて専門家はともかく一般の人が本当に理解しているとは思えない。ピカソというビッグネームの権威と何十億円という絵の価格に恐れ入っているだけとしか考えられないのである。そして、そういうふうにしか感じられない私の感性を古いという人がいても構わないし、変えようとはさらに思わない。

オカザえもん騒動について その2

2013年
5月29日

絵画芸術の世界には、１９６０年代以降のコンセプチュアル・アートという潮流がある。作品の物質的側面よりも観念性、思想性を重視して記号や文字、パフォーマンスによる表現をめざす芸術手法をそう呼ぶ。オカザえもんの作者、斉《さい》と公平太《こうへいた》さんもそうした流れを継承する作家の一人であり、岡本太郎賞を受賞する日本の現代アート界を代表する若手（?）有望アーティストである。

賛否両論かしましいオカザえもんであるが、若い人たちには「キモかわいい」として面白がられているのも事実である。ネット投票による「ご当地キャラ総選挙２０１３」においても、中部地区で上位３位の中に入ったそうである。「蓼食う虫も好き好き」とは言うが、あの辛口で有名な某地元新聞の若手女性記者ですらエールを送っているくらいである。

先日ゆかりのまち30周年で訪れた茅ヶ崎市の市民まつりにまで、オカザえもんは自費で出張出演していた。やはりこのときも子どもたちは警戒して遠巻きに怖々《こわごわ》とオカザえもんを眺めていたそうである。ところが現場にいた若い茅ヶ崎市の職員たちには「アレは何だ！」と大変な評判、注目度であったという。その存在感は大したものだと思う。

作者の斉と公平太氏の評判も関係者にはすこぶる良い。物腰は低く、謙虚で、礼儀正しく常識人であるという（巨匠と呼ばれる芸術家で、こういうタイプはあまり聞いた覚えがない）。彼の人となりを知る者は、誰しも応援したくなるような人物であるらしい。オカザえもんの人気も作者の人柄によるところが大きいという。

私は前回、オカザえもんについて「安直な発想」と失礼なコメントをしてしまったが、斉と氏は決していい加減な気持ちでオカザえもんを製作した訳ではない。「第一印象から強いインパクトを与えるため、パプア・ニューギニアのお面や能面の、シンプルで無表情の中にある美しさやユーモアを表現したい」と考えたそうである。そして次に岡崎という〝全国的知名度いまいち〟の都市をどうしたら有名にして観光に訪れる人を増やし、町を活性化できるかを徹底的に考え抜いたという。その結果が、あの誰が見ても「岡崎」と認知できる「オカザえもん」であったということである。

マスコミの会見で斉と氏は、

「賛否両論頂いたが、話題になったということだけでも十分目的は達したと思う」と答えている。私もその通りであると思うし、この点、作者には感謝している。

しかし、一方こうした動きもある。先日岡崎の某女性団体の役員の皆さんがおそろいで市役所までおいでになり、「岡崎のイメージ・キャラクターをもっと可愛らしい誰にでも親しめるものにしてほしい」と強い申し入れをしていかれた。こうした意見を私に言われる方が結構多いのである。オカザえもんの存在感は認めるが、それが一般受けするモノでないところが限界となっている。とはいえ、いつの時代でも新しいことをやる芸術作品は冷遇されてきたものである。また騒動となったことは作品としてのオカザえもんの価値にもつながったといえる。

オカザえもんだけでなく、これまで岡崎には市制70周年の「葵博」におけるあの手塚治虫御大の手によるハクセキレイのピー子ちゃんはじめ、おかざキング、てんかくん、味噌崎城《みそざきじょう》など様々なキャラクターが乱立しているが、それはそれとして新しくもう一つ岡崎のイメージにふさわしく、万人受けするキャラクターを作ってもいいのではないかと私も思っている。

すでに浜松市に「出世大名家康くん」を先取りされた今、幼名の「竹千代君」という線もあるが、対外的に「竹千代って何だ?」ということになってしまいそうである。

そこで私としては、私案として、ドラゴン（龍）をモチーフとしたカワいらしいキャラクターを、プロも交えて公募してみたらどうかと考えている。そもそも岡崎市の市章は龍城にちなんだ「龍と玉」である。そんなことを基礎に考えてみたらどうかと思っている。

オカザえもん騒動について　その3

2013年
6月24日

現状報告のつもりで「オカザえもん騒動について」と題してその1、その2を書いたところ、えらいことになってしまった。ブログに載せてから1週間足らずの間のアクセス数が12000を超えていた。私のブログとしてはこれまでの最高記録である。

今まで、こうした「好きか嫌いか」、「プラスかマイナスか」という二元論の議論にはあまり触れないようにしてきた。プロ野球やサッカーチームのひいき論と同じで、理屈でわかりあえる話ではないからだ。好きなものは何であれ、ファンにとっては神のように絶対的存在である。それこそ、こうした問題には「さわらぬ神に祟《たた》りなし」である。利口な大人は近づかないものだ。

しかし今回は職責上、賛否両論の立場の方々よりそれぞれ強い要望を頂いているため、一度はこのことにふれざるを得なくてブログ上で取り上げることとなった。

先日、地元の南中学校に「次の新しい岡崎へ」の講演に出かけたところ、演題にはなかったオカザえもんについての質問や意見が出た。中学生の間でも賛否両論あることがわかり、たいへん面白かった。

どちらにしても、これだけ岡崎の名前を冠したものが話題になったことは、作者・斉と公平太氏の作戦が当たったということであり、感心している。最近、岡崎のピアゴ洞店の「サンクレール」で売られている「オカザえもんパン」(1日50個限定)は、連日売り切れの好評とのことだ。市役所にも「どこに行ったらオカザえもんに会えますか?」という問い合わせが来ている。また九州の岡崎さんという方からは「子どもが学校でオカザえもんと呼ばれていじめられている。どうしてくれる!」と真剣に苦情が来た。

こうした大フィーバー(?)にもかかわらず、「製作費だ、使用料だ」と一言も言わない斉と氏はいまどき珍しい奇特な方である(とはいえ、オカザえもんには毎月、アート広報大臣としてのパフォーマンスに対して、時間給で給与は支払われている)。

また彼は、病気の子どもがオカザえもんの熱烈なファンであることを知ると、ベーブ・ルースや力道山、長嶋茂雄じゃあるまいに、その子どものお見舞いに出かけるといった心温まる活動もしている。こういう評判を耳にすると、「おっ、オカザえもん、なかなかいいじゃないか!」と思わないでもないが、一般に人の好悪の感情というものはそれほど単純なものではないようだ。いまどき親が仕事で世話になっているからといって、気に染まぬ相手のところに嫁に行く娘などいないのと同じことである。

今回、その1、その2のブログに対し、様々な方より、多くの参考となるご意見やお便りを頂き感謝している。元々、感情的でヒステリックな話は初めから問題にする気はなかったが、意外にクールで論理的な意見が多く、私がよく知らなかった事情をお教えくださった方もあり、そうした皆様には心からお礼を申し上げたい。ただここで一つ気を付けなければならないことは、とかくこうした議論は、声の大きな方が主流のようなイメージを与える点である。ブログ世代だけでなく、少し離れたところから顔をしかめて見ている「声なき声」の人々の存在も忘れてはならない。とはいえ、私自身も先々週から人に頼まれ、オカザえもんバッジを胸につけている。「今まで言ってきたことと違うじゃないか！」とおっしゃる向きもあろうが、そんなところに私の置かれている立場がご理解頂けることと思う。

内田康宏 絵

お便りの中にいくつかお返事をした方がよいと思われるものがあったので、次回で採り上げてみようと思う。

オカザえもん騒動について　その4

2013年
6月27日

オカザえもんはアート広報大臣

まず加藤正嗣先生のご意見に対して。私が忘れていたデザイン博の「デポちゃん」の名を思い出させて頂き、ありがとうございました。

ただ「選定プロセスは明確で――」という点には異論があります。「公募し、デザイナーによる審査があった」そうですが、いつも思うことですが、その選考委員というのは、いったい誰がどんな基準で選任したのでしょうか。個々の委員にはそれぞれ好みの傾向があり、その人を選考委員にすればどういう傾向の作品が選ばれるか、おのずから予想できることもあります。

また仮にグッズが売れていたとしても、マスコミを使って大宣伝して、イベントを盛り上げ、キャラクターグッズがそれしかなければ、ある程度売れるのは大衆社会において当たり前のことです。そのためのプロの請負業者（会社）もあるのであります。

もう一つ、いえば、あのイモムシのデポちゃんが出て来たときに、委員会で多くの議員が首をかしげて笑っていたことをはっきり覚えています。

私や葵武将隊をゆるキャラと同列に扱っているご意見もありましたが、機能や目的の違うものを同じ土俵で論ずることはそもそもおかしいように私には思えます。

それから「人気があるから知名度があるからいいじゃないか」という感覚論もいくつか頂きました。そうした数値化されない、空気のようなものに頼ってモノゴトを判断することは行政としては慎重にした方がいいでしょう。そうしたものは一時的な現象であることもあるからです。さらにいうならば、そもそもオカザえもんは「あいちトリエンナーレ２０１２」の出展作品であり、一年間限定のアート広報大臣であります。岡崎市の正式なシンボル・キャラクターというわけでもありません。ちなみに船橋市の「ふなっしー」はＴＶに出て、ＣＭにまで採用されるほどの人気者ですが、未だに船橋市からも商工会議所からも認知はされておりません。

「ゆるキャラ」の提唱者であるみうらじゅん氏はその条件として次の三つを挙げております。

１　郷土愛に満ちあふれた強いメッセージ性があること

２　立ち居振る舞いが不安定かつユニークであること

３　愛すべきゆるさを持ち合わせていること

これを見て頂いてわかるように、みうら氏の定義はあくまで「地方の村起こし的、地域の振興のためのキャラクター」であり、この定義によれば、まずその地域に愛され、その町で認知されることがいちばん大切であると考えられます。もちろんオカザえもんがこの定義にあてはまらない訳ではありませんが、地域で広く認知されているとまでは言い切れない気がします。世の中には「どうしても嫌い」「理解できない」という人たちが確かにいるのです。

他の地域の方からも様々なご意見を頂きましたが、Kさんの御指摘にあるようにまずは岡崎市民の声を大切にしていきたいと思います。

一般的に、くせの強いキャラクターは波に乗ると一気にブレイクすることがあります。それと同様にアキられるのも早いことは、芸能界における数ある例からもよくわかります。オカザえもんもそうなるといっているわけではありませんが、地元や地域で広く理解と認知を得るという意味では少々限界点のあるキャラクターであるといえます。このことは決してオカザえもんの存在を否定するものではありません。オカザえもんを全国区とするなら、地域の伝統に根ざし、幅広い世代に愛されるキャラクターがあってもいいのではないかということです。要するにそれぞれの個性を生かして併存すればいいということです。

「税金を使って云々」という意見もいくつかありました。しかし、税金をきちんと納めている市民の中から要請の声が多ければ、それは正当なものとなります。それでも問題だというのであれば、寄付を募って対応してもいいし、やり方はいくつもあります。先々週、議会で「市長が『ドラゴンをモチーフとした新しいキャラクターを云々』とブログに書くのは勇み足だ」

という発言を頂きました。これもあくまで「たとえば」ということであり、岡崎市の伝統ある「龍と玉」の市章に敬意を表して述べただけのことです。

当初、新キャラクターのために有名なマンガ家に頼むことも考えましたが、製作費、所有権、使用料など、そのたびの契約問題などお金のかかりそうなことが多く想定され、なかなか難しいと考えます。今は、やるなら一般公募が良いのではないかと思います。

また「新キャラクタープランはオカザえもんを抹消するためのもの……」というご意見もありましたが、仮にその程度のことで消滅するとしたら所詮それだけのモノであったということです。私はオカザえもんはもっとしぶといと思います。エルヴィス・プレスリーが出てきた時も、ビートルズが出てきた時も、世の中の評価は真っ二つでありました。それを吹き飛ばすパワーがあってこそ、本物であります。

先程述べたように、一市一キャラクターである必要はありません。合併のせいで4つも5つも町のキャラクターを持っている市も存在しております。

すでに岡崎でもオカザえもんと味噌崎城はしばしば同一行動をとっていますが、将来、オカザえもんや他のキャラクターと新キャラが肩を組んで登場できるようになればよいのではないかと考えております。ちょうどミッキーマウスがミニーやドナルドダック、グーフィーやプルートに囲まれているような形になってもいいのではないかと思います。

古代ローマの英雄、ユリウス・カエサルは今から２０００年以上前に、「人間ならば、誰でも現実のすべてが見えるわけではない。多くの人は、見たいと欲する現実しか見ていない」(『内乱記』)という言葉を残しています。今、この言葉をしっかり噛みしめたいと思っています。

親善都市・福山市へ

2013年
7月15,18日

「第46回福山ばら祭」が5月18日(土)、19日(日)、広島県福山市で開催された。5月以来の度重なる県外での会議や6月議会への準備のため、記述が2か月も遅れてしまったが、親善都市である福山市を訪問した時のことを報告しておこうと思う。

今年は茅ヶ崎市、佐久市との「ゆかりのまち30周年」と2月の石垣島新空港の開港に加え、親善都市42周年を迎える福山市への訪問により、関ケ原町をのぞくすべての友好関係にある都市への新市長としてのご挨拶が済むこととなる。岡崎市の代表として各地を訪問させて頂いて、改めて首長としての職責の重さを再認識させられた気がする。

広島県の福山市と愛知の岡崎市がどの様な縁で結ばれているかといえば、古く江戸時代の初期に遡ることとなる。徳川家康公のいとこにあたる刈谷の水野勝成公が初代の福山城の城主として福山の地に移封されたことによるのである。そうした古い機縁のもとに、昭和46年（1971年）11月9日、奇しくも私の父親が市長の折に、岡崎市と福山市が親善都市の提携を結ぶこととなった。両市は、城下町として栄えたことだけを共通の歴史に持つものではない。先の大戦において戦禍に見舞われながら、両県の中核市に成長したことも、共通点として挙げられる。さらに市制施行日も同じ大正5年（1916年）7月1日であり、3年後には市制100周年の大きな節目を迎えることになる。

現在、岡崎東公園の動物園にいる象の「ふじ子」は、福山から岡崎の友好の印として岡崎に寄贈されたものである。象を贈って頂いたことには大変感謝をしているが、一頭だけで生活しているふじ子の姿は見る度に哀れでならない。ふじ子のおかげで多くの岡崎の子どもたちが身近に象を見られる機会を得られたことは喜ばしいことであるが、これからの動物飼育の原則としては、「群れで生活する動物は、多頭飼いをする」べきであって、できなければ飼うべきではないと思っている。

今回福山へは岡崎市だけでなく、親善友好提携5周年を迎える米国ハワイ州マウイ郡の郡長ならびに訪問団一行、韓国・浦項《ぽはん》市の訪問団の皆さんも招かれていた。

当日は福山到着後、夜の歓迎会まで時間があったため、福山市の御好意に甘えて、瀬戸内海国立公園の景勝地として名高い鞆《とも》の浦《うら》へ足を運ぶことにした。県議の時にこの地を訪れたことがあったが、今回は観光ボランティアとして有名な宮本和香《かずこ》さんという御婦人の案内によりこの地を訪れることとなった。おまけに役所の随員も宮本さんである。

市内から14キロ南にある沼隅半島に向かう経路には、高屋川という大きな川とそこにかかるいくつもの橋があり、そんな風景にも岡崎との共通性を感じさせられる。夏にはこの川沿いで花火大会が催されるそうだ。

鞆の浦は瀬戸内海国立公園を代表する景勝地であり、穏やかな瀬戸の海には、弁天、仙酔など小粋な名前の島々が浮かんでいる。最初に訪れたのは、福禅寺という寺の境内にある「対《たい》潮《ちょう》郎《ろう》」という江戸時代（１６９０年代）に建てられた客殿だった。前にも来たことがあるが、今回は天気もよく座敷からの眺望は素晴らしかった。以前ＮＨＫの番組が、この地を訪れた朝鮮通信使の一行がここから海を臨む景観に心を打たれ、「日東第一形勝」（日本一の景勝の地）の書を残したことを紹介していたが、まさにその通りの美しさであった。

少し前、このあたりの海に橋を架ける、架けないで、地元と県の間で大モメしたと聞くが、

宮﨑駿氏が「崖の上のポニョ」の構想を固めた鞆の浦

その計画は鞆の浦の景観に直接かかわるものではなかったようだ。「地元生活の利便性の向上のためには橋が必要」という声と「美しい自然景観を守れ」という声がせめぎ合っていたそうだ。いずれにせよ、今は橋の建設計画は取り止めとなっている。こうした問題はいずこも同じである。

漁村から発展してきたという町並みを眺めながら散策をしたとき、このあたりの風景をどこかで見たことがあることに気が付いた。私はご承知のとおり映画マニアであるが、アニメもけっこう好きである。スタジオ・ジブリの「崖の上のポニョ」というアニメ映画に出てくるポニョという女の子が小さい頃のウチの娘によく似ていたため、ついついＤＶＤを買ってしまった。お店の若いニイちゃんが「このオジさん本当にコレ買うの？」という顔で一瞥《いちべつ》したことを今も覚えている。

何がいいたいかというと、このアニメに出てくる町や海岸線の風景が鞆の浦の一帯とほんとによく似ているのである。私の気のせいかと思っていたら、ある街角のウィンドウの中に、ポニョの人形と手作りの島の造形が飾られていた。地元の人に話を聞いたところ、宮崎駿氏はあのアニメを製作する前に、構想を固めるためにこの地で3か月程逗留していたことがわかった。案外私の勘も捨てたものではないと思った。宮崎氏が毎日コーヒーを飲みに来ていたというひなびた喫茶店に入ったとき、私としては珍しく、目にとまった販売用のコーヒーカップを衝動買いしてしまった。後で箱を見たらメイド・イン・ギフであったが、現在このカップは役所で愛用している。

前夜の晩餐会では各友好都市の代表の皆さんと同様にお上品に挨拶を済ませ、翌日に控える「ばら祭」と「ローズ・パレード」のために夜更かしをせず早く眠ることにした。

2日目は昼からのパレードの前にもう一つ仕事があった。ばら祭の展示会場において、切りばらコンテストの審査をしなくてはならないのである。そこで岡崎市長賞のばらを選ぶのが私のお役目である。

その結果を述べる前に、福山市とばらの関係について少し説明をしておこうと思う。

福山市は、先の大戦の米軍による空襲によって市街地の8割を消失している。戦後、「荒廃した街に潤いを与え、人々の心に和らぎを取り戻そう」と市民の有志の手によって、昭和31年（1956年）にばらの苗1000本が植え付けられた。この結果、昭和43年（1968年）には「全国美しい町づくり賞」の最優秀賞を受賞することとなった。昭和60年（1985年）には市の花にも制定され、ばらを通して培った思いやりの心（ローズマインド）は「100万本のばらのまち福山」づくり運動となって推進され、今日に至っているのだそうである。ばらといえばお隣の西尾市もばらが市の花である。「市の花がバラなんてロマンチックでいいな」と思う一方、私はばらと聞くともう一つ思い出すことがある。

大学生のころ、神田の本屋で難しい漢字のタイトルでシャレた装丁の本を何気なく手にとった。その時の『薔薇族』という名の本の印象が強すぎて、ばらというと今もそちらを連想してしまう。そういえば、その本の表紙の絵を描いていた内藤ルネさんというイラストレーターは岡崎出身であったと記憶している。筋肉質で痩身の青年が半ズボン姿で一輪のばらを持ち、横顔で立っている絵が今でも思い出される。

話を元に戻すと、当初私は最終選考に残った5つの作品の中から岡崎市長賞を選ぶということで、いちばん大柄な花をつけていた白バラを選ぶつもりでいたのだが、隣から「こいつは肥料のやり過ぎだ」というつぶやきが耳に入り、近くの赤いバラを選択してしまった。後で同行の太田副議長も、岡崎市議会議長賞に赤バラを推したことを知り、そんなことなら白バラにしておけばよかったと思ったものである。こんなことで審査は決まるのであるから、選に漏れた方にはあまりガッカリしないでくださいと言いたい。

市民まつりの会場に出かけてみると、今日もいました葵武将隊。前回の茅ヶ崎市のお祭りの時と同様、彼らの積極性とガンバリには頭が下がるが、武将隊は二人ではちょいと迫力不足な気がする（この日は水野勝成と稲姫の二人だった）。せっかく演武までさせるならば、三人以上でないと様《さま》にならないだろう。この点もう少し岡崎市としても考えなくてはならないと思う。

昼食後、ばら公園のバラを横目で見ながら出発地点まで向かう。私は「天気男」でいつも通しているが、調子に乗ってそのことをブログに書いてから雨が続いている。これで二連敗だ。やはり、そういうことを文章にするとジンクスも途切れるのかもしれない。雨空を見上げながら少々責任を感じた。

友好の印の「なかよしの像」

パレードはオープン・カーをやめて、バスで行うことになったが、少々の雨ならばオープン・カーの方が良かったと思う。途中から雨が上がっただけにこの点は残念であった。しかし、そんな天候にもかかわらず、ミッキーマウス・パレードや「ブルガリア共和国バラの女王」の登場もあって、沿道は人で埋め尽くされていた。いかにローズ・パレードがこの町の人々に愛されている催しであるかがわかる。

パレード終了後、ばら公園内にある前岡崎市長が友好の印に送った「なかよしの像」を見に行った。よく目立つ所に配置されていたが、贈呈者名と説明が裏に彫ってあるため何のモニュメントだかよくわからない。そのせいか、隣に福山市の御配慮で白の解説板が立てられていた。これも雰囲気になじめず興醒めの感があった。

茅ヶ崎市に贈呈された「なかよしの像」の前面下に贈呈市長名と説明が彫ってあった意味がこの時ようやくわかった。モノゴトは何でも現場に行って見ないとわからないものである。

安倍夫人・岡崎訪問の記

2013年8月5日

7月10日（水）、総理夫人である安倍昭恵さんが、昨年の市長選挙以来約9か月振りに岡崎を訪問された。このことはブログの記事にしてはいけないかと思っていたが、翌々日の新聞に載っていたので、こちらでも書かせて頂くことにした。

原爆の投下により焦土と化した広島の被爆地のガレキの中からカンナの花が咲いた。そのカンナの花にちなんだ「平和カンナ・プロジェクト」を推進なさっているご友人の橘《たちばな》凛《り》保《ほ》さんと共に、今回の岡崎訪問はなされた。昨年の修学旅行の際に安倍夫人にインタビューするために議員会館を訪れた附属中学の卒業生らとの再会も目的の一つであった。

夕刻より、松井幸彦《ゆきひこ》先生をはじめとする友人の皆様と共に「安倍様、橘様を囲む会」をもつことになった。私自身、昨年の選挙でお世話になりながら当選直後幾度も上京したものの、日程の都合もあって直接お会いしての御挨拶ができていなかったこともあり、家内共々、出席させて頂くことになった。松井先生はかねてより「ミャンマーに小学校を作る運動」や「ミャンマーに消防自動車を送る運動」などを通じて安倍昭恵さんとはとても親交が厚い。

昭恵さんは、卒業論文のテーマが東南アジアの民生、ことにミャンマー（旧ビルマ）の教育にかかわるものであった。学生時代にかの地を訪れたことが一つの切っ掛けとなり、ミャンマーの子どもたちのために小学校を作る運動に参画された。その運動は今日に至るまで続いている。すでにミャンマーには、昭恵さんの名を冠した小学校がいくつも誕生している。

「安倍様、橘様を囲む会」

松井先生については以前も私のブログに記した通り、ビルマ時代のミャンマーに教師として海外赴任の経験があり、当時から戦後日本兵の遺骨収集、本国への送還活動や小学校建設運動、そして消防車両の寄贈運動でもご活躍なさっている（私は、時として松井先生が宗教家に思えることがある）。

橘さん、昭恵さん、松井先生に共通するのは、限りないヒューマニズムである。昨今の利害関係のみで行動する人々が目に付く世相において、こうした方々とお会いしお話を伺う機会を得ることは、心洗われる思いがするものである。

また前にもブログ上で触れたことがあるが、昭恵さんは森永製菓の社長令嬢である。しかし、そんなことをけぶりも感じさせないさわやかさと天真爛漫さが、彼女の魅力であると思う（ウチの嫁さんは帰り際に「これからもガンバってネ！」と言われてハグをされて、感激していた）。

もう30年近く前のこと。父上の安倍晋太郎先生の秘書官であった晋三さんが「この業界（政界）にいると、嫁さんを見つけるのが大変なんだ」という話をされていたことがある。大物政治家の息子は親の名前の重さで、それなりに苦労があるものだと当時理解していたものだ。同じように国会や議員会館界隈には、やんごとなき家系の才色兼備のお嬢様方がたくさん秘書として働いておられるが、彼女たちも同様の悩みがあるようであった。毎日テレビに出ている大物政治家たちと同席しているために、若い男の秘書たちは怖れをなして彼女たちに近づこうとしないのである（もちろん私もその一人であった）。

しかし昭恵さんと親しくお話をさせて頂いて、そんな中で晋三さんが彼女を選ばれたことが十分納得できるような気がした。私の悪いくせで、晋三さんの若いころの話をしながら、ついまた余計なことを言ってしまった。

「晋三さんのような方と結婚することになれば、将来政界の荒波をくぐる運命が待っていることは明らかです。御両親は反対されませんでしたか？」

彼女は「親は嫁に行ってくれるならどこでもよかったようです」と明るく笑われた。私もそこで笑って止めておけばよかったのであるが、

「一般に親は口ではそう言いますが、私のような者でもウチの家内と婚約したころ、嫁さんはいろんな人から『苦労するから止めた方がいいわよ』と言われていたそうですよ。もっとも私の場合、衆院選の大選挙違反もあったので、結婚などできそうもないし、もう人生終わったなと思っていましたけどね」

と話したところ、反対に昭恵さんから「それじゃあ、奥さんに感謝しなければ」と言われてしまった。そのあとで「御主人が感謝してるってよ」とウチの嫁さんに向かって言っていた。

これではインタヴュアーとしては失格で、全く〃やぶ蛇〃である。

おまけに私はまた、次のような失礼なことを言ってしまった。

「あなたを個人としていい人だと思っても、〃森永の娘〃とわかった時点で普通の男は腰が引けてしまうもんですよ。そうでないとしたら、よっぽど自分に本当に自信のある男か、自信過剰のおバカさんか、逆玉を狙う野心家か、何も考えていない奴のどれかだと思いますよ」

もしかしたら晋三氏は、同じ様な立場にある昭恵さんにシンパシーを感じたのかもしれない

（今度、会ったら聞いてみよう）。どちらにしても、ハタから見れば、何不自由なさそうな立場というのも、当人の立場となってみれば、それなりに嫌なこと、不自由なことがあるものである。天皇陛下は夜中に腹が減ったとしても、ちょっと車でラーメンを食べに行くというようなことはできないだろう。

ウチの嫁さんと昭恵さんが笑いながら何か話をしていたので、あとで確かめたところ、お互いの亭主の共通点を酒の肴にしていたとのことだった。男のくせに酒が苦手で、アイスクリームやお好み焼きが好物で、好みのアイスクリームが「白くま」という所まで一緒であったため、声を出して笑っていたようである。

私と安倍総理はもう一つ共通点がある。お互いに忙しくて映画を観に行けないため、夜遅く一人でＤＶＤ（変なヤツではない）を観ている点である。二人ともかなりの映画マニアであるが、鑑賞のスタイルだけは随分対照的であるようだ。

私はＤＶＤを観る場合、まず本編を筋を追いながら観る。その次に本編から削除されたカット・スペシャル、ＮＧ特集、予告編ＣＭと続けて、監督や主演俳優や脚本家の解説版があればそれも観て、さらにハリウッド・ノートのような資料まで時間があれば目を通すことにしている。おまけに、時にはそれからまた本編を観直すことさえある。ウチの嫁さんに言わせれば「あなたはビョーキ」だそうである。

安倍総理の場合は、時間も無いのであろうが、同じ映画は一度しか観ないそうである。よほど気に入った作品以外は定期的に箱詰めにしてご自分で処分されるそうである。確かにそういう対応にすれば、私のように２０００本を超えるＤＶＤとまだ数百本はあるビデオテープ、自分で編集したＴＶのＤＶＤ５００〜６００本に埋まって生活するようなことにはならないだろう。私の部屋の壁面はほとんどＤＶＤと本でふさがっている。

私の場合、以前観た映画でもしばらくするともう一度観たくなったり、場面やセリフを確認したくなったりすることがよくあるのだが、安倍総理はそういうことはないのだろうか？　ひょっとすると「男は身辺に余分なモノを多く持たない。そうしたものは柔弱未練の心の元となる」という長州武士の質実剛健の気風による生活習慣のせいなのかもしれない。

国への要望活動に思う

2013年
8月31日

私共、地方自治を担う者は、毎年定期的に河川や下水道、道路や農地整備、山間地対策など国庫補助を必要とする事業ごとに、地域の自治体グループで成り立つ「促進期成同盟会」を結成している（例・道路整備促進期成同盟会）。そしてその事業ごとに、国の各省庁並びに地元選出の国会議員さんに対して要望活動を行っている。

ふだんは全く意識の埒外にあるのだが、上京して国の各省庁に陳情活動をするたびに、改めてこの国の権力構造のヒエラルキー（序列）というものを感じさせられる。地方においては、市政のヒエラルキーのトップにあるように見える市長であっても、中央に出向けば借りて来たネコのようなものである。

国に陳情活動をするためには、国会議員を先頭にしなくてはお話にならない。国会議員、それも与党の議員で力のある政治家を通じて話を進めなくては同じ活動をしても効果は望めない。定まったレールに乗って物事を運ばないと、なかなかめざす大臣、次官や局長にお目通りはかなわないし、下手をすれば部長、課長どころか課長補佐にも会えず、受付のお嬢さんに書類を預けて帰って来ることになる。自民党が野党の頃は、ちょうどそんな具合だった。これでは陳情の効果の程は期待できず、徒労となってしまう。よく、役所に来て大声で怒鳴っている人がいるが、あの手の行動はただの自己満足に過ぎず、かえって目的から遠ざかり逆効果となる。世の中には、成文化されていないルールというものもある。第一ものを頼むときのエチケットに反している。

幾重にも張りめぐらされた国の権力構造の段階ごとに、その一層、一層にていねいに注射をしていくように同じ要望書を作成し、封筒に入れ、頭を下げてお願いして回るのである。いわば、「行政のお百度参《ひゃくどまい》り」のようなものだ。時には一日で20か所以上も回ることがある。宛名を間違えたり、提出先を間違えたりしたら大変である。慎重の上にも慎重に、しかも手際よくことを運ぶ必要がある。

最近、上京してこの手の仕事をして来ると、何ともいえない底疲れのようなものを感じる。百姓がお上に直訴するような（古いたとえで申し訳ない）心理的な圧迫感が原因なのかもしれない。

昔、安倍晋太郎政調会長（現・総理の父）の秘書をしていた時、逆に全国から様々な陳情・要望書を代理で受けていたことがある。受け取る側は日々の仕事の一つに過ぎないが、自分がこうして頭を下げて回る立場になると、あの頃の陳情団の方々の思いや御苦労がよくわかるというものである。

それにしても、地方とは異なった国の官僚組織を垣間見《かいま》ると、様々な発見がある。こうした中央官庁で働いている人たちというのは、多くが一流大学の卒業生であり、国家公務員試験のⅠ種の合格者である。

いつも思うことであるが、そうしたエリートたちが働く職場としてはいささか過密で、乱雑な（失礼！）職場環境に見えてならない。机はまるで小学校の職員室のように数珠つなぎに並べてあり、その間に迷路のごとく、幅が1メートルもない通り道が続いている。キチンと整頓された机もあるが、多くは机の上の書類が山積みとなっている。本庁の課長席は、大体そうした迷路の突き当たりの窓際にある。鳥や熱帯魚のケージや水槽にも適性個体数というものがあるが、こちらは明らかに適性値オーバーと見受けられる。

国家公務員のI種といえば、日本の権力構造のトップにある特権階級のように思われることが多いが、それはここでの出世競争を勝ち抜いた一握りの人間のことである。この風景を見る限り、決してうらやましいとは思えない。これならば、地方の市役所の方がよっぽど職場環境が整備されていると思う。近年、一流大学を出ても中央官庁ではなく、親元の県庁や市役所に職を求める人が増えている理由がよくわかる。

かつて秘書時代、安倍晋太郎先生と共に年末、夜間に新年度予算の編成作業中の大蔵省（現・財務省）を陣中見舞いに訪れたことがあるが、通路にはマットレスや毛布、インスタント食品の箱が山積みとなっていた。まるで被災地の難民である。こうしたことは、今も基本的には同じであるという。これもトップエリートたちの実際の姿であるのだ。彼らがこうした待遇に耐えて来られるのは、「俺たちが国家の屋台骨を支え、国を動かしている」という誇りと自信、矜持の心によるものと、出世レースに勝ち残れなかった者でも〝天下り〟という形での一種の救済措置がシステムとして機能していたからであると思う。ところが今や、〝天下り〟は公務員の悪しき慣習の典型とされ、国から地方まで一律に「魔女狩り」の如く袋叩きとなっている。

確かに、公共事業の利益の誘導機関的な側面は是正の必要はある。しかし、今から20年くらい前までは、一般人の話題の中にも「御近所の誰それの息子は東大卒の俊英で、大蔵省に入り、将来は退職後も安泰でうらやましい」というような話が当たり前の如くささやかれていたことを覚えている。当時は天下りというものが、長い受験戦争を勝ち抜いた勝利者に与えられる当然の権利のように讃えられていた時代でもあったのだ。それが「人情の翻覆《はんぷく》、波瀾《はらん》に似たり」の言葉通り、今や東大を出て高級官僚であることは隠しておかないと、逆に子どもが学校でイジメに遭うような時代となっているともいう（そのせいで単身赴任が多い訳ではあるまいが……）。

極端な優越意識や特権主義の醸成や、破格の特別待遇や国家公務員しか使えない保養施設の建設などは控えるべきと思うが、プライドを持って職務に励むことのできる環境と処遇を考えないと、優秀な人材が、難度が高く苦労の多い職務を担わなくなってしまう。そうなっては、ますます海外への頭脳流出にも拍車がかかり、国の将来はお先真っ暗となってしまう。私たちは出る杭《くい》を叩くばかりでなく、そうしたことも考慮に入れて国のあり方、健全な官僚組織の構築、継続を図らなくてはならないと思う（同様のことが大学教員においてもいえる）。

決して天下りを正当化するわけではないが、世界的に日本のエリートほど、エリート的待遇を受けていないケースは珍しいという。今さら、ソルジェニーツィンの著作や、ブレジンスキーの論文の例を持ち出す必要もあるまいが、人間の平等を理想とした思想を掲げた国ほど、新政府のエリートたちが新たな特権階級を形成し、より極端なヒエラルキー（序列）をつくり出していったという皮肉な歴史的事実は、興味深いものだ。

話が横道にそれてしまったが、いずれにしても中央官庁への陳情のたびに目にするあの光景を思う時、いちばん気になるのは、重たい思いをしながら市の職員と共に配って歩いた要望書が、どこまでまともに読まれているかということである。

一つの証言がすべての実証になるとは思わないが、ある時、元国家公務員であった友人に「あの山積みの陳情書は本当にちゃんと読まれているのか？」と聞いたことがある。その時返って来た答えは、

「直接の担当者以外、まずまともには読まないネ。そのまま資料として保管されるか、処分されるかのどちらかだよ」

というものであった。

しかし、少なくともこの岡崎市においては、市民の声に対しては適切に対応している（私も受け取った要望書は必ず担当部署へ回している）。国においても、市の職員が苦労して作成した要望書を、すべてそんな扱いにしているとはとても考えられない。

どちらにしても、政権与党の国会議員を通して大臣級のレベルまで話を伝えて、そこから役所の機構に対して言葉が下りてゆくまでの手続きをしなくては、大きな事業が予算を伴って動き出すことは難しいという話は昔から耳にしていることである。そうかといって、中央省庁の実務担当者に対して地方の実情を直接訴えるための貴重な機会でもある要望活動は欠かすことはできない。こちらから筋道を通して「頭を下げて、きちんと挨拶に出かけた」という事実を残しておくことが大切なのである。

そのために、我々地方自治体のトップは一年の間にたびたび上京し、行政の〝お百度参り〟を毎年続けているのである。

オカザえもん騒動について その5

2013年
9月17日

オカザえもんについて私が「個人的には趣味ではない」とコメントしたことが未だに新聞のコラムに載ったり、議会質問の中でヤユされたりすることがある。友人からも「あんたも、いつまでもしぶといネ」などと言われる始末だ。今までに何度も書き、言ってきていることであるが、「趣味ではないが、別に毛嫌いしているわけでもない」。それどころか、岡崎のＰＲのために一種の使命感を持ってがんばってくれている作者の斉と公平太氏には本当に感謝しているし、尊敬の念すら抱いているくらいである。

ただ好悪の感情とか、芸術に対する感性とか、主義主張というものは、多数決で決めるようなものではないと思っている。それはあくまで個人の領域に属するものである。

「古い奴だとお思いでしょうが、私はあくまでこだわる人間である」

(どこかで聞いたセリフですが)

もっとわかりやすくいえば、仮に某左翼政党が日本で政権をとったとしても、私は間違ってもマルクス・レーニン主義を唱えてシッポを振って権力にすり寄ったりはしない。

ところが近年の若い政治家の中には(年寄りでもいるが)、この辺の思想的貞操観念の希薄な、あるいはそんなものは初めから持ち合わせていない人間が増えてきているように見える。私にはそれが気になってしょうがない。またそういう人間は極めて功利主義的であり、人としての信義を軽くみる輩が多い。そういう人物が政界に増えるほどに、政治は混乱し、国民からの信を失う結果を招くものと思っている。

政治家が選挙を意識して行動するのは当然のことであるが、当選のためなら傍目《はため》もはばからず次から次へと政党を移り替わってゆくという姿勢が私にはどうしても理解できない。そういった人間よりも、生き方としては、拷問の末、獄中死しても主義主張を変えなかった近代の左翼主義者の方々に親近感を覚えるくらいである。学生時代、革命を唱え、ヘルメットをかぶり角材や鉄パイプを振り回していた友人も、今は田舎の一市民として平和に暮らしている。普通人ならばこれも許されるだろう。

しかし、政治家とは主義主張に生きる存在であるべきではなかったのかと自らに問うことがある。自作の言葉として「我が志によって立ち、我が旗のもとに倒れる、もって悔いなし」というものがある。私はそんな人生を送りたいと思っている。

オカザえもんに話を戻すと、先日新聞の県内版に、市役所幹部の弁として「美人は3日で飽きると言うが、初めて見た時は『何じゃこれ』と思ったオカザえもんにも慣れてきた」というコメントが載っていた。よくいわれる「美人は3日で飽きるが、そうでないのは3日で慣れる」という言葉はウソであると思う。真実は「美人には3日で慣れ、美人であることを当然と思うようになるが、そうでない場合は3日間あきらめる努力をする」ぐらいであり、実際多くは、「アバタもエクボ」といったところが本当だろう。

いずれにせよ当の女性たちも、美人の方が良いと思っているに決まっている。そうでなくては、化粧品が時代を超えてあんなに売れるはずがないし、韓国にまで美容整形に出かける人たちがいるはずがない。あのクレオパトラですら、ハチミツを体に塗り、ミルク風呂に入っていたという。

美の追究、利権や名誉、地位に執着するのは、人間の持つ性《さが》であり業《ごう》であると考える。それを直視せずに発せられたいかなる言葉にも、ウソがある。

しかしそうはいいながら、最近もう一つ感じていることがある。人は年齢と経験によって考え方にも変化が起きてくるのではないかということである。人は美を追い求めるものであるが、年齢と経験によって、世の中には美を超越した価値があるということに目覚めることがある。思想的にも、自らと異なる考え方に対してより寛容の心が働くようになって来るのである。そうしたところに、人間としての成長、長く生きることの意味があるのかもしれないと思う今日この頃である。

追記

せっかく騒ぎが収まってきたのだから、もうオカザえもんについては触れまいと思っていたのに、また書いてしまった。これこそ私の業であると思っている。

青年部ブドウ狩りと「よいこの会」

2013年
10月11日

昨年は選挙のため実施することができなかったが、9月29日（日）、2年振りに後援会青年部の主催によるブドウ狩りが駒立《こまだち》の三国園《みくにえん》にて行われた。これは私が県会議員の時代から、ほぼ毎年恒例の秋の行事として三国園の鈴木靖司さんの御協力を得て実施されてきたものである。当日は台風22号の接近が心配される中ではあったが、青空の下80人を超える皆さんの参加により開催することができた。感謝申し上げます。

県議のころは、私自身がバーベキューの肉やソーセージ、焼きそばを焼く係を兼務していた。そのためブドウ狩りに行ったはずなのに、現地でブドウを食べたという記憶がない。

ところが今年は市長になったせいか、調理係の役を免除して頂くことができた。他の行事もあったため現地には2時間ほどしかいられなかったものの、席に座ってブドウを口にすることもできたし、参加者の皆さんとも親しくお話することができてよかったと思っている。

それにしても昨年のこの時期は、10月の市長選の直前でテンテコ舞いの日々であった。9月26日開催の総決起大会には、メインゲストとして安倍晋三代議士（現総理大臣）をお招きすることになっていたのであるが、自民党の総裁選挙の当日と重なってしまったこともあって、代わりに奥様の昭恵さんに御出席頂くことになった。

そのことが御縁となり奥様には何度も岡崎においで頂くことになり、選挙戦の終盤には前代未聞の現職自民党総裁の地方市長選挙応援が実現した。偶然から始まっためぐり合わせとはいえ、お世話になった皆様と神仏の加護に対し改めて感謝とお礼を申し上げたいと思う。

今回ブドウ狩りの催しの準備をし、バーベキューの支度をしながら語り合っている一人一人のメンバーは、ちょうど一年前の選挙の時に共に厳しい選挙を戦い抜いた、まさに〝選友〟（戦友）といえる。

一年前の日々の出来事を一つ一つ思い出してみると、今私が市長職をさせて頂いていることが不思議に思える時がある。ポンと手を叩いたら、夢が解けて目が覚めてしまうのではないかとふと思うことがある。それほど困難な戦いであった。

よいこの会（夏の海水浴　1981年8月9日）

県会議員となる前、有志の若者の会を開いていたことがあった。当時は私も若く、今ほど多忙でなかったので、自ら計画に参画し、春は花見会やピクニック、夏は海水浴、秋は森林公園で野球やバーベキュー大会、冬はスキーに新年会と、多彩な活動を行っていたものである。もちろんどれも実費頭割りの会費制の会であった。

当時のメンバーは学生を含む、多様な職業の仲間たちであり、政治がらみの話を持ち込まなかったこともあって、実になごやかで楽しい時間を共有することができた。確か仲間内で結婚したケースもいくつかあったように思う。

会名は「よいこの会」であり、毎回その日の会をいちばん盛り上げてくれた人や目立った人に「よいこ大賞」として持ち回りの小トロフィーで表彰もしていた。後に私が政治の道を歩むようになり、公務員のメンバーは足が遠のいていったが、個人差はあるものの、共に長い年月と友情を育んできたものである。最近は世代交代も進み、現在の青年部の中心は彼らの子どもたちの代に移っている。毛糸のパンツで走り回っていた少女やオムツが離せなかった男の子が親となり、子どもを連れてブドウ狩りに来てくれる。本当にうれしいことである。

子どもたちの参加もうれしい

私は保守の政治家の一人であると思っているが、本来保守主義というものはこうした人間関係を基軸とした信頼と友情によって支えられているものであると考えている。さらに付け加えるならば、郷土の伝統と文化、地域の個性を生かした町づくりをしてゆくことが、保守の政治のあり方として大切であると考えている。

生まれ育った故郷《ふるさと》に愛着を持ち、誇りと共にその気持ちを他者に語ることができるようになって初めて地域の発展は継続してゆくものと思う。そんな「次の新しい岡崎」づくりに向けて、若い仲間たちと力を合わせさらにがんばっていこうと思っている。

エターナル・ゼロ　その1（零戦と堀越二郎）

2013年
11月9日

皇紀2600年（昭和15年）の末尾のゼロをとって「零式艦上戦闘機」と名付けられたことは有名な話であるが、零戦は初期の1.1型に始まり最終の63型まで合計1万425機生産されている（ちなみに型番の最初の数字は発動機の型、2番目の数字は機体の形状を表している）。

その一見きゃしゃな飛行機は、スピード、旋回性能、航続距離、戦闘能力、どれをとっても当時世界第一級の万能戦闘機であった。今では当たり前となっているが、時代に先駆けた水滴型（ティアドロップ型）風防と低翼単葉（胴体の下に一枚の翼）で引き込み脚を持つ全金属製のスマートな機体は、当代の他の飛行機と比べるとズバ抜けて美しかった。空を舞う姿はとても戦う飛行機とは思えない。

当時自動車といえばT型フォードぐらいしか日本にはなかったが、そんな自動車すら滅多に見たことのない田舎育ちの軍国少年たちの心をさぞや釘付けにしたことだろうと思う。まだ塗装が施されていない段階の銀色の姿と、曲線の多い機体のフォルムは、むしろ女性的とすらいえる。受ける印象は「レディ・ゼロ」と呼んでもおかしくないほど美しく繊細だ。大工場の流れ作業による大量生産を前提とした、欧米の無骨で精悍な戦闘機の外見とは一線を画している。ちょうど切れ味と美しさのどちらも追求した日本刀と、破壊力と強度を重視した外国の刀剣との違いのようだ。そこには共に日本人独自の美意識とこだわりの集大成のようなものが感じられてならない。

一般に欧米の軍事研究者は、こんな手のかかる飛行機を当時の日本が1万機以上生産したことにとても驚く。もともと設計主任技師であった堀越二郎氏は、初めからこうした飛行機を造ろうとしたわけではない。海軍からの無理難題になんとか応えようと懸命の努力をし、工夫を繰り返した結果、この傑作機が生まれたのである。

しかし、無理をすれば様々な所にヒズミが出るのは何事も同じことである。軽量化のためあらゆるムダ（余裕）を削り落としたボクサーの体のような機体は、急降下時の機体強度に限界があり、無理をすると空中分解するおそれがあった。また、戦闘能力と航続距離にこだわったために、操縦者を守るべき防弾鋼板や燃料タンクの防御が軽視されることとなり、あたら多くの優秀なパイロットの命を失うこととなった。グラマンのパイロットシートの後方は、厚さ25

ミリの人型《ひとがた》の鋼鉄板で守られている。零戦にはそんなものはなかった（52型以降はある）。機体の造りだけ比べてみても強度の差は否めない。零戦の外板は超々ジュラルミンを使ってはいるが、0.5ミリしかない。その厚さならハサミで切れてしまうだろう。かつてワシントンのスミソニアン航空宇宙博物館に行った時、グラマンの機体をゲンコツで叩いたところカンカンと音がした。近くにあった零戦は手のひらで触れるとペコンペコンとへこんだことを思い出す。ちょうどドラム缶とコカコーラの空き缶の感触の違いである。

資源の少ない日本にとって致し方ないことであったとはいえ、こうした人命軽視の対応が戦いの最終的収支決算として、大戦末期の熟練パイロットの不足を招き、若く経験不足なパイロットたちによる神風特別攻撃隊としての体当たり作戦へとつながっていくのであった。彼ら若いパイロットの力ではもはや、高性能で数の多い敵機相手の空中戦などできない有り様となっていたのだ。

そうした状況下にあって、本土決戦用に雷電や紫電改などの新型機がようやく開発されてきた。そんな新型機ではなく、使い慣れて性能もよくわかっているせいもあると思うが、「俺が死ぬ時はコイツと一緒だ」と言って零戦に乗って飛び発っていったというベテラン搭乗員たちの意地と心意気は、なんとなくわかるような気がする。

零戦を美しい飛行機と感じるのは決して私一人の思い込みではなく、真珠湾攻撃に遭遇したアメリカ軍人ですら「その日、ライトグレーのスマートな飛行機が真珠湾上空を乱舞していた」と表現しているくらいである。現在でも世界の航空ショーにおいてデモ飛行が行われると、「ビューティフル！」という言葉が必ず聞けるという。プラモデル飛行機としても、日本はもちろん海外でも売れ筋の一つである。

アメリカ西海岸にある「プレインズ・オブ・フェイム航空博物館」には、エドワード・マロニー氏が生涯をかけて収集した第二次大戦中の飛行可能な機体が多数保管されている。この博物館の現館長であり、レシプロ機（プロペラ機）によるリノ・エアレースで名を馳せたスティーブ・ヒントン氏は、「ゼロ・ファイターは今でも優れた機体であり、大戦初期においては間違いなく世界一の戦闘機であった」と述べている。事実、大戦初期にあって、アメリカ軍は零戦との一対一の空中戦を禁じていたくらいであった。

この、強く、美しく、遠くまで飛べる飛行機があったからこそ、日本は対米開戦の決断ができたといえる。零戦なしには、真珠湾攻撃も、開戦後の半年間の破竹の勝利もあり得なかったであろう。ましてやラバウルから片道3時間の飛行の末、戦って帰って来るなどというガダルカナル航空戦の作戦計画など、立案すらできなかっただろう。それゆえに『永遠のゼロ』の著者は主人公宮部久蔵の口を通して「私はこの飛行機を作った人を恨みます」と言わせているのである。

誰よりも生き残ることを望み、部下たちに自爆することを戒めていた宮部自身が特攻を志願して終わるという皮肉な結末を迎えるのであるが、その理由は映画か小説あるいはマンガで御確認頂きたいと思う。

「美しい飛行機を造りたい」という素朴な思いで航空業界に飛び込んだ若き堀越二郎技師の思いとは裏腹に、零戦は数々の栄光と共に、カミカゼの手段に使われるという悲運をまとうことになった。日本海軍の象徴でありながら〝沖縄水上特攻〟に向かわざるを得なかった戦艦大和と同様、今も日本人の心の琴線に触れる存在となっているようである。

エターナル・ゼロ　その2（日独の撃墜王たち）

2013年
12月8日

平成12年（2000年）9月22日、神奈川県厚木基地で行われた米海軍西太平洋艦隊航空司令部50周年記念の祝賀夕食会に、かつての日本海軍航空隊のエース・パイロットの一人として名高い坂井三郎氏は来賓として招かれ、自らの人生について語り、食事を終えた後、体調不良を訴え、帰らぬ人となった（享年84）。

太平洋戦争が終了してから50年以上の歳月が経過していたのに、なぜかそのニュースを耳にした瞬間、〝零戦の時代〟の終わりを感じた。飛行機としての零戦を生み出した三菱の堀越二郎氏は、その18年前の昭和57年に78歳ですでにこの世を去っていた。生みの親と育ての親（？）が共に亡くなったような気がしたのだ。

大戦中の有名な零戦搭乗員は他に何人もいる。しかし、戦後その著書『大空のサムライ』によって、零戦という飛行機の存在と活躍を世界中に伝えた坂井氏こそが、育ての親と呼ぶにふさわしい人物だと私は思う（『大空のサムライ』は外国でもベストセラーとなり、また映画化もされた）。

日本の撃墜王、坂井三郎氏（スマート　道子氏蔵）
坂井三郎『写真　大空のサムライ』（潮書房光人社）より

坂井三郎氏は日本海軍航空隊のベスト10に入る撃墜王（エース）であり、中国戦線に始まり、台湾の台南航空隊、南太平洋のラバウル航空隊、そして硫黄島での戦いも含め、目を負傷して本土に送還されてからも戦い続けた。撃墜スコア64機といわれ（日本軍は個人撃墜を認定せず、部隊戦績として記録していた）、アメリカのエース協会（撃墜5機以上）の正規メンバーの一人としても認められている。

アメリカという国の面白さは、戦争で戦った相手国の人間であっても、勇者と目される人物にはそれなりの敬意を払うという一種のフェア・プレイ精神のある点である。終戦直後、占領軍・ＧＨＱ（総司令部）が戦犯被疑者の逮捕と共に行ったことの一つに、各戦地の戦闘の状況分析のための当事者に対する聴き取り調査があった。

戦後、占領軍から召喚状を受け取った坂井三郎氏は、米軍の迎えのジープに乗せられた時に「銃殺されるかもしれない」と覚悟したそうである。ところが、相手の対応はきわめて紳士的で、各空戦における状況証言を克明に記録されたそうである。それをアメリカ側の記録と照合して、行方不明兵士の戦死確認をするという目的もあった。坂井氏はその後、オミヤゲ付きで自宅まで送り返されている。

戦後の東京裁判における戦犯認定のあり方や、戦勝国が敗戦国を一方的に裁くという裁判のやり方そのものに異論をお持ちの方もあるだろう（あれは一種の〝国際的政治ショー〟であったという指摘もある）。ただ、戦勝国の敗戦国への対応の仕方が、その国の国家的成熟度、民族的体質や文化的特徴、あるいは宗教的影響、時のリーダーの資質等の要素によって異なるということは御理解頂けると思う。そしてまた、アメリカの対日占領政策の最重要事項が日本の武装解除と日本人の精神的価値観の変換にあったことは忘れてはならないことである。

日本の撃墜王・坂井三郎氏を記述したついでに、ドイツの例にも触れてみたい。

第二次大戦中の最高撃墜記録保持者は３５２機撃墜の独空軍（ルフトヴァッへ）のエーリッ

ヒ・ハルトマン大尉である。彼は親が飛行機の教官という環境に育ち、若くして操縦桿を握る機会にも恵まれ、超・スーパー・エースの道を歩むことになった。ハルトマンの主戦場はヨーロッパ東部戦線であり、敵機は性能の劣るソ連機であった。また、爆撃機相手のスコアも多く、数字を過小評価する意見もあるが、いずれにせよ一人で352機というのは尋常な数字ではない。後にも先にもこんな記録を残したのは世界で彼ただ一人であり、空前絶後であろう。

日本やアメリカの撃墜王は30～50機、最高でも100機くらいと言われているのに、ドイツではハルトマンは別格としても200機撃墜以上が15名、100機以上は100人以上も数えられる。一度、本当なのか調べたことがあるが、独軍は個人記録を賞賛して認めていただけにその認定基準も厳しく、2人以上の目撃証言に加え、内陸戦であったために敵機の墜落現場の確認まで行われることがあったという。

同じく独空軍のハンス・ヨアヒム・マルセイユ中尉は西部戦線において、高性能の英米戦闘機を相手に短期間で158機を墜としている。何とそのうち60機はひと月の間に撃墜したという。アフリカ戦線における戦車戦の武勲により「砂漠の狐」の異名をもつロンメル将軍も「アフリカでの勝利は、彼の力なしでは考えられない」と激賞している。華々しい活躍と、若くハンサムな容姿に加え、ハデな言動が国民的人気を呼び、「アフリカの星」というニックネームまである（戦後、西ドイツで同名の映画も作られた）。今でいうロック・スターかサッカーの得点王のようなもので、そうした人気を戦意高揚に政治的利用しようとするアドルフ・ヒトラーのお気に入りとなり、何度も勲章を受けている。メッサーシュミットの機体に描かれた〝黄色の14番〟は彼の代名詞となった。マルセイユは新型機のエンジンの不調と脱出時のアクシデントにより、アフリカの砂漠上空であっけない最期を遂げている（享年22）。ドッグファイトにおける旋回中の「見越し射撃の天才」と呼ばれた彼が長く戦い続けることができたなら、ハルトマンの記録に近づいたことだろう。しかし、これが人の運命というものである。

メッサーシュミット（プラモデル）

「見越し射撃」とは、クレー射撃を飛行機に乗りながら行うのに似ている。ちょうど斜め上空に投げたドッジボールが放物線を描いて落ちてくるのを、野球ボールを投げてはじき飛ばすようなものである。現在ドッジボールが位置する所を目がけて投げても当たらない。数秒後の未来位置を予測して、その空間にボールを投げなくては当てることはできないのだ。

しかも空中戦の場合、飛行機は相手の射弾をかわすために数百キロのスピードで高速旋回して移動している。それを追う側も同様に旋回移動しているわけである。旋回する機体から撃ち出される弾丸には外向きのＧ（加重）がかかるため、弾は外側に流れて飛んでゆく。ちょうど水が勢いよく出るホースを軽く上下に振れば、水もそり上がる原理と同じことである。そうした誤差を瞬時に読み取り、高速旋回する相手の未来位置を予測し、何もない３Ｄの空間に射弾を送り敵機を撃破するのである。その瞬間、双方のパイロットの体には、顔もゆがむほどの４Ｇから５Ｇの遠心力による負荷がかかっている。中には失神（ブラックアウト）する者もいた。また、マルセイユの機動は独特なものであり、編隊を組む僚機でさえ、ついて行けなかったという。

まさに人間枝を超えた能力であり、マルセイユは若くしてこの技術の達人であったそうである。しかも無駄弾も少なく、出撃の度に弾丸を残して帰還したという。これも一種の天才といえるだろう。

一方ハルトマンは撃墜を重ね終戦まで生き残ることができたものの、ソ連軍の捕虜となった。ソ連側はハルトマンを戦犯のように扱い、10年間も抑留されることになった。解放後、彼を待ち続けた愛妻ウルスラのもとに戻れることになるが、相手が英米であればそのような対応はなかったはずである。それはまた、大戦中、愛機の機首に〝黒いチューリップ〟のマークをつけていたハルトマンが、いかにソ連側に怖れられ、重大に考えられていたかの証しといえるかもしれない。

先程も記したように、なぜドイツ空軍のエースたちの撃墜スコアがこんなに突出して多いのか疑問に思ったものであるが、やはりこれには理由がある。ドイツの戦いが主に内陸部の戦いであり、機体が破壊されてもパラシュートさえあれば脱出して生還する確率も高く、リターン・マッチのチャンスがあったからである。失敗を教訓にして経験を積むことができれば、さらに優れた存在となりえることは何事においても同じである。ハルトマン自身、3回の被撃墜を体験しているが、その都度生還している。

そしてもう一つ、基地から遠くない戦場ならばそれだけ良いコンディションで戦いに臨むことができる。本人の腕が確かならば、出撃回数に比例して撃墜数も増えていくことになるのである。対して、戦場が南太平洋であった日本軍は悲惨である。

うまく海に不時着しても、そこは外洋性の大型ザメの群生地である。さらに日本人パイロットはパラシュートの装着を潔しとしない考え方があり、身に着けずに出撃する者も多かったという。何より日本側はアメリカほど人命救助に熱心ではなかったし、またその余裕もなかった。米軍は各機に食糧や医療品、救命セット付きの小型ゴムボートを常備させていた。生存者がいれば、すぐに双発のカタリナ水上機や潜水艦で救助に向かった。簡単に自爆して果てようとする日本と比べ、この差は大きい。

また日本の飛行機は、終戦近くまで無線機がほとんど役に立たなかったという。坂井三郎氏などは「役に立たないモノはいらない」と無線機をとりはずして機体を軽くし、アンテナものこぎりで切り落としていたそうである。そのため日本機は手信号を用いたり小型黒板にチョークで字を書いたりして意思の疎通をしていた。真珠湾攻撃の際に信号弾による合図が編隊全体にうまく伝わらず、念のために二発目を撃ったために「奇襲攻撃」の指令が「強襲」となってしまい、雷撃機、爆撃機の攻撃の順番に混乱が生じたことはよく知られている。しかしこのエピソードは、それでも攻撃をそつなくこなした当時の日本海軍航空隊の腕前と練度の高さを裏付ける話でもある。

アメリカは高性能の無線機によって相互連絡をとりながらチームプレーで零戦に立ち向かっていった（サッチ・ウィーブ戦法）。日本側は、零戦の長い航続距離に頼った長距離進攻作戦を継続的に行った。軍令部（参謀本部）で作戦を立てている秀才たちの頭からは、前線で戦っているのが生きた人間であるという配慮が欠落していたのである。無理な作戦を継続したために、パイロットの疲労、消耗は激しく、生き残って帰途についても機上で眠ってしまうことがあった。そうした時にも、降下してゆく仲間の機が海面に激突するまでただ見送ることしかできなかったという。良質の無線機があれば助かった命もあったはずだ。

そのような劣悪な条件の中で戦い、生き残り、撃墜数１００機以上ともいわれた西澤広義中尉や、終戦まで生き延びた岩本徹三中尉（本人の日記には２０２機の記述がある）の存在は驚異的とさえいえる。

我々戦後世代の人間は、実体験としての戦争経験がないため、戦いの記録について新型自動車の性能の比較やプロ野球選手の記録を分析するように語ってしまう傾向があり、少々反省している。

坂井氏と同様、中国戦線以来の零戦搭乗員であり、数少なくなった生き証人の一人である原田要《かなめ》氏（97歳）が今年の秋、『わが誇りの零戦』という本を著した。原田氏はある日若者の一人から「名機・零戦を駆って大空を飛び回った想い出は、さぞやすがすがしかったでしょうネ」と言われたという。そのとき彼は「重苦しく、嫌な記憶ばかりです」と答えている。また、戦後10年程の間、毎晩空中戦の夢を見てうなされ、叫び声を上げて飛び起きることもあったそうだ。実戦では一度も敵に後ろをつかれたことのない自分が、毎晩夢の中で敵に追われる立場となるのである（こうしたものを「戦時トラウマ」と呼ぶ）。

彼に限らず、前線で戦った経験者は自らの体験について一様に口が重いが、原田氏は「生ある限り、自らの体験を後世に伝えていきたい」と語っている。

＊原田要氏は２０１６年5月に亡くなった。

安倍晋太郎先生墓参

2013年
11月27日

11月6日（水）、かつて若かりし日に秘書としてお仕えしていた安倍晋太郎先生（現・総理の父）の墓参をした。

晋太郎先生は、私が県議2期目の時、総理の座を目前にして、膵臓《すいぞう》がんのため67歳の若さで亡くなられた。平成3年（1991年）5月17日、東京都港区の増上寺で行われた葬儀では、安倍家とかつての同僚秘書の御好意で、棺の先頭を担わせて頂いたことを今も思い出すものである。

山口県長門市の安倍晋太郎先生のお墓に参る

その後、県会議長になった折や市長職に就いてからも「一度墓参を」と思っていたが、なかなか個人的に山口県まで足を運ぶことができなかった。

今度の墓参のきっかけは、安倍晋三総理と昭恵さんが山口でお墓参りをしている様子をテレビで見た後援会の方からお電話を頂いたことに始まる。東京の安倍事務所と連絡をとったところ、安倍家のお墓は下関ではなく、同じ山口県でも日本海側の長門市にあるとのことだった。簡単に考えていたが、新幹線で名古屋から3時間、在来線で2時間の旅ということになった。

新幹線の新山口駅から在来線を三度乗り換え、長門市をめざすことになった。在来線と一言でいうも、一車両編成で車掌兼務の運転手が一人きりで、停まる駅は無人駅ばかりであった。乗客はまばらで、地元の高齢者が多く、途中乗車してきた旅行者もまた高齢者のグループであった。学校の下校時に時折学生も乗って来たが、これでは経営の維持は大変なことだろうと思う。車両にはトイレと空調設備だけはあった。現地に到着して最初に受けた言葉は、「へえっ、電車でおみえになったと。こちらは車社会ですけん」であった。車社会にも色々ある。個人主義のため公共交通機関の利用が進まないアメリカのような所と、まともな移動手段が車しかない車社会とである。

思えば、私が安倍晋太郎先生の秘書となったのは、今から34年も前のことである。当時26歳で、アメリカ留学から帰ったばかりであり、父の3回目の市長選の直後であった。父の友人を通じ、政治評論家の飯島清先生の御紹介で安倍代議士のもとでお世話になることになったのである。

昭和54年（１９７９年）春、初めて国会の第一議員会館６０２号室を訪れた日のことは今もはっきりと覚えている。福田赳夫内閣の内閣官房長官の職を終えたばかりの御本人の面接を受けることとなった。

「政治の世界は水商売と同じで浮き沈みの激しい所であり、今この建物にいる代議士も選挙の度に3分の1は入れ替わる」

という話や、

「親のカタキと笑って握手ができるようでなくては、この世界では生き残ることはできない」

というその時の先生の言葉は、まるで将来の私の姿を暗示していたかのような気がしている。

いずれにしても、そんな経緯で始まった安倍家とのご縁であるが、私が国政選挙を失敗したあとの最初の県議選の折には、自民党の総務会長であった晋太郎先生の応援を頂いた。また、晋三秘書官（当時）にも決起大会をはじめ、3回も岡崎まで駆けつけて頂いた。ましてや昨年の市長選には、晋三総裁、昭恵夫人のお二人で都合3回応援に来て頂いているわけで、私にとって安倍家は足を向けられない存在である。


初めて訪れる長門市は緑豊かな地方都市という風情であった。かつての連合艦隊旗艦であった戦艦「長門《ながと》」の艦名となった町にしては穏やかな町並みである。長門市の安倍事務所は駅の近くにありすぐ見つかったが、安倍家のお墓はタクシーで30分程の郊外の山の中腹にあった。名家のお墓とはこうしたものかと思わせる程大きく、立派な墓石であった。ゆるやかなカーブの石段を上った奥にあるお墓は小公園程の面積がある。周囲の敷地まで含めると１０００平方メートルはありそうであり、観光名所となっても十分対応できそうである。

長年の御無沙汰をお詫びしながら、丁重にお墓参りをし、記帳所で記帳を行った（個人の墓でも事務棟と記帳所があるのである）。現地では、秘書の篠原勝己さんと共に後援会の緑風会の会長の小野弘子さんたちからお迎えを頂いた。「安倍先生も喜んでいらっしゃると思いますよ」と言われた時、やっと義務を果たすことができ、ホッとした気持ちがした。

ラブレターの季節

2013年
12月24日

ロマンチックな題名をつけたが、そんな話ではない。

毎年人事の時期が近づいてくると、直接、間接的に様々なルートを通じて色々な要望の声が聞こえてくる。ふつうに上がってくる様々な情報については、それなりに尊重して部内で検討してもらうことにしている。

ところが、こうした時期になると度々匿名で特定の人物を誹謗中傷した手紙が送付されてくる。昨年も同様であったが、中には本人だけでなく、家族やプライベートな問題にまで中傷が及ぶことがある。注意が必要と思われる事柄については当然確認をしているが、ほとんどの場合ねたみ心から発した悪口に過ぎないことが多い。そういった類いの手紙が届いた時に、担当に「またラブレターをもらったよ」と言って苦笑しながら手渡しているのである。

今年もまたご多分にもれずこうした手紙が秋口から何通か送られてきている。文面からして送り主がどういう人物であるか、だいたい察しはつくが、匿名で自分だけは安全地帯の高みに身を置いて、他者をおとしめようとする心根が卑しい限りである。文句があれば正当な方法で堂々と主張すればいい。私は異論を述べたからというだけでその人物を冷遇したりするつもりはない。結局これらの手紙は、表玄関から持ってこられない程度の内容なのである。

なかには「内容をマスコミに通報する。告訴も辞さない」というような脅迫めいたことを書き送ってくるものまである。私は正当な要求ならば、誰の話でも聞く姿勢でいるが、こうした低劣な手段をとる相手の要求に対しては一顧だにするつもりはない。

役所には役所のルールやしきたりのようなものもある。基本的にはそうしたものを尊重するつもりでいる。ただ政策の変更、機構改編によって、適材適所の配置にあたっての見解の相違が出るのは避けられないことである。それが自分の気に入らないものだからと言って、匿名で卑劣な文書をばらまくというのはただのワガママであり、大人気ない所業であると思う。

しかしそうしたことが、子どもを教え導くべき立場にある教職者の人事においてさえ見られるというのは一体どういうことであろうか？　私の知っている教職員の方々は皆、教養豊かな常識人ばかりであるが、時にこうした人物が混じっていることがあるようだ。何事も頭で考え、頭だけで割り切ろうとしても、世の中はそのようには動かない。また自分の考えだけが唯一絶対と考えることも思い上がりであろう。

私自身も自分が絶対などと思ったことはない。問われれば、自分の意見を述べるが、それはあくまで個人的見解であり、何事も実施にあたってはできる限り多くの人の意見を承って、その上で決定するようにしている。ことに人事の問題はデリケートな要素が多く、そのことはこの一年の経験で十分理解しているのでより慎重を期して臨んでいる。個々の人員配置については本人の希望や適性を基礎にしながら、適材適所という観点に心を配っているつもりである。

来年3月末の最終決定までに、これからもこうした匿名のラブレターが様々な形で送られてくることになると思うが、どんなに熱烈な文面であろうと、その内容によって私や幹部職員の心が動かされることはないことを御理解頂きたいと思っている。

（最後にひとこと。どのように一方的で無礼な文章であろうと一応全文に目を通していることをここに付け加えておく。）

◆2014年

インディアナ大学同窓会 in 岡崎

2014年
1月22日

青年期のアメリカ留学は、私の人生で大きな転機となった出来事の一つである。それまでの私は自分の好きなことしかあまり熱心に取り組んでこなかった。高校時代は自省的・内向傾向に陥り、今でいう引きこもりに近い状態であったこともある。

そんな私が自分から手を挙げて積極的にアピールしていかなくては認められない世界に放り込まれ、生きているうちに自分を変質させ、あるいは本来の自分を取り戻すことができたような気がしている。

今手元に、戦後まもなくから最近までのインディアナ州立大学の日本人留学生650人あまりの名簿がある。目を通すと、そこに私の名前があることが恥ずかしいくらい立派な経歴の方々が並んでいる。一流企業の重役、大学の学長・教授になられた方々、研究者、ベンチャー企業の社長、あるいは国際的な音楽家などの各分野の専門家も多く、政治畑にいるのは私くらいのものである。

毎年6月に東京の富国《ふこく》生命本社の会場をお借りして同窓会が開かれている。同社の小林喬元会長が同窓生であり、その御好意により続けられているものである。私も一、二度出席させて頂いたことがある。毎年講演会やパーティーが行われていることは知っているが、6月は議会のある時期でもあり、私のような職業の地方在住者にはなかなか出席が難しかった。

ところが、先年私が市長に当選したことを知った有志の方々が、岡崎で同窓会を開いてくださることになった。双方の都合で、11月下旬の日程となったのであるが、なにせ年末に向けてそれぞれ多忙な時期であり、最終的に参加者は8名となった。かく言う私自身、昼食会にしか参加することができなかった。もうすでに35年程前のことになるのに、かつての仲間や先輩方と昔話に花を咲かせる楽しい時を過ごすことができた。

岡崎で開催されたインディアナ大学の同窓会

名古屋に本社のあるキムラユニティー株式会社現社長の木村幸夫氏は、インディアナ大学剣道部の創始者であり、私の前任の日本人会の幹事であった。勉強以外の様々な活動に携わるきっかけを与えてくださった恩人である。剣道だけでなく料理も教えて頂いた。後に私が一人でアメリカ大陸を長距離バス（グレイハウンド）で一周したり、南米のアマゾン探険の旅に出かけたりしたのはこの人の影響でもある。

アメリカで剣道修業というのもおかしなものだが、ハワイ出身の有段者の日系人や物好きなアメリカ人学生を引き込んで、木村さんの弟の昭二さんと2年間剣道部を引き継いできたものだ。

現・同窓会会長の服部恭典氏は、時計の服部セイコーの一族の方であり、私はイトコの方と「アイゲマン・ホール」という14階建ての学生寮で生活していた。

副会長の小幡恭弘氏は現在、東京で公認会計士をしておられる。奥様には日本人会でパーティー等を行う時によくお世話になったものである。

二村幸男さんは現在、名古屋でライフ・メディカル・アセット・デザイン研究所の所長をしておられる。

そして、浜松からお越しになった伊藤元美さんは、在米中会社経営の経験もあり、現在は帰国して弟さんの会社の顧問をされているという。皆さんそれぞれ多様な人生航路を送っておられるようだ。

当時私たちは、ふだんは広いキャンパス内にバラバラで生活していたが、日本人会でパーティーをやると何十人も集まったものだ。試験明けに公園でバーベキュー大会を開くという情報が伝わると、アメリカ人や外国の留学生まで集まってきて１００人を超えることがあった。

アメリカ留学時代、留学生仲間と

こうした準備はなかなか大変で、前日の夜、翌日の天気予報と参加人数を確認してから、生鮮食品のバーゲン・タイムを狙ってスーパーに買い出しに出かける（しくじると全部自腹になってしまう）。その後の味付けや調理の準備もけっこう大仕事であったが、今となっては集団マネージメントの良い経験となっている。

かつて「Breaking Away」（邦題ヤング・ゼネレーション）という映画が全米でヒットしたことがある。その舞台となったのがインディアナ州立大学ブルーミントン校である。校舎があったのは緑の田園地帯の真ん中にある人口3万人ほどの大学町であった。

映画は大学生と地元の青年たちとの恋のさやあてと、インディ500マイルレースを真似た「リトル500」自転車レースの物語である。私たちは自転車ではなく、休みになると近くの牧場へ20人くらいで繰り出して、団体割引の交渉をして馬に乗っていた。日本の牧場のように同じ広場をぐるぐる回るのではなく、丘や森の中を小川が流れている広大な敷地を馬で走り回るのは実に爽快な気分だった。近くにはヨットに乗れる湖や安価なゴルフコース（10ドルくらい）もあった。

そう書くと遊んでばかりいたようであるが、ふだんは試験とレポートと膨大な量の課題図書の読破に追いまくられる毎日であった（今こんな文章を書いているのも、その時の習練のおかげであると考えている）。

当時、日本人会の幹事として様々な体験をしたことが自信となり、それが今日までつながっているのだと思う。そんな機会を与えてくださったすべての留学生仲間と両親に、今はただ感謝あるのみである。

江田島・海軍兵学校、海上自衛隊の池太郎校長　その1

2014年3月7日

本年1月の早々、すごい来客を迎えることとなった。

「岡崎出身で、海上自衛隊でガンバっている人がいるからぜひ一度会ってほしい」ということであったので二つ返事でお引き受けした。

仕事始めの日である1月6日、海上自衛隊幹部候補生学校の第42代校長、池太郎海将補（昔の少将）が岡崎市役所に来訪された。この名称ではピンとこない方もおられるかもしれない。

要するに、かつて広島県の江田島にあった海軍兵学校の場所に、戦後、海上自衛隊のリーダー養成のために作られた学校である。確かに現在の自衛隊と旧帝国海軍とでは、その成り立ちもあり方も異なっている。しかし、そこで学ぶ人々の心に流れる精神的伝統、海の国防という職務において共通のものが伺えるのではないかと思っている。

今回、池さんとお会いすることになったのは、私の大学の先輩でもあるタニザワフーズ社長の谷澤憲良さんの御紹介があったからであるが、正直、私自身お会いするのが楽しみであった。海上自衛隊幹部候補生学校といえば、江田島であり、江田島といえば、かつて世界三大海軍兵学校の一つに数えられた日本海軍兵学校の地である（あとの二つは、アメリカ・アナポリスにある合衆国海軍兵学校と、イギリス・ダートマスにある王立海軍兵学校）。

岡崎出身の池太郎海将補と

ある程度の年輩の日本人男性ならば、一度はあの海軍二種軍装の真っ白な上下制服に錨《いかり》のマークの制帽、腰に短剣姿の服装を身にまとってみたいと思われたことがあると思う。戦前・戦中のモノは、その多くが戦後否定され忘れ去られつつあるが、まぎれもなく、こうした学校で培われた伝統及び精神は我々日本人のバックボーンとして今日もこの国を支え続けているものと思っている。

以前、広島で国体が行われた折、県議として広島まで出向いたことがある。その時に私は江田島を一人で訪問した。自衛隊の岡崎出張所を通じて訪問の希望を伝えておいたところ、県議一人の訪問にもかかわらず、一佐（昔の大佐）が随行案内役として付いてくださり、大変感激したものである。

広島県呉市のJR呉駅の近くにある中央桟橋からフェリーで20分ほどの海路の先に江田島（市）はある。途中、水上航行している潜水艦や自衛艦と当たり前のようにすれ違ったりする風景が見られるのも、この地域の独特な風物であるといえる。思えば瀬戸内海の呉市近辺の海域は源平合戦終盤の戦場となった場所であり、村上水軍の発祥の地でもある。そして帝国海軍華やかなりし頃は、連合艦隊艦船の一大集積地であったのである。

今日もなお、そうした歴史的面影を当地でうかがえることに、一人の男として何か心うれしいものを感じる。今でこそ海上自衛隊の幹部候補生養成のための学校となり、時代を反映して女子学生も学ぶ施設となっているが、かつての海軍兵学校はプロのネイビー士官を輩出する男の牙城であった。この学校のOBという方にこれまで何人もお会いしたことがあるが、皆、年はとっても背筋のピンと通ったスマートなおじいさんばかりであった。

軍人というと一見無骨な印象があるが、兵学校では太平洋戦争中であっても英語は必須科目であり、軍艦という近代兵器を動かす必要から理系の学科の能力が重要視される学校であったという。

もちろん、ただ頭がよいだけでは合格することはできず運動能力も必要とされ文武両道に通じた海の男を育てる学校であった。当時から「東大に入るより難しい」と言われ、陸軍の士官学校と並んで、全国の旧制中学の俊英たちがこぞって、憧れ、目標としていた学校でもあった。ウチのオフクロの世代の人の話では、若かりしころ町で兵学校生徒の白服の短剣姿を見かけると遠巻きにキャーキャー言って見ていたそうである。ちょうど今の流行りのＳＭＡＰや嵐を見るような気分だったのかもしれない。

海軍兵学校の制服

海軍兵学校は元は東京都中央区の中央卸売市場の土地の一角にあった。明治2年（１８６９年）9月に「海軍操練所」として始まり、翌明治3年より「海軍兵学寮《へいがくりょう》」に改称される。この年に入学した生徒から第一期生と数えられている。第二期生には〃日本海軍育ての親〃と言われる山本権兵衛大将（後首相）がいた。一方、東郷平八郎元帥は開校時すでに23歳であり、イギリスのウースター商船学校で教育を受けている。当時の記録によると東郷青年は「俊英とは言えないが、たいへん生真面目な学生であった」と学籍簿に記してあるという。明治初頭の頃の日本の青年の気負いと木訥さが伺えるような気がする。

明治政府は海軍兵学寮の開設にあたって、当時世界一の海軍国であったイギリスから教官団を招聘している。当然のことながらイギリス海軍士官流の紳士教育を前提とした教育がなされ、それが後に、「海軍士官は粋で、ナイスで、スマートに」と言われる気風の素地となったのかもしれない。またこの時にイギリスのダグラス少佐の主張により、鉄拳制裁も採用されたということである。鉄拳制裁は日本軍だけのものではなかったのである。イギリス教官団は士官、下士官含め34名で来日し、その教育は教室での座学よりも屋外での実地訓練を中心としたものであったという。以後、日本海軍は英国海軍をお手本として成長していった。

海軍兵学寮は明治9年に校名を「海軍兵学校」と改称。この頃から繁華になった東京から地方への移転論議が活発となり、明治21年、東京築地から新たに広島の江田島に移転開校となり、江田島が兵学校の代名詞となったのである。以後昭和20年10月20日付けで正式に閉校となるまで、創立以来77年の輝かしい歴史を紡ぐこととなった。卒業生総数１万１１８７名、うち戦公死４０１２柱、その95％は太平洋戦争で〝海ゆく屍〟となった。

昭和25年、米軍によって「警察予備隊幹部教育施設・江田島学校」となり、戦後10年間は米英連合軍の管理下に置かれた兵学校の施設として機能した。昭和31年に日本に返還されたのち横須賀の「海上自衛隊術科学校」が移転。翌年昭和32年、「海上自衛隊幹部候補生学校」が独立開校し、今日に至っている。

江田島・海軍兵学校、海上自衛隊の池太郎校長 その2

2014年
3月10日

1月6日午後2時5分前、海軍のしきたり通り「5分前」に到着されたという報告を受け、「さすがだな」と思いながら第一来賓室へ向かった。池太郎氏は岡崎市立葵中学校、愛教大附属高校を経て、昭和54年、防衛大学校に進まれた。27期生として卒業後、海上自衛隊の航空コースを歩まれ、Ｐ－３Ｃ対潜哨戒機のパイロットを務められた。その後舞鶴地方総監部幕僚長を経て、平成24年（２０１２年）7月、江田島にある海上自衛隊幹部候補生学校長に就任された。

こういう表現の仕方が良いかどうかわからないが、対面した池さんは私より少し小柄ではあるが、引き締まった体軀《たいく》に軍人らしい精悍な雰囲気をまとった方であった。声は大変やさしくも歯切れよく、顔は温和な笑みを浮かべながらも、目はいっときも緊張感を解いていなかった。「武人の顔とはこういうものか」と思いながら、自分より8歳下の現代の海のサムライの顔を拝見していた。

今の自衛隊がいかに近代的な組織として機能しているか、そしてその中にも兵学校以来の伝統と精神が息づいていることを熱く語られた。

私も以前訪問した時の思い出話をなつかしくお話させて頂いた。

英国産の赤レンガで築かれた校舎は今日も健在で手入れも十分ゆき届いている。白い砂利の敷かれた前庭は、今も熊手によって枯山水のような美しい線が引かれている。以前訪問した折に私は「教育参考館」というギリシャ風の立派なつくりの歴史資料館を訪れた。そこには数万点にのぼる貴重な資料と共にネルソン提督（英）、東郷平八郎元帥、山本五十六元帥の遺髪が並べて飾られている。また特攻隊員の遺書と霞ヶ浦に建てられていたという山本元帥の巨大な胸像部が安置されていたのが印象的だった。

今もなお敷地内には戦艦「陸奥《むつ》」の4番砲塔や特殊潜航艇、戦艦「大和」の2メートル近い主砲弾などが飾られており、この地の特殊な歴史を今日に伝えている。そういえば戦艦「長門」の主砲弾と副錨が岡崎の東公園に展示してあるが、旧海友会の方々にお聞きしてもどうしてそれらが岡崎にあるのか判然としない。どなたかいきさつをご存じの方がいればぜひ教えて頂きたいと思っている。

もうひとつこの施設の面白い点は、玄関となっている入口の校門が正門ではなく実は裏門になっているという点である。兵学校あるいは幹部候補生学校の課程を終え無事巣立っていく士官の卵たちは、海に面した桟橋から海上の艦船まで小型船で乗り継ぎ卒業、実習遠洋航海に向かうのである。「まあなんとロマンチックなことか」と思うが、かつては帆船により世界一周を1年、今でも155日、6000キロにのぼる航海は最後の仕上げとしてかなりハードなものになるという。よってこの施設の表門・正門は、海に面した、表桟橋なのである。

かつて、どれだけの青少年たちがここから出航することを夢見ていたことかと思い、胸が熱くなる思いがした（戦時は当然、遠洋航海などはできなかったのである）。

私はアメリカ留学時代、先輩が寮に残していった音楽テープの中の軍歌特集を、勉強中自分を励ますためのBGMとしてよくかけていた。そのため今でも兵学校の校歌である「江田島健児の歌」（正式には愛唱歌）が歌えてしまう。その話をしたところ池さんもお笑いになっていた。

見よ西欧に咲き誇る
文化の影に憂い有り
太平洋を顧り見よ
東亜の空に雲暗し
今にして我勉めずば

護国の任を誰《たれ》か負う
ああ江田島の健男児
時到りなば雲喚《よ》びて
天翔け行かん蛟龍の
地に潜むにも似たるかな
斃《たお》れて後に已まんとは
我が真心の叫びなれ

六番まである歌詞のうち私はこの二つが特に好きである。

この面会の後ほどなくして、池さんより人柄を偲ばせる御ていねいな礼状を頂いた。しかしまだ御返事が出せないでいる。できれば本文をもって返礼とさせて頂くことでお許し願いたい。

なお私の手帳にも書いてある、兵学校のモットーである「五省」は、英訳されてアメリカ海軍でも使われているという。

「犬が死んじまっただーっ」

2014年
3月18日

ヨメさんより大事だった犬

去る1月22日以来、私の頭の中では四十数年前のフォーク・クルセダーズのメガ・ヒット曲「帰ってきたヨッパライ」の替え歌(?)がグルグルと鳴りっ放しである。まさに、「犬が死んでしまった」のである。

その日の朝、犬のオシッコを済ませてから、いつものごとく役所に出かけたところ、昼過ぎになって、ふだん「ヨメさんより大事な犬」と言っていた犬の死を、嫁さんから電話で知らされることとなった。

前日の晩、籠田公園まで散歩に出かけた時にはけっこう軽やかに歩いていたので、にわかに犬の死を信じることができなかった。ユスったら起き上がってくるのではないかとも思ったが、すでに冷たくなっているとのことであった。死に顔が穏やかであったことが救いだった。

仕事を終え帰宅し、犬に対面できたのは夜8時過ぎとなっていた。毛布にくるまれて動かない犬を見て、初めて相棒の死を納得した。毎日当たり前のようにシッポを振って送り迎えてくれた友がいなくなったことが、これほど心に大きな空洞をもたらすものであるとは思わなかった。嫁さんは一晩泣き明かしたそうであるが、私はなぜか涙が出ず、かわりに重苦しい喪失感が心の中を占拠するばかりであった。

段ボールで棺桶をつくり、犬の遺体を整え、花束をたむけながらこの犬と過ごした時間を一人で反芻《はんすう》していた。その後、一人でいつもと同じ散歩道をめぐった。犬の好んだ草や公園の土をひとつまみすくって持ち帰り、お棺の中に収めてやった。

犬のいない一人だけの散歩道はどうにもやりきれない。なにせ18年間家にいる限り毎日一緒に歩いてきた相棒の死である。ただその習慣も翌日から途絶えることとなった。

私は散歩をしながらいつも犬に向かって様々なことを語りかけていた。もちろん返事などないが、彼とのそうした一方的な会話の中にかけがえのない癒しの時間があったことに、犬がいなくなって初めて気がついた。

最後の別れを告げるために、夜半に別れの手紙を持って棺桶のフタを開けたところ、言いつけもしなかったのに、家族全員それぞれに別れの手紙を書き入れてあった。

現在日本にいない長男もアメリカから電話を寄こし、「携帯電話を犬の耳元に寄せてほしい」と言って犬に別れの言葉を告げていた。この犬が家族の一人一人からいかに愛されていた存在であるかが改めてわかるものだ。

とはいえ、何といってもいちばんショックの大きいのは私であり、何日にもわたってなんとなく元気が無く、ボーッとしていることが多くなってしまった。これがペット・ロスの症状かと自ら気がついた。

嫁さんからは「こんなに女々しい男だったとは思わなかった」とお褒め頂き、娘からは「いい年していつまで引きずっとるの」といたわり（?）の声を掛けられた。唯一、下の息子だけが、自ら製作した犬の写真集に一文を添えたものと30分にまとめた元気なころの犬の動画ＤＶＤを黙って机の上に置いてくれた。

おかげでこのところなんとか回復してきた。

彼は亡くなりはしたが、家族や多くの人から惜しまれ愛され一生を終え、家の中で最後の時を迎えることができたのである。

18年前に処分されていたかもしれない小さな一つの命が与えてくれたたくさんの幸せを思っただけでも、彼の犬としての一生は大きな意義があったと思う。彼はその慈愛を猫たちにまで注いでいたのだ。毎日のように鼻先をスリ合わせていた犬の姿が見えなくなってから、５匹の猫共もさすがにおかしいと思ったのか、数日経った頃から順番に犬のいた場所のニオイをかぎ回っているようだった。

愛犬「アル」が「帰ってきたヨッパライ」の主人公の男のように、突然畑のど真ん中に落ちて来て生き返ることなどはありえないが、せめて彼にとって「天国よいとこ」で「ネーちゃんはきれいだ」といえる所であることを祈るものである。

こんな文章を書いているとフザけていると思われるかもしれないが、実際は「悲しくて悲しくて、とてもやりきれない」のである。

安倍昭恵さんの来岡、安倍家の思い出

2014年
3月24日

平成26年3月3日（月）、昨年に引き続き、再び安倍昭恵さんを岡崎市にお迎えすることとなった。今回は岡崎の北中学校での講演のための来岡ということで、総理夫人の正式な来訪である。昨夏の友人とお二人でのお忍び訪問の時とは異なり、昨今の世情の中、内閣官房から女性秘書が二人同行し、岡崎警察署から警備がつくことになった。もっともこうしたケースにおいて、今回の方が本来の姿なのである。

3日の夕刻より、かねてよりの親交の深い「ミャンマーの会」（「ミャンマーの子どもたちに

学校をおくる会」と「ミャンマーに消防車をおくる会」）の皆様を中心とする懇親会に、私共夫婦も招かれ同席させて頂くこととなった。

今回の来岡にあたって安倍総理は「なんだ、また岡崎に行くのか」と言われたそうである。確かに私の選挙の折に晋三総裁（当時）が1回、昭恵さんが2回、選挙の前後のものまで入れるとこの2、3年で4、5回の訪問ということになる。これは決して私が総理夫人をかどわかして何度も岡崎に足を運ばせているものではなく、これまでブログでお話してきたように様々な人間関係の御縁によるものである。そしてもう一つ、東京や選挙区（山口県）におられる時のような難しい気遣いの必要がなく、岡崎が昔からの友人と「ホッとできる場所」となっているのであれば大変うれしいことであると思っている。

このところ、週刊誌などで昭恵さんについて家庭内のことまで無責任な中傷記事が出回っているが、これは政治的対抗勢力が安倍総理の高支持率に攻めあぐねて、攻撃する材料としてこうしたプライベートな問題を取り上げてきたものであり、いわば有名税の一つである。

昨年もブログで記したが、身近で拝見する昭恵さんは、まさに現代ふうの自己の確立した若奥様という感じの方である。物言いも率直でこだわりが無く、本当の良家の子女というのはこうした方ではないかと思わせるさわやかな風をまとった女性である。

時に素直な物言いが、彼女をよく知らない人間から誤解を受けたり、攻撃の材料として使われたりする元になるのだろうと思っている。またこのところ〝嫁姑問題〟がまことしやかに週刊誌上を面白おかしくにぎわしているが、そんなことは古くからどこの長男の家庭でも大なり小なりあることである。私はジェネレーション・ギャップ（世代意識の差）からくる生活習慣、価値観の違いによる一種の文化摩擦に過ぎないと思っている。

私の知る総理の母上、安倍晋太郎先生夫人・洋子奥様は知る人ぞ知る賢婦人である。岸信介総理の娘ということばかり言われるものの、御本人そのものも大変な胆力と知力を備えた方である。私が秘書のころ、応対していた地元の支援者が「ダンナ（晋太郎先生）もいいけど、奥様が男じゃったらオヤジ（岸総理）よりスゴイ政治家になったかもしれん」という話を何度も耳にしたことがあった。

また当時、御本人からも、父上（岸氏）が戦犯として巣鴨に収監されている間、手のひらを返したような世間の風の中で、長女として家族を守るために御苦労された話をうかがった覚えがある。一升ビンに入れた玄米を、竹の先に布切れを巻いたものでつつき、自宅で精米を自らされていたそうであるし、ただの苦労知らずのお嬢様ではない。

私個人もこんな思い出がある。

「年末に先生の自宅で大そうじがあるので手伝ってほしい」と事務所から言われ、当時独身でヒマな私もお手伝いに行くこととなった。ところが事務所から言われた時間より他の秘書は早く到着しており、私が着いた時には大きな荷物は片付いてしまっていた。おまけに、そうじをするのだからとジーパンにバックスキンの皮ジャン姿（しかも途中までレイバンのサングラスをかけていた）で出かけた私に対し、他の秘書は皆背広姿であった。この点が当時の私の意識が世間とズレていた点であるが、そんな見当違いの新参者の秘書に対しても大奥様は全く分け隔てなく接してくださり、帰りにはオミヤゲまでくださった。そのやさしさと心遣いは、今も大変印象深く心に残っている。

もちろん他人に対する接し方と、跡取りの嫁に対する対応が同質のものであろうはずがない。活発に自分の意志で社会活動を展開する昭恵さんに対して、長州の名門の伝統的価値観を体現する大奥様が時に苦言を呈することがあったとしても、それはしごく当然のことである。

私は、お二人ともそれぞれの生き方を尊重しつつ、安倍家の伝統を継承していかれる賢さを備えられた女性であると思っているので、この件に関して、全く心配はしていない。

それよりも困ったことは、昭恵さんがウチの嫁さんに「総理や首長というのは周りがお世辞ばっかり言うものだから、家の中では私たちが耳に痛いことを本人に伝えるようにしなければいけないのよ。だからあなたもガンバってネ」などとハッパをかけるものだから、最近ウチの家内の鼻息の荒さには少々閉口することがある。

安倍総理も、テレビのインタビューの中で「夫婦生活をうまく続けるには、夫の方が妻に全面降伏するに限る」というようなことを述べられていたので、「それが大人の智恵というものか」とは思うが、私はまだとてもそんな境地にはたどりつけていない。ついつい「やかましい」とか「黙っていろ」とかいう言葉が先に出てしまう。自分の修行の足りなさを少し反省しているこの頃である。

「新しい犬が来ました」

2014年
3月29日

新しく来たアミちゃん

「愛犬が死んだばかりなのに、2か月ほどでもう新しい犬を飼うのか？」と思われる方もあろうことかと思う。しかし、モノゴトには偶然と出会いという要素がつきものである。愛犬アルが亡くなってひと月ほどして一向に気分が晴れなかったが、先日東公園の施設整備計画検討のため現地視察に出かけることになり、「あにも」(岡崎市動物総合センター) にも立ち寄ることとなった。

敷地内には数匹の犬と〝あにも犬〟と名付けられた来客応対のできるお行儀の良い犬が飼育されていた。かわいそうなことをする飼い主もいるもので、その中には、吠えてやかましいからと声帯除去手術を施され、挙句の果て町なかを一匹でさまよっているところを保護された犬もいた。もうすでに成犬に育ってしまったような犬もいるので、彼らがこれからどうなるものか少々案じるところではある。

私の家には先住のネコどもが5匹もいるので、最低限の条件として彼らと共生できるワンコでなくては困るのである。犬の中には猫を追っかけるのが趣味かと思えるような犬もいるがそれではマズイのだ。

そんな中、目の前に現れたのが今ウチに来ている〝アミちゃん〟である。あにもから来た、子どもたちにとって3番目の犬ということで、「三《み》」を入れてそう名付けられた。テリア系の雑種で、六ツ美地区のお寺の境内の縁の下で、10匹兄弟で発見されたそうである。他の兄弟は人好きのする個体から順番に養子先が決まっていったが、この子だけは異常に憶病で人見知りが激しいため、もらい手が決まらなかったそうだ。なにせ、あにもの職員がつけたニックネームからして、ビビりの「ビーちゃん」であった。

私も、こちらを見ておびえて隠れようとする犬を果たしてどうしたものかと考えはしたが、子どもたち（もう大人であるが）が気に入ってくれればいいと、判断は彼らにゆだねることにした。

もともとこうしたことは神の采配と思っている私は、今回も「この犬のメンドウをみてやりなさい」という天のお達しのように受け止めていたのであるが、やはりトライアルのための顔合わせに行った息子がそのまま連れ帰るのを容認する結果となった。

当初はもっと簡単に考えていたのだが、アミちゃんの場合、まるで心にトラウマを抱えた子どもを預かったようなもので、知らない人間に容易に心を開こうとしない。エサを与えてもなでてやっても体を震わせておびえている。毎朝顔を見に挨拶しに行くと、こわごわとこちらを上目づかいに見る。決して歓迎しているふうではない。

それでも最初の何日か床にマットをひいて毛布にくるまって添い寝をしてやったせいか、唯一、下の息子だけには親近感を見せているようである。犬に嫌われたことのないのが自慢であった私としてはいささか不満であるが、そのうち慣れる時が来るだろうと思いながら、息子と共に一向に警戒心を解かない生後半年ほどの犬のお嬢さんの散歩を始めた今日この頃の私である。

そしてこのアミちゃんが、いつか私にとっての本当の〝アミ〟（フランス語で「友だち」という意味）になることを願っている。

オカザえもん岡崎アート広報大臣退任式

2014年
4月10日

おつかれさまでした、オカザえもん

まだ先のことと思っていたのに、とうとうこの日を迎えることとなった。オカザえもんのこの一年間の活躍はそれこそ想定外の出来事であったが、まさに見事なものであった。当地における経済波及効果は42・5億円で、パブリシティ効果（新聞や雑誌への掲載による広告効果）は6.6億円にものぼるという（平成26年3月末現在）。

昨年5月に「オカザえもん騒動について」というブログを書き始めたころ、「市長よりも、オカザえもんの方が岡崎をアピールする力がある」というご批判の言葉を頂いたが、その通りであった。オカザえもんと、作者の斉と公平太氏、並びに関係者の皆様には重ねて感謝申し上げる次第である。

3月31日午後1時30分から岡崎アート広報大臣の退任式は行われた。この日は平日であるにもかかわらず、子ども連れを含め８００名近いファンの皆様が岡崎城二の丸能楽堂にかけつけてくださった。オカザえもんの根強い人気を再確認することとなった。なお、当日はサプライズ・ゲストとしてお兄さんの岡崎衛門之丞も登場した。

来賓の感謝の言葉に続き、アート広報大臣たすき返還、そして感謝状の贈呈となったわけであるが、岡崎に対するオカザえもんの貢献度から考えると感謝状程度では申し訳ない気もしている。これからオカザえもんは活躍の場を海外にまで広げたいということであるが、欧米では漢字でタトゥー（入れ墨）を入れる人もいるくらいであるから、岡崎という漢字をモチーフとしたシュールなオカザえもんの風貌は案外受けるかもしれない。

それにしてもあいちトリエンナーレのプレ・イベントの初日である一昨年11月1日、テープ・カットの直前に現れたオカザえもんの姿は忘れられない。岡崎の漢字をそのまま顔と胸に描いただけのデザインは、シンプルといえばシンプルであるが、私には「実に安易な発想のイカもの」と見えた。最初は「どこかの学生がフザケてやっている」程度に思っていたが、後にプロの美術作家の作品であると聞いて驚き、それがそこそこ人気を博していると聞いてさらに驚き、最後に市の担当から「アート広報大臣に任命したい」と言われてまた驚かされたものであった。

当初は市民の中にも反・オカザえもんの声もあって、あまり気乗りのしない私であった。そんな私を説得して任命式にまでこぎつけた当時の担当部課長や関係者の熱意と先見の明に頭の下がる思いである。

昨年4月1日の任命式の写真を見ると、私の顔が笑顔になっていないところに本心が現れているといえるかもしれない。その日テレビのインタビューが始まる前に担当に「一応お世辞を言っておこうか？」と聞いたのであるが、「思うままにしゃべって頂いて結構です」と言われ、それが後に物議をかもす「高校生の文化祭的発想」発言となってしまったのである。しかし、物事は面白いもので「市長はオカザえもんが嫌いだ」という話が先行して、私が狂言回しを担うことでかえってオカザえもんが注目されることになった（私は「趣味ではない」と言っただけである）。「ひこにゃん」や「くまモン」などの例から、ゆるキャラをヒットさせると自治体ＰＲに大きなメリットがあるといううまみに気付いた各地方自治体は我も我もと、キャラクター・コンテストへの参入を図るようになった。ある自治体では、役所の中にゆるキャラ売り出し対策本部（？）のようなものまで作り、担当職員を配置してコンテストの投票アップ対策までとらせたところもあるという。

その点オカザえもんはスゴイ。我々が何もしなかったということはないが、他の類似の地域ＰＲキャラは役所ぐるみ、組織ぐるみであったのに、オカザえもんはまさに〝放し飼い〟状態で、昨夏の「ご当地キャラ総選挙２０１３」では2位に、昨年11月の「ゆるキャラグランプリ２０１３」では参加総数約１５００体の中で堂々22位に輝いた。オカザえもんを支持するファンの素朴な思いが中心となってオカザえもんの大躍進を支えたのである。

それともう一つオカザえもんについて特筆すべきことは、私のような中途半端な芸術好みの人間の間では受けが悪くても、一般大衆、そして一流の芸術家がこぞって「面白い」と評価していた点である。あいちトリエンナーレに参加していた作家たちの評価も高かったし、ことに第2回トリエンナーレ芸術監督の五十嵐太郎氏は、正式に作品として登場する前からオカザえもんの絵を激賞しており、私も直接その話を五十嵐さんからお聞きした一人である。

芸術的評価は一旦おくとして、私がオカザえもんに関していちばん好きなのは次のエピソードである。

前述の「オカザえもん騒動について」シリーズで、私がオカザえもんについて辛辣な書き方をしていると思われたあるお母さんからこんなお手紙を頂いた。

「あまりオカザえもんのことを悪く言わないでください。うちの子どもはぜんそくですが、毎日ニガイ薬を我慢して飲んでいます。『今度オカザえもんに会いに行くから、薬は必ず飲む』と約束したからです。その後、その話をどこかで聞いたオカザえもんが直接自宅まで来てくれました」

オカザえもんは単にブームに乗ってヒットしたわけではなく、オカザえもんというキャラクターの持つ、そうした優しくたおやかな心持ちが多くの方々に支持されたのではないかと、最近思っている。また養護施設や保育園などへの慰問も度々行っていると聞いている。

オカザえもんのこれまでの岡崎への貢献に対し、重ねて御礼申し上げると共に今後の更なる活躍を祈るものである。

青春のトンネル

2014年
6月4日

このところ、時折、若者の自殺のニュースを目にすることがあり心を痛めている。自殺は可能性の放棄であり、実にもったいないことだと思っている。

人間の能力の開花する時期や運が巡ってくる年は人さまざまなのに、それを待てない人もいる。また、人生には思春期と呼ばれるやっかいな時期があって、自分で制御できない暴れ馬に乗ってしまったような状態となる人もいるようである。

世の中にはそんな時期を青春と呼び、ことさら美しく飾り立てて表現する人たちがいる。しかしその実態は、自分の夢や希望に対する限界や無力さに打ちのめされたものであることが多いものである。まれにスポーツや芸能の分野で成功した一部の人間の存在が華々しく伝えられることがある。しかしその人の個人的内面に入ってみれば表面上の華麗さとは裏腹に、現状を継続させるための異常なる努力と献身、自己犠牲が秘められており、心の中はより以上の不安と葛藤《かっとう》に満ちていることが多いものである。

また青春とは〝思索の時代〟でもあり、思い悩み、多くは悲観的な思いにふけるものである。決して歌やマンガ、ＴＶドラマや小説で表現されるように明るく美しいものだとは思えない。子どものころには見えなかった人間行動の裏、人の心の闇、社会の本音と建て前、人のウソや裏切り、そうした人間と世の中の負の部分を見分ける目が養われてくるのもこの時期である。大人になれば、そうしたことにも少しは慣れてくるものだが、思春期には、いささか刺激が強過ぎる場合もある。時にそれに耐え切れず、自ら命を絶ってしまう人がいる。

若い時には、そうした青春時代の心理的トンネルの暗闇がどこまでも続き、出口のない絶望的なモノに感じられることがある。だが、そんなトンネルもある時突然途切れて、青空が広がってくるものである。いつトンネルを抜けられるかは、人さまざまで誰にもわからない。しかし必ず抜けるのだ。誰しもそこまでトンネルの暗さと不安に耐えなくてはならない。

不安に耐えるコツが一つだけある。それは大なり小なり皆同じトンネルを通っているということを思い出すことである。不安なのはあなただけではないのである。誰しも青春のトンネルをくぐり抜けるまでは、精神的な暗闇と不安につきまとわれるのである。

しかし、朝の来ない夜はない。昼の喧噪の真っ只中に入ってみれば、夜の暗闇と孤独が懐かしく思い出されることもある。いずれそんな風に自己の人生を振り返ることのできる時が必ずやってくるものだ。とりあえずそこまでは生きていこう。

人間の成り立ちを考えても、一人の誕生には必ず二人の親と数えきれない祖先の存在がある。また一人の命の存在のカゲには、生まれ得なかった数億の可能性があるのである。

今、生まれてこの世に生きているということは必ず何らかの意味があるのである。それがわからないうちに可能性を放棄するというのはいかにももったいないし、この世の創造者（いればの話）の意にも反することと思う。今理由はわからなくても、ただ生きていることにも意味があるのである。

大恐竜がやってくる！

2014年6月7日

「ひょうたんから駒」とはまさに今回のようなことを言うのであろう。昨年、両親の古い友人で、子ども時代からお世話になっている方が市役所にお越しになった。「今までの市長はよく知らないので、わざわざ面会に行くことはなかったが、あんたが市長になったので様子を見に来た」ということであった。

久し振りの再会でもあり、昔話に花が咲き、「ところで市長になってどんなことをやるのかね?」という質問を受けることになった。

選挙以来これまで語り続けている「モノづくりの岡崎」を大切にしつつ、もう一つの宝である歴史的文化遺産と河川の水辺空間を活用したまちづくりをしたいという話をさせて頂いた。

その時、「これは私が個人的に温めてきたいくつかのプランの一つですが、実現には10年以上かかると思われます」と前置きをして、お話をさせて頂いた。それが、私がかねてから考えていた東公園の整備計画の一案としての「恐竜の森」構想であり、私の描いたラフ・スケッチをもとに説明をさせて頂いた。

一 「獲物を狙って攻撃態勢に入ろうとするティラノサウルスと、食べることに夢中で気が付かない草食恐竜」「肉食恐竜の接近に気づき警戒するトリケラトプスの親と子供達」といった情景を、森の中に実物大のジオラマで再現する。

一 ブラキオサウルスを東名高速から遠望できる位置に置くことによって、その首と頭が岡崎インターチェンジが近いことを知らせる印《しるし》となるようにする。

一 これらは見るだけでなく、触れることもできるようにする。

といった具体的な話をしたところ、「面白いアイデアだね、お金は出してあげるからぜひおやりなさい」という思わぬ言葉を頂くことになった。

1億円などという金額は予想すらしていなかったのであるが、「私が元気なうちに実現させ

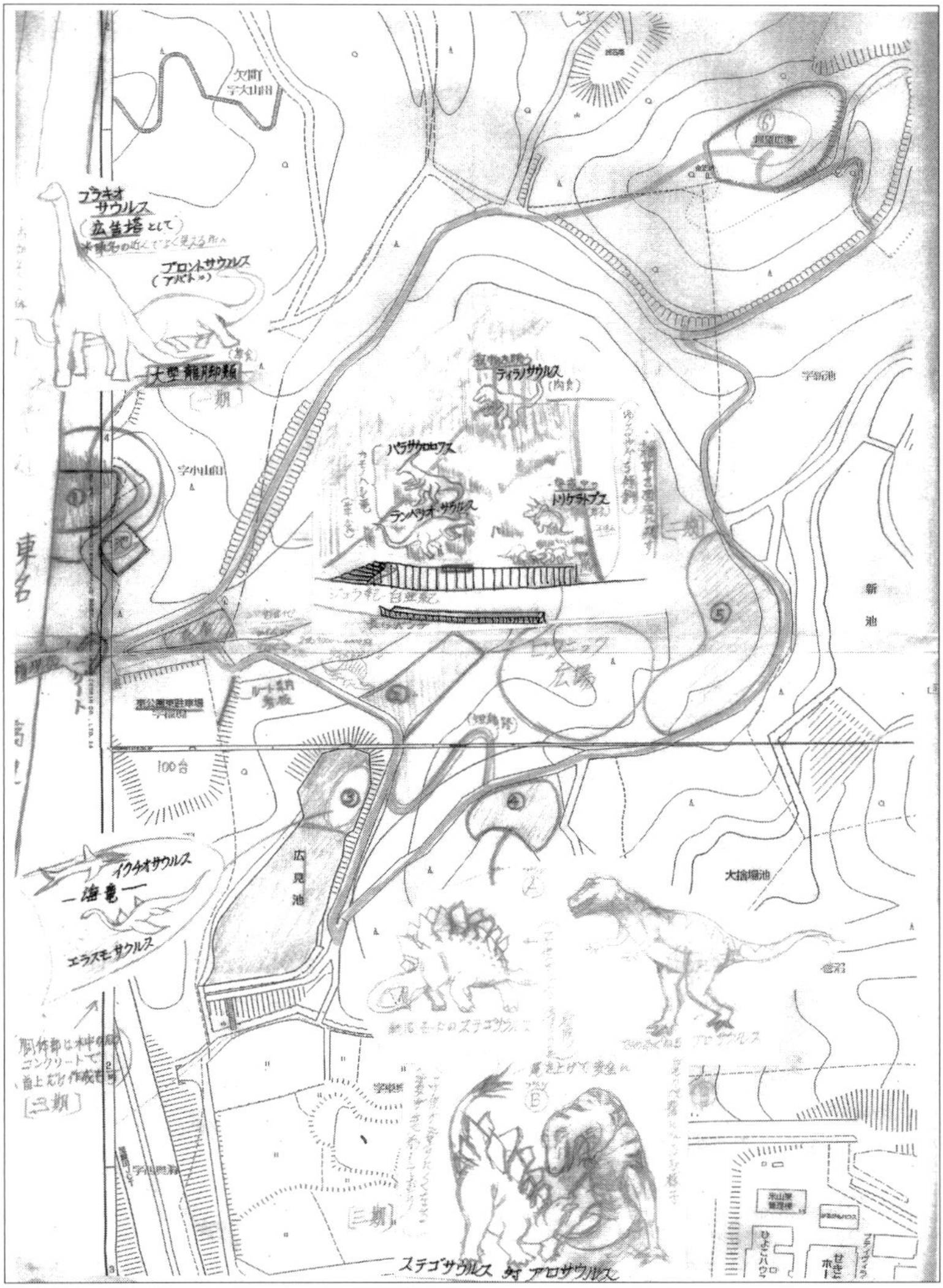

「恐竜の森」構想のラフ・スケッチ

てほしい」と述べられ、このたびの多額の寄付を頂けることになった。そして今回御本人の意志を尊重して、匿名での物品寄贈として頂く形とあいなった次第である。

私の構想としては、東公園の東名高速の東側の森林の中に、途中までできている遊歩道と隣接する自然景観を生かしながら、実物大の恐竜モニュメントを時代の流れに沿ってジオラマ仕立てに配置したいと考えていた。しかし、担当課に相談した結果、相応の重量のある大きなモニュメントをいきなり山地に置くこともかなわないため、今回とりあえず時計塔北側広場前に設置してお披露目することとなったのである。

ちなみに恐竜4体と付属品に設置工事費用を含めて総額で1億円ということで、今回市費の持ち出しは無い。先に書いたとおり、本来10年くらいかけてムリなく進めるつもりであったのであるが、想定外の救いの神の出現により、事業計画が早くなり本当に感謝感激である。

そもそも「恐竜の森」構想の始まりというのは、「高齢化し、減りつつある東公園の動物たちをどうしていくか」というところから生まれたアイデアである。

昨今の国際的自然動物の保護と動物福祉の気運の高まりの中で、注目される新種の動物を入手することは極めて困難な状況となっている。その影響は国内で繁殖されている動物にも及んでおり、入手のためには高額の出費を覚悟しなければならない。たとえ多額の寄付や希少種の動物の寄贈があっても、その動物にふさわしい最適な施設の準備と維持管理に巨額の費用が必要となる。計画性のない動物の購入は不可能に近いといえる（家で犬猫を飼うのとはわけが違う）。

現在、東公園でいちばん人気のゾウのふじ子は31年前に、〝ゆかりのまち〟福山市から贈られたゾウであり、飼育係の献身のおかげで46歳の今でも元気である（２０１８年現在50歳）。しかしながら長年の一頭飼いのせいか、よく知らない人には友好的でないという。本来群れで暮らしている動物を長年一頭飼いしてしまった結果でもある。豊橋の動物園ではこれからゾウの多頭飼いをめざすそうであるが、それが本来の姿である。「動物を増やしたら」と簡単に言われる方がよくおいでになるが、施設整備の問題に加え、動物にも相性という問題がある。決して、動物はモノではなく、彼らにもそれぞれ心があることを忘れてはならない。

また現在、すべての動物園で動物の多様化、繁殖と並んで重要な課題は運営経費をどうするかということである。岡崎の東公園動物園の場合、入園無料であることが一番のウリなのであるから、有料化を考えない限り、規模の拡大にはおのずから限界がある。さらにもう一つ、東公園は敷地面積こそ大きいものの、公園法やさまざまな用地的制限もあり、勝手な施設計画を行うことはできない。そうしたさまざまな困難な前提条件の中から考え出したプランが、恐竜モニュメントを活用した「恐竜の森」構想なのである。

岡崎市南部に総合病院建設決定！

2014年
6月12日

この度、岡崎駅南土地区画整理事業区域内に、学校法人藤田学園が大学病院を建設することが正式に決定しました。平成26年5月29日（木）、岡崎市と藤田学園、岡崎駅南土地区画整理組合の三者において「大学病院の建設に関する協定」を締結いたしました。御協力頂いた関係者の方々には心より感謝申し上げます。

これまで38万都市に高度医療を担う総合病院が市民病院一つしかないことが、本市の自治体としての大きな弱点であった。そのため岡崎市では市民病院に年間９０００台を超える救急搬送が集中し、医療過誤の発生も心配されていた。しかも、それでも対応できないケースや、市民病院から遠い市南部と西部地域については、近隣の西尾市や安城市の病院のお世話になってきたのである。

市南部の総合病院設置を実現するため、歴代市政も努力してきたものの、先程述べた高度医療を担う病院の建設は高額な費用がかかり、先端医療機器の導入に加え、医師や看護師、その他医療技術者を確保しなくてはならない。新しいシティーホテルの導入と並んで困難な課題となっていた。

一昨年の市長選挙においても〝新・総合病院建設〟は一大争点であった。当時、財政的な裏付けもないまま、もう一つ新たに市立病院を造るという無責任なプランもあった。岡崎市の年２２００〜２３００億円という財政能力を思えば、私は建設と医療機器の整備に４００億円かかるという市民病院を２つも持つことは不可能なことだと考えていた。

しかも病院は建てたら終わりではなく、管理運営をしてゆかなくてはならない。総合病院ともなれば毎年２００億円以上（市民病院は毎年２１４億円）の経費が必要となる。さらに異動の多い医師や看護師、技術者の確保もしなくてはならない。

本県における医師の主な供給元は、名古屋大学、名古屋市立大学、藤田保健衛生大学（現・藤田医科大学）、愛知医科大学といった限られたものであり、自治体ごとに配属される医師の数も病床数等でおのずから決まっている。特定の自治体にだけ特別待遇が許される保障はない。しかも、ふつうどこでも公立病院は高度医療対応のため一つに集中特化しているというのが時代の趨勢《すうせい》である。

そうした当たり前の事情から、「医師を確保できる能力のある民間の大病院か、大学病院の誘致」をはかることを公約とし、実現をめざしてきたのである。大きな公約の一つを、２年目にしてここまで進めることができて正直ほっとしている。

市長就任以来、これまでいくつかの病院進出計画の話が持ち上がってきたが、進出計画の不備や条件面での折り合いがつかず、いずれも不成立となっていた。

そうした中、ちょうど今から一年前、岡崎市医師会を通じて藤田学園に進出の意向があることを知らされ、話し合いがもたれてきた。ことの性格上、交渉内容は極秘裏に進められてきた。折しも岡崎駅南地域において、大規模な区画整理事業が進んでおり、3ヘクタール（3万平方メートル）というまとまった土地の確保が可能なため、当初よりこの地が候補地の一つとして考えられてきたのである。総合病院進出のための必須条件として、機能的で合理的な施設運用を行うためのまとまった土地であることと共に、病院経営のための基礎人口のある地域が望まれていた。

今回進出地に決定した針崎の地は、JR岡崎駅から約1キロ、徒歩10分ほどの距離にあり、岡崎市医師会の「はるさき健診センター」にもJRを挟んで隣接し、そのすぐ隣には市営の南公園という遊園地を併設した大きな公園がある。周辺に広がる宅地には優良住宅の建設が進行中である。

この地には昨年春、美術館と見まがうような翔南中学校が新設され、伝統ある岡崎小学校と共に子育ての面でも優れた環境となっている。周辺に計画されている幹線道路網はまだ完成していないものの、県・市道共に重点事業として着々と進行中である。

近い将来、新病院が、岡崎のみならず、西三河南部の新たな医療拠点として救急医療並びに高度医療の中核として発展してゆくことは間違いないと思っている。わかりやすくいえば、市民病院にとって頼りになる弟ができたようなものである。

藤田学園の新病院は平成32年（２０２０年）４月の開院予定であり、病床規模は４００床以上をめざし、２次救急医療対応、24時間、３６５日体制の総合病院をめざすこととなる。近年脳出血により救急搬送されるケースが多いため、内科、外科、小児科、婦人科と共に、特に脳外科の部門の充実を望むものである。この分野は一刻を争う治療が必要なため、今回の病院決定は高齢者の方々には非常に朗報であると思う（２０１８年５月着工）。

話は変わるが、最近「どうして、南ばっかり良くなるんですか？」という質問をよく受けることがある。決して南をエコヒイキしているつもりはないが、今良くなっているということは、これまでそれほど良くなかったということでもあり、近年ようやく南部が良くなる時期を迎えつつあるということだと思っている。決して「どちらの地域を特別に」と考えているわけではないが、条件が整ってきた所から順番に課題に対応するようにしているということである。

そもそも自治体の行政計画には、先人が積み上げてきた都市計画のマスタープランというものがある。さらにそこから決定された用地計画という枠組みもある。そうした計画に合致していない事業を行おうとする場合、新しい計画を国や県に提出し、認可を取るか都市計画そのものを改訂しなくてはならない。そうした条件が整わないうちに何かやれといわれても、それは無理な話である。

岡崎市としては、今後も市内、東西南北、中央部、それぞれの地域の実情と要望に合った事業の実現のために努力を重ねてゆく方針である。それこそが夢ある次の新しい岡崎の実現につながることであると考えている。

岡崎城は宝の山

2014年
6月22日
7月4日

昭和34年に復元された岡崎城

このところ、時節に合わせての報告事項が多く、少々間が空いてしまった感もあるが、「乙川リバーフロント構想」のメインテーマのひとつである岡崎城と岡崎公園について、一度きちんと触れておきたいと思う。

本年3月27日、かねてよりお願いしてあった日本の城郭研究の第一人者である広島大学大学院教授の三浦正幸先生（祖父の代までは岡崎在住）と、歴史学者として高名な滋賀県立大学教授の中井均先生に御同行賜り、副市長と関係部局の職員そして私の総勢15名あまりで、岡崎公園の歴史探訪を行った。外に向かってＰＲ活動をしていくためには、私たち自らが正確な事実を認識しておかねばならない。

「岡崎の人間は何かというと『家康公・生誕の地』と言うくせに、実際はモノづくりの金儲けばかりに走っており、意外と地元の歴史遺産について無知であるし、大切にしていない」といった手厳しい御指摘を外部の方から頂くことがある。現に来年の徳川家康公の顕彰４００年祭についても、静岡市と浜松市から久能山東照宮４００年祭と兼ねてのお誘いを受けるまでは、誰も思い出す人がいなかったくらいである（仮に知っていたとしても何のアクションも起こさなければ、知らないのと同じことである）。

大正４年（１９１５年）の３００年祭の折りには、「葵の誉」という歌まで作り、市民をあげて大提灯行列を行ったにもかかわらず（翌年が市政施行年）、１００年ですっかり忘れてしまったのである。５００年祭の時にはこんなことのないように市役所内に〝１００年カレンダー〟を設けておきたいと考えている。

かくいう私も先祖代々岡崎に居住し、自身、お城のある連尺学区に生まれ育ちながら、今回の探訪で先生方のお話をうかがって、岡崎城の真実についてあまりに疎《うと》いことを認識し、まさに赤面の思いであった。

岡崎市史に詳しい方には、当たり前の話かもしれないが、ここで岡崎の歴史と岡崎城について振り返ってみる。

現在岡崎市のある辺りに人が住み始めたのは、文献によると約１５０００年前の旧石器時代であったそうだ。大きな川が交差する地点に城や砦が築かれて、その周りに集落ができ、発展していったというのは、世界中どこでも共通の現象らしい。

岡崎の地も大化の改新（６４５年）の頃にはそれなりの集落が成立していたという。その後、大和朝廷との結びつきが強まる中で仏教も盛んになっていった。

保安年間（１１２０年〜）に開山したという滝山寺の入口にある大きな三門が、藤原光延により建立されたのは文永４年（１２６７年）であった。鎌倉時代には足利義氏が三河守護職として館を構え、その後室町幕府を開いた足利尊氏は三河を幕府直轄地とした（南北朝の乱の折りに、初めて陣をひいて対峙したのが矢作川だったという）。応仁の乱（１４６７年）をきっかけに始まった戦国時代に、家康の祖父である松平清康（松平七代）が大永４年（１５２４年）に岡崎に居城を定め、それから5年ばかりで三河一円を平定した。

その孫である家康公が岡崎に在住していたのは、天文11年（１５４２年）の生誕から6歳までの幼少期と、桶狭間で破れて戻ってきた19歳から29歳までの青年期の16年間であった。その青年期の10年の間に元康から家康に改名し、松平から徳川へと復姓を勅許《ちょっきょ》され、まさにこの時期

元和３年に再建された岡崎城

は次の時代にはばたくための胎動期であったといえる。
城に特化して述べるならば、家康公生誕の城といわれる岡崎城は康正元年（１４５５年）に地元の豪族西郷頼嗣《よりつぐ》によって築城され、その後、家康の祖父、松平清康によって奪取されたものである。当時の岡崎城は、堀こそあったものの、城というよりも館《やかた》と呼ぶ方がふさわしいものであったらしい。
その後、天正18年（１５９０年）に豊臣秀吉の命により関東移封《いほう》となった徳川家康の後を受けた田中吉政の手によって、中世的な城から近世的な城郭に生まれ変わった。この時に、石垣や天守閣を持つ、今日に伝わる岡崎城の外観が形造られたといわれている。また田中吉政の業績は城造りにとどまらず、町造りにも活かされており、外敵の来襲に備えて東海道を城下に引き入れた。この欠町から矢作橋までつながれた街路が、いわゆる「岡崎二十七曲り」である。
秀吉の家臣であった吉政であるが、関ヶ原では東軍に属し、西軍の旗頭石田三成の捕縛の功により、家康に認められ、北九州の柳川へ加増・栄転（32万石）となった。それからの岡崎城は江戸期を通して、譜代大名となった、本多氏、松平氏、水野氏ら近臣の家系によって治められることとなる。

しかし、慶長9年（1604年）、本多康重の治世の折りの地震で倒壊し、元和3年（1617年）にその子康紀によって新城が再建された。この二代目の城は、明治維新後の明治6年（1873年）、徳川の象徴の一つでもあるため取り壊されることになった。現存する3枚ほどの城の写真は当時の様子を今日に伝えている。

太平洋戦争後、市の有志の声掛けの元、昭和34年（1959年）、鉄筋コンクリート製の岡崎城が復元された。以来、本市のシンボルとして55年経過したところである。

当時小学1年生であった私も、同時に建設されていた旧・連尺小学校の体育館の工事の様子と共に、岡崎城ができ上がってゆくあり様をはっきりと記憶している（当時の連尺小学校は今のりぶらの場所にあった）。

現在の3代目の城は、三重の天守と付櫓《つけやぐら》造りであり、内部は五階建ての造りとなっており、ヨロイ、カブトや刀剣、各種資料の展示資料館として活用されている。最上階にはオリジナルの城にはなかった廻縁《まわりえん》と高欄《こうらん》が設けられており、来訪者の展望と安全のために供されている。

「本来の岡崎城（2代目）には、そうした付属物はなく、最上階はもう少し高くすっきりとして、見映えは美しいものであったはず」というのが専門家の見解である。

近い将来の課題として「岡崎城をどうするか」という問題が生起してくることになる。現在、岡崎城は築55年を迎えているが、あと20～30年でコンクリートの劣化（中性化）によって強度不足となり、建て替えの時期を迎える可能性がある。その時に、再び現在のような鉄筋コンクリート製の城にするのか、それとも木造の城に戻すのか決断を迫られるのである。

鉄筋コンクリートの長所は、防火性と強度にある。エレベーターや空調設備を完備でき、明るく、博物館的展示機能を持たせることができる。高齢者から子ども、女性、身障者の方までお城に付随された機能と城からの眺望を楽しんでもらえることができる。

しかし、コンクリートの長寿命化が計られている今日においても、コンクリートの劣化を止めることはできず、１００年～１２０年先には再び建て替えの時を迎えることになる。

木造の城に戻した場合、約40年ごとに屋根の葺き替えや漆喰《しっくい》の塗り直しが必要となるが、手入れを十分すれば４００年は持つ城となる。そのかわり、純然たる城としての機能しかなく、歴史的好事家（マニア）以外の人々の目には殺風景な木造の建物としか映らない（当然エレベーターもない）。もっとも天守閣とは本来、そうした戦時の物《もの》見《み》櫓《やぐら》である。誰もが登って楽しむものではない。ただ、文化財としての認証を得られれば国の補助を得られるというメリットがある。

お城の専門家の先生方は当然、木造の天守をお薦めである。その場合、物品の展示のために家康館の別館か、新たな歴史博物館を造る必要性が出てくるだろう。もし木造にする場合には、やはり郷土の木（三河材）を使って造りたいものだ。それこそ本当の「我等が城」となる。

いずれにせよ、両者の長所と短所をしっかり比較検討して、将来の岡崎にとって最も相応しい城をこれからの世代の市民に選択してもらえばいいことであると思っている。未来の城がどのようなものとなるかわかるころまで、この世にいられそうにない私としてはいささか気にはなるところである。

モータースポーツの中嶋兄弟、市役所訪問

2014年
8月10日

8月1日（金）午前11時、岡崎生まれのニュー・ヒーローが二人そろって岡崎市役所を訪問してくれた。二人とは、日本人初のフルタイム参戦F1（フォーミュラワン）レーサーである中嶋悟氏の長男一貴《かずき》君と次男大祐《だいすけ》君である。彼らは今や、我が国の若手一流レーサーとして名を馳せている。

若くしてレーシングカーのパイロットになれば、皆がチヤホヤして女の子にもモテてしょうがない存在だろうから、少しくらい気位が高くてもしょうがないかな、などと思いながらドアを開けて応接室に入った私であった。ところがレーシング・スーツに包まれた二人はきわめて礼儀正しく、謙虚であり、話すほどに好青年であることがわかった。

その日、市役所に挨拶に来てくれたのは、夕刻から伝馬通りで行われるレーシングカーのデモ走行が実現したことに対するお礼を兼ねてということであった。

しかし本当にお礼を言わなければならない相手は、私ではなく、愛知県で初の試みを許して頂いた岡崎警察署の鈴川信視署長や署員の皆さんであると思っている。なにせ、まだ日本国内においては、東京のお台場と横浜の元町等数回しか前例はなく、ことに現在、全国交通死亡事故Ｎｏ．１の位置にいる愛知県のド真ん中でレーシングカーの公道走行をしようというのである。反対されても致し方のないところである。

中嶋大祐選手（左）、中嶋一貴選手

私も署長さんに頭を下げてお願いはしたものの、今回、格別の御理解を頂いたことについては心から感謝している。それだけに絶対に事故などはあってはならないし、今回は〝交通安全啓発パレード〟として行われたものであることを強調しておきたい。

実は私は二人の父上の悟氏と同学年である。中学生のころ、岡崎天満宮のお祭りで共通の友人から紹介されて出会ったことがあるらしいのだが、はっきりとは覚えていない。先方も同じと思う。しかし、その後の悟氏の活躍についてはモータースポーツ・ファンの友人からよく聞かされており、私の方は一方的に存じ上げている。ことにＦ２レースで活躍して有名になられたころから、Ｆ１レーサーがこの岡崎から誕生するかもしれないと、私も期待感を込めて注目していた一人であった。

その後、日本でもグランプリが開かれるようになり、中嶋氏の夢は実現し、４位入賞に輝くこともあったが年齢的な理由で引退されたと記憶している。もし彼が若くしてＦ１に参戦することができ、経験を積み、優れたエンジンと車体、ベテランのメカニックチームと契約できていたら、日本人として初の優勝を飾ることも可能であったかもしれないと思うことがある。

とはいえ、実際のＦ１の世界はレース場で競うだけでなく、場外での産業界の思惑やさまざまな政治的駆け引きの入り乱れる所であり、日本人が勝つことはそれほど簡単なことではないのだろう（そんなことになれば、またルールが変更される）。

いずれにしても、悟氏のおかげで日本のテレビでもＦ１レースの様子は毎回放送されるようになり、アイルトン・セナとアラン・プロストの対決やナイジェル・マンセル、ネルソン・ピケ、そして初めのころは老雄ニキ・ラウダの勇姿と、数多くのバトルを楽しむこともできた。時に深夜の放送まで観ていたこともあったが、もともと本格的なモーターファンではなかった私は、ブームが去り、テレビ放映がなくなったころから関心も薄れていった（ちょうどアイルトン・

セナが事故死したころからだ)。

しかしこの度、私の子どもたちと同世代の中嶋二世の二人がモータースポーツの世界で活躍されるようになったことに対し、隔世の感を抱くと共に、再び岡崎から若きヒーローが出現したことに率直な喜びを禁じえない。

私たちは、自分たちの身近な所からさまざまな分野で活躍する人物が出現することにより、新たな世界に対する認識と知識の広がりを得ることができる。また人によっては、先人に触発されて隠れていた才能を開花させるきっかけを得る人もある。

そうした意味からも、有名になられてからもあくまで岡崎に在住し活動していらっしゃる父上の悟氏には感謝している。ぜひ一貴君、大祐君の二人にも、先駆者として大成してほしいものである。


今回の夏まつりにおけるデモ走行イベントは、今年2月に岡崎公園で開催された中嶋兄弟とオカザえもんのトークショーがきっかけとなり、岡崎活性化本部が企画したものである。本物のレーシングカーが公道を走行することということから、より安全性を考えて車のスピードは時速30キロに抑え、実物のレーシングカーの走行を間近で目にしてもらうことと、実際の爆音を楽しんでもらうことを中心に計画が組まれることとなった。加えて、走行後は籠田公園会場において車両の一般公開を行い、市民やファンの皆さんに直接触れてもらえるにようにも配慮をした。

当日はオカザえもんもレーシング・スーツ姿で登場し、誕生40周年キャンペーンで全国を回っているキティちゃんと共にクラシックカーでパレードを行った。実は私も、中嶋兄弟から贈られたサイン入りのレーシング・キャップをかぶって、英国製のモーガンという車に同乗してパレードに参加させてもらった。ちなみにこの車はかつて映画俳優の北大路欣也さんの所有していたものであり、ダッシュボードの中にはサインがされていた。

一貴君の乗るスーパーGTレクサスSC430（トヨタ）と、大祐君の乗るスーパーフォーミュラSF13（ホンダ）によるデモ走行の後は、恒例の五万石おどりと手造りみこし等の競演も行われた。以前はそれぞれ独立して一夜を担っていたのであるが、時代の変化に伴う参加者の減少によって、今回のような形式での催しとなった次第である。

また、本年の実施結果についても、しっかり検証を行い、反省点を洗い出し、さらに市民の声をお聞きする中で、来年の夏まつりのあり方を考えていかなくてはならないと思っている。

プレイベントでこれだけやってしまって、来年、再来年は大丈夫だろうか、ネタ切れにならないかと少々心配するものであるが、とにもかくにも許可を頂き、警備に御尽力頂いた警察、消防並びに各種団体、ボランティアの皆様に重ねて御礼申し上げます。ありがとうございました。
＊平成最後の今年6月、中嶋一貴氏はルマン24時間耐久レースで初優勝しました。

陸上自衛隊富士総合火力演習の視察　その1

2014年
9月9日

県会議員時代より幾度となくお誘い頂いていた陸上自衛隊の「富士総合火力演習」であるが、8月中下旬という時期が県議会の委員会視察等と重なることが多く、これまで実現することができなかった。今回、たまさか日程の都合がつき、ようやく念願を果たすことができたのである。

私と自衛隊との接点は古く、かつてボーイスカウト時代、豊川にある第10特科連隊に〝日帰り入隊（?）〟をしたのが最初であった。その時手にした実銃の重さに驚かされたことを今も覚えている。その後長じて自民党の青年部時代には、研修や視察として陸、海、空それぞれの自衛隊の基地や駐屯地において何回もお世話になったものである。

かつて私が高校生のころ（昭和43～46年）、高田渡《わたる》というフォークシンガーが「自衛隊に入ろう」という歌を歌っていた。一応反戦歌なのであるが、曲調が明るく、テンポも良く、シャレが効いていて、私は一人の時によく鼻歌として口ずさんでいた。それがどういうわけか最近また、歩きながらふと歌っていることがある。歌詞は自衛隊員募集のＰＲソングのようにも思えるものだ。

自衛隊に入ろう、入ろう、入ろう

自衛隊に入れば　この世は天国
男の中の男はみんな
自衛隊に入って花と散る

家で私が口ずさんでいるのを聞いていた子どもたちにはバカ受けであった。こんな歌を自衛隊の愛唱歌のひとつに入れるのも、かえってシャレっ気があっていいのではないかと思うものであるが、多分そのセンスはないだろう。

ところで最近では、簡単に自衛官にはなれない。昔は自衛隊への入隊希望者が少なく、「自分の名前を漢字で書けて、九九が言えれば合格！」と不埒《ふらち》なことを言う輩もいたものだが、今では、自衛隊員募集のポスターはあるものの状況は変わっている。平成24年度の自衛官採用試験の倍率は、陸上自衛隊が3・02倍、海上自衛隊は4.7倍、航空自衛隊は4.8倍である。へたな大学の入学試験よりも難関といえる。さらに大卒者を対象とした幹部候補生試験においては陸自が43・2倍、海自が17・6倍、空自が30・5倍と非常に高く、国立大学や有名私立大学の卒業生の志願者も多いという（陸と空に比べ、海の倍率が低いのは、海上勤務があり、嫁探しに苦労するためと聞いたことがあるが、事実は定かではない）。

こうした傾向は、長らく続いた不景気と若者の好奇心のせいもあると思うが、何よりも兵器の高機能化ということがある。今や、陸海空、すべての軍備がハイテク機器化しており、そうしたものを十分使いこなし、さらに修理できるような能力も必要とされる時代となっている。日本の自衛隊が、数は少なくとも、近隣諸国の軍隊よりも精強であるといわれるのはそういった隊員の個としての質、練度の差、兵器のレベルの違いにあるといわれている（アメリカの軍事アナリストの弁）。何よりも、志願して選別された者と、無理矢理集められた者（徴兵）の違いという点がいちばん大きいと思う。

またこのところの自衛隊の役割も、軍事的なものばかりではなく、海外支援活動や災害対応の比重が大きくなっていることも、仕事にやりがいを求める若者の気持ちに合うのかもしれない。いずれにせよ、最近の我が国を取り巻く周辺事情はにわかに「キナくささ」を増しており、それに対し政府も現実的舵取りを余儀なくされ、同時に自衛隊の抑止力に対する期待感も高まっている。

国際関係のすべてが理性的な話し合いで解決できるのなら、それが理想というものである。しかし残念ながら、現実の世界では国家そのものの発達段階に大きな差があり、依然として武力を背景に自分たちの利益や主義主張を通そうとする国家並びに集団が存在するというのが実情である。そうした現状において、本やニュース映像で知るのみでなく、自らの目と耳で我が国の自衛力の一端を確認しておきたいというのが今回の視察の目的であった。

陸上自衛隊富士総合火力演習の視察　その2

2014年
9月12日

8月24日（日）、かねての予定通り、早朝5時半に岡崎を発ち、静岡県御殿場にある「東富士演習場」に向かった。現地に着いた時、同行の一人が「こんなに広い所でやるんですか」と驚いていたので、「あの東宝映画でキングコングとゴジラが戦った舞台だったのですから、このくらい広くて当たり前でしょう」と妙ちくりんな答えをしていた私であった。

当然といえば当然のことではあるが、途中の警備もしっかりしており、武装こそしてないものの経路のポイントごとに誘導を兼ねて隊員が厳重に警戒をしていた。

私たち来賓招待客は、陸上自衛隊の富士学校で受付をした後、認証を受け取り、専用バスに分乗し会場へ到着したのである。そして再度、入場チケットのチェックを受けてから鈴鹿サーキットのスタジアムのような仮設の階段シートへ案内された。我々の座席の前には広々とした桟敷席が区分けされて設けられており、1万人近い人々が腰を下ろしていた。後で当日の全観覧者が2万9千人と聞き、納得した次第である。なお公募枠に対しては13万3千件の応募があったそうである。

この「富士総合火力演習」は、陸上自衛隊として最大規模の実弾射撃訓練であり、隊員約

２３００人と戦車約80両、火砲60門、航空機約20機が参加するという大がかりなものであった。

当日は、敵に奪われ占領された島を取り返すという「離島奪還」をテーマとした訓練も含まれており、空自のＦ－２支援戦闘機や海自のＰ３Ｃ哨戒機の参加もあったが、あいにくの曇天のため飛行機の姿は確認できず、爆音だけが響いていた。

それでも99式１５５ミリ自走榴弾砲《りゅうだんほう》の射撃やヘリコプター部隊の偵察と攻撃（射撃とミサイル）、戦車や装甲車のムダの無い動きは見ていて小気味よいものであった。私としては、日本の国産戦車が世界の一線級の戦車と並び称されるようになったことに格別の感慨を覚えるものである。

かつて太平洋戦争の折、南太平洋のペリリュー島攻防戦において、日本の95式軽戦車は、ヨーロッパで88ミリ砲をもつドイツのタイガー重戦車に歯が立たなかったアメリカのＭ４シャーマン中戦車に対して、初戦で26両が壊滅させられている。当たり前の話である。日露戦争以来、本格的な兵装強化を行ってこなかった日本陸軍は、37ミリの砲を載せただけの装甲車並みの軽戦車で戦いに挑んだ。そのためシャーマンの装甲を破ることはできず、逆に相手の75ミリ砲によって次々と吹き飛ばされてしまったのである。

こういった話は、元・戦車部隊に所属し中国大陸に行っていた作家の司馬遼太郎氏の著作に詳しく記されているので省かせて頂く。一言でいって、大人と子どものケンカである。軍事通のアメリカ人のある友人は「日本の戦車は鉄の棺桶」とよく言っていた（しかし、それでも日本軍はよく戦ったのである）。

ところが現実に目の前を疾走する90式戦車や10式戦車はスピード（時速70キロ）、装甲（セラミック素材を使った外装式装甲）、砲撃力（120ミリ滑腔砲《かっこうほう》）のいずれも世界第一級の性能を保持しており、日本のハイテク技術を尽くした走るコンピューターと呼ばれている。もし外国に輸出できるようになれば、欲しがる国も多いことと思われる。

花火大会からほどないこともあり、私は、砲塔が浮き上がるような戦車の砲撃を見ても、音の大きさを再認識しただけであったが、前席にいたヒゲづらの大男が砲撃の度に両耳を押さえてブルっていた姿がおかしかった。とはいうものの、戦車砲の一斉砲撃は本当に大迫力であった。

現在、我が国の陸上自衛隊は約14万人編成であり、これを全国5つのエリア（北部、東北、東部、中部、西部）に分け、それぞれに方面体（2～4個師団）と呼ばれる単位で分散配置されている。さらに海上自衛隊の約4万人、航空自衛隊の約4万人を加えた総勢約22万人が我が国の国防と災害安全対策などに力を尽くしている。

中国の人民解放軍230万人、北朝鮮の朝鮮人民軍120万人、韓国軍66万人と比較して格段に少なく、心配される方もあるかもしれないが、日本は海という天然の要害に守られており、

99式自走155ｍｍ榴弾砲（射程距離30ｋｍ）

ＡＨ-64Ｄ戦闘ヘリ「アパッチ」

レンジャー部隊の降下

10式戦車（こんなに近くまで）

スナイパー（狙撃兵）
――ナマハゲではありません。ギリースーツというカモフラージュ服です。手にしているのはレミントンＭ700。レミントンのライフルは第一次大戦以来、アメリカの正式狙撃銃。

軍楽隊（かなりうまい）

ＣＨ-47Ｊ輸送ヘリとジープ（機動作戦）

2011年配備の10式戦車（90式より6トンも軽く高性能。3人乗り）

こちらから攻める予定もないため、専守防衛を目的とした時、相互の保持する兵器のレベルなどの違いを考えれば、現有の力で十分対応できると考えられている。もちろん核兵器は所有していないため、代わりに後ろ盾としての日米安全保障条約とアメリカの存在があるのである。

演習終了後、改めて会場を見渡した時、間近で警備に当たっている若い自衛官と目が合った。どう見ても、私の子どもの世代である。国際関係というものは、刻々変転してゆくものではあるが、こうした模擬演習が実戦とならないことをくれぐれも祈るばかりである。
＊近年周辺諸国の兵器・装備・練度も上がってきており、油断はできない。

またも来ましたラブレター

2014年
10月4日

昨年、匿名で個人的誹謗中傷を吹聴する手紙のことを、〝ラブレターの季節〟と題してブログに書いた。あれだけはっきり書いたのに、また今年も懲りずに同様のラブレターが届いた。しかも答えを要求しながら、住所すら記していない。

この人物の手紙の文面を見ると、何やら特定の教員ＯＢ集団が私に圧力をかけ、それにより私が教育委員会に圧力を加えているということが言いたいらしい。

はっきり申し上げて、私は誰からも圧力など受けていないし、逆にかけた覚えもない。私は総理大臣にお会いしても、知事に面会しても、自分の信じていることを申し上げる。重要な問題を考える時ほど、そうした真摯な姿勢が大切だと思うからである。

相手のことを考えずに一方的に自分の思いをぶつけてくる点において、この種の手紙とラブレターは共通点があり、我ながら「ラブレター」とは言い得て妙であると思う。

しかし本物のラブレターは愛があるが、こちらには悪意があるようだ。

世の中には「正しいのはいつも自分であり、間違っているのは他人である」ということを言いたがる病的精神の持ち主がいるものであるが、そういう人物が子どもを教え導く教職員の世界に今も生存しているとしたら、本当に困ったことである（もちろん教育者をかたっているだけの可能性もある）。

なぜならば、学校の先生こそ世の中の多様性、異なった立場とそれに伴うさまざまな意見の存在というものを認め、尊重することを子どもたちに教え導くべき存在であるからである。民主主義的手続きの中で決定されたことが、自分の思うような結果でないからといって、デマゴーグ的手段で圧力をかけようとするのは紳士的であるとはいえない。

差出人は「岡崎の教育を正しく導く会」と名乗っているが、自分を神であるとでも思っているのであろうか？　会と言っていても実は一人なのかもしれないが、どちらにしても、こうした不《ふ》遜《そん》で自分勝手な文句を言ってくる人物が上等な人格を保持しているとは思えない。本当に自分に正当性があるという自信があるならば、堂々とアポイントメントをとって正面から市長室に来ればよいと思う（自分は常に安全の高みに身を置いて、リスクを負いたくない卑怯者なのであろう）。私は自分と違う考え方だからといって、それだけで人事や処遇に差をつけたりするほど小心ではないつもりである。筋の通った話であるならば当然耳を傾ける。

さて、この人物が指摘する人事の問題については、当然岡崎の教員ＯＢの大先輩の方々の御意見を拝聴することはある。しかしそれはあくまで御意見であり、それを丸飲みするわけではない。さらに問われれば、市長の立場として意見を述べることはあるが、決定にあたっては教育委員会において慎重にモノゴトを進めている。

人事にしても、他の政策においても、私が一人で独断的に決定していることなどはない。それほど思い上がっていないし、第一、独裁者になるほどの自信もない。何事においても、いつもいちばん良かれと思うことを提案し、他の意見を聞きながら調整し決定するように心がけている。

教育に関していうならば、この岡崎には「三河の教育」という伝統としきたりがある。当然そうした、多くの先輩たちが築き上げてきた伝統や手法というものを尊重して対応している。保守の政治とはそういうものである。それが気に入らないというのであれば、アポをとって市長室までおいでください。扉は開かれております。

原付バイクのご当地ナンバーについて

2014年
11月29日

今週、11月25日、市制１００周年事業の基本構想と実施事業案を発表いたしました。記念事業のタイトルも、このたび「新世紀岡崎　飛躍祭」と決定しました。平成28年（２０１６年）７月１日に岡崎市は１００歳の誕生日を迎えます。飛躍祭は〝１００歳〟をかけた言葉として選ばれました。皆様よろしくお願い申し上げます。

最近、各地でさまざまなデザインの〝原付バイク・ご当地ナンバー〟がつくられている。地元の名産品や有名な風景、観光名所に加え、地元のゆるキャラを大写しにしたものなど、それぞれ工夫が凝らされている。

本市においても市制１００周年記念事業のひとつとして、平成28年７月１日からの交付をめざして岡崎独自のオリジナル原付ナンバープレートの導入を検討している。

この話は去る９月の議会のころに担当者から提案を受けたことであ

岡崎のオリジナル原付ナンバープレート案

るのだが、その時何気なく私が「岡崎の場合、オカザえもんを上手に使うといいネ」と言っておいたところ、前頁のようなデザインが上がってきた。

まだ本決まりではないが、オカザえもんは好き嫌いもあるので、デザイン付きのものとそうでない旧来と同じナンバーのみのもの、それぞれつくることになる予定である。また、継続するものとなるか、１００周年記念限定にするか未定である。限定となれば将来プレミアがつくことになるかもしれないとも思うが、地方創生の意味も含めて各地でさまざまなアイデアが出されていることがわかり、大変興味深いものである。

以下は私が描いた個人的アイデアである。参考までに載せておきます。

A案

B案

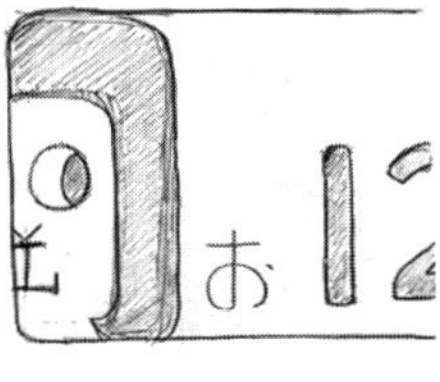

C案

ご当地ナンバープレート内田康宏案

ネコが帰ってこない

2014年
12月17日

10月、岡崎市との姉妹都市提携30周年記念式典のために米国カリフォルニアのニューポートビーチ市に5日間行っていた間に、ボスネコ・キックが行方不明となってしまった。

これまでも1、2週間いなくなることはあったが、すでに2か月近くとなり、さすがに心配している。岡崎市の「あにも」ではネコの室内飼育を奨励しているが、何せ、相手は〝天下御免の自由人・ネコ様〟である。マンションの高層にでも住んでいない限り、ことにオスネコは自分で出口を探して（作って）脱走してしまうのである（だからネコを飼うためには、去勢手術とマイクロチップの装着が必要となるのである）。

行方不明となったキック

帰巣本能に優れたネコではあるが、時に外出した折に帰宅不能となることがある。多くのケースが交通事故や病気かケンカの怪我によるもの、あるいは高齢によるボケ、それともより良い住み家を（飼い主を）見つけたのかもしれない。

「ネコは人に死に場所を見せない」というが、どうもそうではないようである。キックの場合も、このところ病気のせいで元気が無く、獣医に通っていたところであり、もう一度連れて行こうと思っていた矢先の失踪であり大変気になっている。

岡崎市では本年度10月末までに１４０頭あまりの犬猫の路上死体の処理をしているそうであるが、そのうちの一体でないことを祈っている。

また、先般ブログに「16歳の婆さんネコ・ミーが毎日夜中に私を起こしに来て困る」旨のことを書いたところ、読者の方から「死期が近づくとそうした行動をとることがあるので、やさしくしてやってください」というアドバイスを頂いた。その後、エサをより高齢ネコ用のモノに替え、一緒に寝てやるようにしたところ元気になってきている。動物も高齢期には人間と同様、食べ物や心の安心感ということに対する気遣いが必要となってくるようである。また、最近気がついたことであるが、どうやらネコも年をとると視力が落ちてくるようだ。

このネコとも長い付き合いであるが、あとどのくらい一緒にいてくれるのだろうかと思うこの頃である。

◆2015年

フューリー（FURY）を観て

2015年
1月31日

昨年の「永遠のゼロ」に続いて、正月早々、またしても戦争映画を観てしまった。こういうことを書くと戦争映画ばかり観る奴だと思われそうであるが、決してそんなことはないのである。きっかけはたわいもないことであり、「元日は映画に行こうと思っていても、飲んだくれたり、コタツから出るのが面倒くさくなったりして、結局ＴＶを観ておしまいといった人が多い」と家族親類の前で言った私の一言であった。自分が言ったことを証明するために、次男と甥の三人で出かけた映画館のレイトショーはやはりガラ空きであり、我々の貸し切り状態であった。

フューリーのパンフレットを真剣に見る

「ＦＵＲＹ」は昨年から気になっていた映画の一つではあったが、必ずしも主演のブラッド・ピッ

トのファンというわけではない。ただ最近の彼は渋みと風格が出てきて、かつてのロバート・レッドフォードに近づいているような気がしている。

物語は第二次大戦末期まで生き延びたアメリカ陸軍の戦車兵たちが主人公である。砲身に「フューリー」（激しい怒り）と白く書きなぐったM4・シャーマン中戦車は、北アフリカの砂漠でロンメル将軍の軍団と戦い、ヨーロッパ戦線でも数々の激戦をくぐり抜けてきた強者《つわもの》である。なお車体にフューリーと書かれたシャーマンは実在したという。

「ウォーダディー」（戦いの父）と呼ばれる、ブラピ演じるベテラン戦車長とくせ者ぞろいの戦車兵の中に、元タイピストだったという若い新兵が補充されて来るところから物語は始まる。「リアリズムに徹すると映画はこうなる」とでも言うように、ただただ、重苦しい空気に包まれた作品であり、男性が女性と二人で観に行くことはおすすめしない。

大戦末期、本国に深く踏み込まれたドイツ軍と連合軍の狂気の戦いが続く。次々と舞台を移しながら、戦闘と殺戮が淡々と展開されてゆく。登場する兵士たちは一様に無表情で病的に描かれている。

映画は、朝もやの中を白い軍馬に乗ったドイツ軍将校が前線検分に現れるところから始まる。この幻想的な場面も、たちまち砲撃にのみこまれてゆく。新兵とドイツ人娘とのつかの間の出会いも、ドイツ軍の砲撃によってガレキの下に消える。当たり前のようにブルドーザーでかき集められ処分される死体の風景は、戦場における死の意味を象徴しているようでもあった。

登場する戦車は各博物館から引っ張り出して来た本物の戦車である。それに手を加えて動かしており、マニアにはたまらない魅力である。当時の戦車は砲塔に弾薬が格納されており、そこに有効な直撃弾をくらうと、誘爆を起こして砲塔が吹き飛んだといわれている。それも見事に再現されている（今回もＣＧが素晴らしい）。

戦車戦はまるで重量級のボクサーがノーガードで殴り合っているようなスゴみと緊張感があり、車速を利して敵の後方に回り込もうとするのも、足を使うボクサーを連想させる。

「残された4両の戦車で敵の大部隊の進撃を食い止めろ」という無理な命令に従い、彼らは前進する。途中遭遇したドイツ軍の対戦車砲とタイガー重戦車との対決の結果、たった一車両だけとなる。おまけに、頼みのその最後の戦車は地雷を踏み、十字路のど真ん中で動けなくなってしまう。そこで３００人対5人の最後の戦いが始まる。

舞台は、歴史的に有名な大会戦ではなく、大戦中ヨーロッパのそこかしこで行われていたであろう小規模戦闘をつなげた形で進行する。そのため、より現実味があり、観る者の臨場感が刺激されることとなる。つまりこの映画は「バルジ大作戦」や「パットン大戦車軍団」的なものではなく、「クロス・オブ・アイアン」（邦題「戦争のはらわた」）の系列に属するものである。

決戦の後、矢尽き、刀折れ、降伏しようとする新兵に対して瀕死のブラッド・ピットが言う。

「止めておけ、ひどいことになる」（なぶり殺しになる）

この一言が戦争の真実を伝える声として重く耳に響く。

アメリカ映画によくある、最後にヒーローが登場してハッピーエンドとなるウソっぽさはなく、ただただ無常観が心に残る映画であった。この映画が今年のアカデミー賞にノミネートされなかったことは不思議でならない。ひょっとすると時節柄内容が生々しすぎて受けなかったのかもしれない。いずれにせよ、ここしばらくの新作戦争映画の中では、秀逸なものであったと思っている。

昨年、陸上自衛隊の「富士総合火力演習」を見たせいもあってか、私には戦車戦の生々しさが妙に強く印象に残っている。かつてこれほどマニアックに戦車戦のありさまを描いた映画は観たことがない。男の人はチャンスがあったらぜひ観てください。

朝鮮通信使隊、家康行列へ

2015年
3月8日

かつてＮＨＫの教育テレビで「日本と朝鮮半島2千年」という全10回のシリーズ番組があった。その番組を見ながら認識を新たにすることがいくつもあった。中でも強く印象に残っているのは、古代における日本列島の先住民たちは、それぞれさまざまな形で韓半島及び大陸と相互交流を重ねてきたという事実である。日本海は必ずしも両者を隔てる海ではなく、〝つなぐ〟海であったということである。考えてみれば「浦島太郎」や「天女の羽衣《はごろも》」の昔話なども大陸や半島との関わりの中から生まれてきた民話の一つであるのかもしれないのだ。

ことに「目からウロコ」の思いがしたのは、「古代において、両国の沿岸住民たちは、近代のような強い国家意識も無く、帰属意識にも縛られていなかった」という事実である。まだ強力なる中央集権国家というものは成立しておらず、人々は個別の利害関係の中で交易をしたり、国境を越えた人同士のつながりにおいて、共通の敵と戦ったりしていたということである。

さらに、中国大陸の王朝の変動期や、6世紀の韓半島における三国時代（高句麗、新羅、百済）においては、当時倭国（小人の国）と呼ばれていた我々の祖先たちは、百済を通じて大陸の文化や文物を吸収していった。仏教や漢字、製鉄技術などを学び取りながら半島の動乱にも関わってゆくこととなった。

大陸や半島における国家の興亡の度に、多くの渡来人（帰化人）を受け入れることとなり、また先進的文化の流入によって倭国の文化も洗練されていった。そればかりか、百済に肩入れして唐と新羅の連合軍に海戦を挑んで大敗した〝白村江《はくすきのえ》の戦い〟を契機に、律令体制へとカジを切り、統一国家としての歩みを始めることとなったのである。

遣隋使、遣唐使による交流を経て、モンゴル（元）の来襲ののち、戦国時代の末期に行ったのが、〝壬辰倭乱〟（イムジン・ウェラン）と今も呼ばれる豊臣秀吉の朝鮮出兵（文禄・慶長の役）である。「人は他人を殴ったことは忘れるが、自分が殴られたことは忘れない」のたとえの如く、これは、先の大戦における出来事と共に日朝間で今日においても受け止め方に大きな開きのある出来事である（今回はそれが主題ではないのでここまで）。

申し上げたいことは、そうした最悪の国際関係の中で、秀吉没後の日朝関係の建て直しを計ったのが、徳川家康公であったということである。

江戸時代のはじめ２００年の内に12回行われた朝鮮通信使は、家康からの和睦の使いに対する返礼として遣わされた「回答兼刷還使」を始まりとする。

４回目の派遣から朝鮮通信使と名を改めることとなったが、本来の目的は、５万とも20万ともいわれる、秀吉の軍勢が引き上げの折に日本へ連れ去った俘虜人《ふりょにん》を連れ戻すことであった。しかし、月日の経過の中で結婚し、子どもができたりして日本に帰化せざるをえなくなった者も多く、帰国できた者は初期の３回で２０００人ほどであったという。通信使は江戸までの道中、歌や踊りを披露しながら行列を行った。そのため文化使節団としての役割も果たすこととなった。今も経路の各地に、当時の書画や詩文がそのまま残されており、一行の踊りをマネたと思われる演舞が伝承されている所もある（岡山県の唐子踊り）。

岡崎の籠田公園の南にかつて中村屋という料亭があり、そのあたりに「ごちそう屋敷」と呼ばれる施設があったと伝えられている。私もその名は昔から聞いていたが、岡崎城の食堂のようなものと勝手に思い込んでいた。

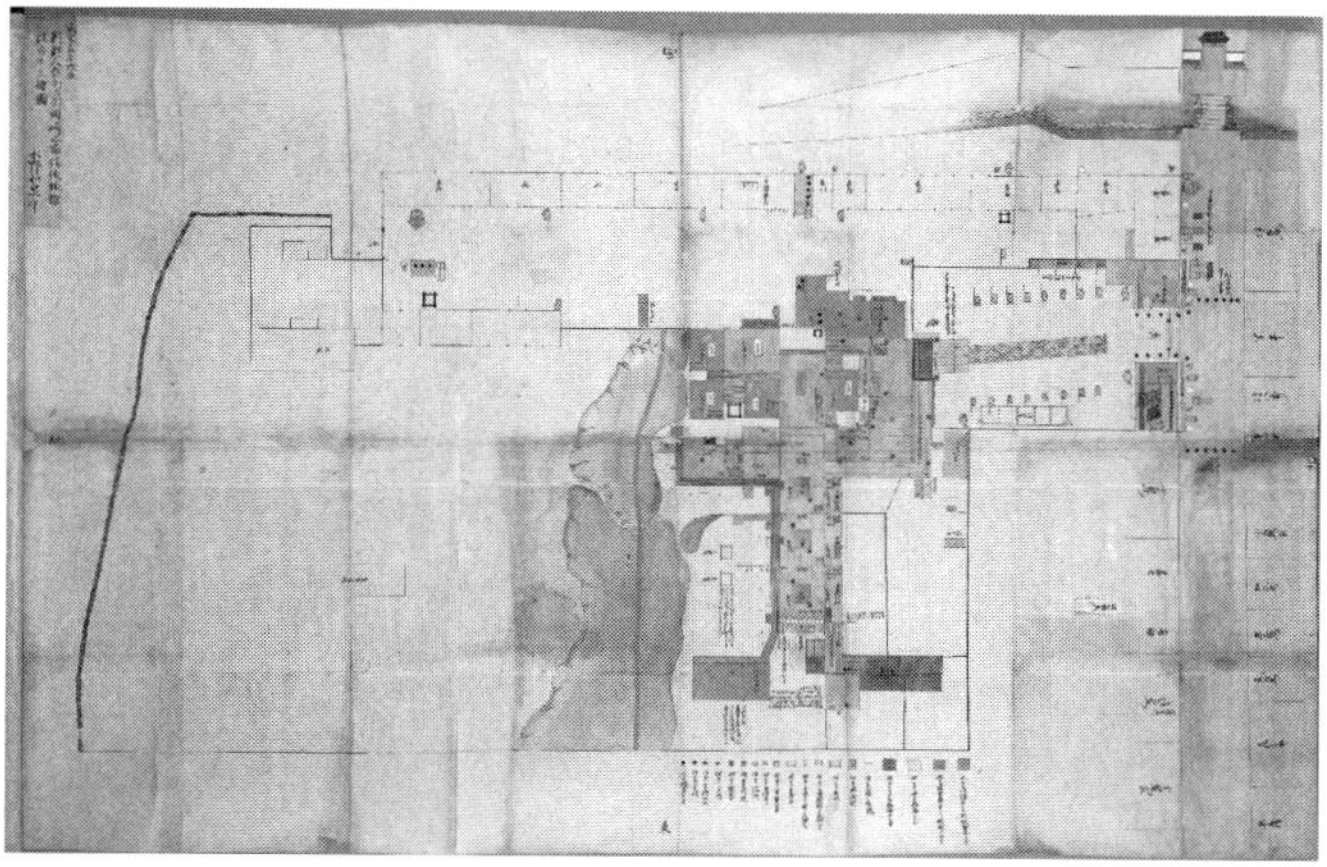
「ごちそう屋敷」の見取り図

ところが最近になって、この「ごちそう屋敷」が朝鮮通信使に対する幕府の正式な招待所であるということがわかったのである。対馬に上陸して、北九州、中国地方、大坂と行進する通信使たちは各地で地元の大名による接待を受けながら江戸をめざした。幕府は岡崎の旧水野邸を改装して、これを公式のおもてなしをする場所（ごちそう屋敷）としたのだという。

岡崎城の設計図は残っていないのに、どういう訳かこの「ごちそう屋敷」の見取り図は現存しており、そのために市民の一部からは復元を望む声を頂いている。しかし、すでに時代は移り、縦横に道路がはりめぐらされ市街地も形成されており、その要望に応えるには無理があると思う。しかしながら、籠田公園南にセントラル・アベニュー（現・中央緑道）が完成したあかつきには、何とか「ごちそう屋敷」のよすがを伝える表示をしたいと考えている。

そんなことを考えていた昨年暮れ、日韓親善協会の有志の方から、「朝鮮通信使を再現して春の家康行列に参加したい」とのお申し出を頂いた。すでに家康行列の実施計画について警察と綿密な打ち合わせを済ませていた担当者は難色を示したが、交渉の末、フル参加は難しいものの今年はとりあえず30名ほどの参加をして頂けることとなった（本来の朝鮮通信使は３００～５００人ほどで構成されていた）。

近年、少々マンネリ気味であった家康行列に何か新しいテイストを加えたいと思っていただけに、この申し入れはありがたいものであった。しかも先に述べた通り、徳川家康と朝鮮通信使は歴史的に深い縁があるのである。平成28年度は、ぜひ往時の華やかさで市制１００周年に花を添えて頂きたいものである。

さらに2月19日(木)、駐名古屋大韓民国総領事の朴煥善《パクファンソン》氏が岡崎市役所を訪問してくださった。「4月25日に岡崎で行う予定の朝鮮通信使のシンポジウムに岡崎市長としてぜひ参加して

岡崎で朝鮮通信使のシンポジウム開催

ほしい」という申し出を頂いたのである。

ところが残念なことに、この日は「家康公四百年祭」の共同事業のため、先約の浜松市に出かけなくてはならないのである。私の出席こそかなわないが、シンポジウムの成功のためにできる限りの御協力はしたいと思っている。

両国の関係が厳しくなっている時であるだけに、こうした民間や地方の交流によって、パートナーシップを深め、友好関係を継続することは大切なことであると思う。それこそが大君家康公の御心《みこころ》にかなっているものと信じている。

ネコ舌とカエル風呂

2015年
5月12日

私のような仕事に就いている者は、毎日あわただしく動き回らなくてはならない。さまざまな大会、会合、イベントに出席した折に来賓室に通され、お茶やコーヒーを出されることがあるが、決まって熱いモノが多い。私は自他共に許す〝ネコ舌〟である。せっかく飲み物を出して頂いても、ノドが乾いているにもかかわらず、飲めずに終わるということが度々である。相手の方は、善意で熱いモノを出してくださっているため、文句も言えない。氷の入った水がある時は、それを活用したりもするが、世の中いつもそうはうまくいかない。

私は幼少時より、熱い食べ物、飲み物が苦手でラーメンやソバであっても湯気がおさまってから食べようとする妙な癖がある。「メンがのびてしまう」とか「犬みたいだな」とか言われることもあるが、そんな評価は一向に気にならない。ただ単に熱いモノは嫌いなだけのことである。

よく熱いモノをフウフウ言って、汗を流しながら食す方がいるが、私はできれば願い下げである。よってナベ物は大方好まない。家族ですき焼きをする時も、そろって熱いモノを食べるよりも、後から一人で食べる趣味である。

そのため家では、「せっかく温かいうちにと思って、急いで作ったのに！」対「いつ食べようとこっちの勝手だ。だいたい何年経ったら熱物嫌いだとわかるんだ！」といった愛情あふれるコミュニケーションが成立するのである。

フロについても熱い湯は苦手で、ぬるいフロに長く浸かっていることが好きである。いわゆる〝カエル風呂〟というヤツである。

つい先日もこんなことがあった。先にフロに入れと妻に言われてフロに入っていたら、「犬の散歩に行っている間におフロから出てるだろうと思ったら、まだ入っている！　死んでるかと思って見に来てしまった」と毒づかれ、「亭主を熱い一番ブロに入れて生命保険をせしめようというお前の魂胆などはとっくにお見通しだ。そうはイカのキン○○だ！」と、最近めっきり少なくなってきた貴重な夫婦の会話を得る機会となった。

内田康宏 絵

いずれにせよ、次に家を建て替える時には、死体置き場の水槽のように水深が浅く、ヘソ天で体を伸ばして入れる西洋風のフロにしたいものだと考えている。

世間一般では、だいたい年をとると熱い飲み物を好むようになるものだと言われているが、私には一向にその気配が無い。冬でもアイスコーヒーを飲むことがあるくらいである。この傾向はフロについても同様であり、そのため友人からは「いつまで経ってもガキのまんまだな」と言われることとなる。

しかし医療関係者の話によれば、熱物を飲食する生活習慣も、熱い一番ブロに年寄りが入ることも共に健康のためには良くないという。そもそも私は、温泉旅行などは趣味ではないし、県議のころ、議員視察で温泉地に泊まっても個室のシャワーで済ませてしまうクチであった。

大体軍隊でもあるまいに、食事の仕方やフロの入り方まで人にとやかく言われる筋合いはないのである。そんなことは時間さえ許せば個人の自由であり、一般論を強要する方が悪いと思う。「世の中人さまざまだ。その程度のことに何の不都合があるものか」と言って、いつも最終風呂を希望する私であるが、我が家においては、「フロは亭主が先に入るものだ」という古い観念の持ち主である女房殿の「先にフロに入れ！」の号令が今日もまた響くのである。

茅ヶ崎市２０１５

2015年
5月15,18日

今月の初旬、一年振りにゆかりのまち・神奈川県茅ヶ崎市を訪れた。「大岡越前祭」に参加するのは2年振りのこととなる。

もとより岡崎市と茅ヶ崎市は大岡越前公の領地がとりもつ御縁というものがある。しかし今回は4月の選挙で服部信明市長がめでたく再選されたことに対する挨拶の意味もある。どちらにせよ、服部市長は2年半前の私の初当選の折、真っ先に岡崎にわざわざお祝いに駆けつけてくださった熱血市長さんであり、私の好きなタイプである。

そうした経緯にも増して、茅ヶ崎という所は心安らぐまちである。表通りの華やかさと飲食店の盛況は東京圏の一角であることを感じさせるが、一本裏手の道に入ると、戦災をまぬがれたせいなのか、昭和30〜40年代の面影が今も残っている。そうした景観が醸し出す風情がホッとさせてくれるのかもしれない。

街角の雑貨屋さんの軒下《のきした》に吊してある竹編みのカゴや、昨今なかなか見かけなくなったブリキ製のジョーゴが売られている様を見ると、心が昔へ引き戻されるような錯覚にとらわれる。

大岡越前祭に併せて行われている市民まつりや産業フェアには、今回も岡崎市から有志の参加があり、大変感謝している。またこの催しには全国各地からさまざまな出店の参加もあって、それぞれにお国自慢の趣向が凝らされ、祭りを盛り上げていた。

大ホールの中の一角に木工のコーナーがあり、いかにも大工の親方風の三人のオジさんたちが陣取っていた。正面に置いてある木組みの製品に私が興味を示すと「何だかわかるかい？」と声を掛けられた。何か運動のための道具かと思っていたら、ワラジを編むために使うモノだと言う。「もっとも、今じゃワラジを編める人がいなくなって、1年に1個くらいしか売れない」そうである。とはいえ、まだこうした職人気質の方々が伝統を伝え「モノづくり」に関わって生きている姿は素晴らしいものだとつくづく感じたものである。

今回、午前中に浄見寺において行われた大岡家の法要へは議長に出席をお願いし、私は午後からのビッグ・パレードから参加させて頂くこととなった。

パレードは、警察と消防の先導のもと、湘南ハーレー・クラブのバイクを先頭に、バトン・トワリング、マーチング・バンド、カントリー&ウェスタン・バンドとダンス・チーム、アフリカン・ダンス、浅草のサンバ・チームに加えて、昨年、茅ヶ崎市と姉妹都市提携をしたハワイのホノルル市からミス・ハワイのステファニーさんとハワイアンのグループの参加という多彩さであった。

茅ヶ崎市のビッグ・パレード

その後に私たち来賓を乗せた4台のオープンカーが続いた。さらに祭り囃子と稚児行列、木遣り・まといに虚無僧行列、そしてラストには乗馬姿の大岡越前公を中心に100名程の時代絵巻が並び、チャンバラ演武も行われるというテンコ盛りのサービスであった。

市街地の道路の多くが幅6メートルくらいの狭さのため、左右からの市民・観客との密着度も高く、手を伸ばせば握手もできそうな距離でのパレードであり、気も抜けない。知った人もいないだろうと思っていたら、「私も名古屋から観に来ました。ガンバってください」と声を掛けられ驚いてしまった。

驚いたといえば、私たちの乗車した緑色のシボレーが、一昔前に流行った油圧式でダンスを踊る仕様の車であった。乗車したのは今回が初めてのことである。

ビッグ・パレードはちょうど岡崎の家康行列と夏まつりの踊りと御神輿パレードにジャズ・フェスティバルの行進を足したような催しであった。この時期には市内全域で社寺のお祭りも行われているそうであるが、ビッグ・パレードが全体のメイン・イベントのような存在であるという。

油圧式のシボレーでパレード

今回はまた、これまでまだ訪れていない「茅ヶ崎ゆかりの人物館」と「開高健記念館」を訪問することができた。茅ヶ崎市は地理的に東京から近く、保養地としての歴史も古いことから、政財界の著名人、作家、俳優が多く在住したことでも知られる土地である。

私はかねてより、「名誉市民」とは別の形で市から表彰を行うことができないかと思案していた。〝名誉市民〟というと何かと堅苦しいし、選考基準も面倒くさそうなので、社会の各分野で活躍し、岡崎市の名前をさまざまな形で広めてくださった方たちに対して、もっとフランクにその労をねぎらう表彰はないものかと考えていた。その点、茅ヶ崎市が行っている〝市民栄誉賞〟の設定はなかなか良いアイデアであると思う。岡崎市にもスポーツや芸術、芸能等の分野でさまざまに御活躍頂いている方は数多くいる。

「茅ヶ崎ゆかりの人物館」と「開高健記念館」は国道１３５号線近くのこんもりとした木立に囲まれた丘陵の上に併設されていた。木造を基調とした人物館とどっしりとした造りの開高館の対比もなかなか面白いと感じながら石段をのぼり、人物館の入口に辿り着いた。現在、市民栄誉賞受賞者８名のうち、次の４名の方の企画展がされている。

初めは日本人として５人目の宇宙飛行士となった野口聡一氏である。彼は、生まれは横浜市であるが、12歳からこの地で育っている。子ども時代の思い出話と共に学生時代のノートや写真、そして宇宙服のレプリカ等の展示がある。

次に女子ソフトボール選手としてアテネ・オリンピックで銅、北京オリンピックで金メダルを獲得した三科真澄選手。

３番目に日本を代表する女子テニス・プレーヤーの一人、杉山愛さん。写真やラケット、トロフィー等が展示されていた。彼女は横浜市出身で、５歳から茅ヶ崎に在住した。

最後に女子野球選手の出口彩香さん。彼女のユニフォーム等が解説付きで並べられている。

木造平屋建ての簡素な建物の中に、郷土出身のガンバル・マン（ウーマン）たちをさりげなく紹介して讃える施設はなかなか良いものであると思う。本人はもちろん子どもたちの励みにもなるだろう。同館には俳優の加山雄三氏や中日ドラゴンズの山本昌選手の展示もあり、そのうちサザン・オールスターズの桑田佳祐氏も加わることだろう。

中庭にある山荘風・板張りのテラスを通って、森の小径のような通路を抜けると、隣の旧・開高健邸（現・記念館）に出る。開高健は昭和49年に東京から茅ヶ崎市に移り住み、平成元年に亡くなるまでここに暮らしていたという。この記念館は元々開高氏の私邸であり、同氏没後に遺族から茅ヶ崎市に寄贈され、公開されているものである。

茅ヶ崎ゆかりの人物館

玄関からホールに入ると、開高氏の著作と共に数々の資料が展示されている。我々の世代には開高氏はベトナム戦争の取材（『ベトナム戦記』）とプレイボーイ誌の人生相談で知られている。ホール中央には取材に使用した道具と共に米軍の鉄カブトもある。

私は同氏の作品では『オーパ！』シリーズの3冊と他に数冊の随筆集を持っている。残念ながら小説はほとんどまともに読んでいない。しかし、その文体からは私の好きなアーネスト・ヘミングウェイと同質のものを感じている。すなわち、旅(放浪)、戦い、酒、女、釣り(狩り)など、いわゆるマッチョな路線である。

〟オーパ!〟とは、ブラジルで驚いた時に発する叫び声である。この本はアマゾンやアラスカ、カナダをはじめ、世界の秘境を旅しながら各地の怪魚、幻魚、珍魚を釣り上げようとする写真付きドキュメンタリー随想である。私のように放浪癖がありながら、なかなか自由に歩き回ることのできない男たちにウケたのか、今日まで続くベストセラーとなっている(文庫本もある)。記念館の奥には、釣りの成果の大物の剥製と熊の敷物まであった。今回、旧・開高邸を見て、同氏の作家としての成功を納得したものである。

先日久しぶりにテレビを観たら、NHKで上原謙・加山雄三親子の年代記をやっていた。やはり私にとって茅ヶ崎といえば加山雄三である。人生でこれほど影響を受けた人はいないし、私の年代に同様の人間は少なくないと思っている。

そもそも私は音楽というものにあまり関心が持てなかった。近くの映画館で聴いた洋画のサウンド・トラックは耳に馴染んでいたが、当時の日本で一般的だったのはTV番組で流れるような歌謡曲や演歌、民謡ばかりで、あとはアメリカン・ポップスを和訳してマネて歌っているようなものがあるぐらいだった。

小学校に入学したころ、母親にヤマハ音楽教室なる所へ連れて行かれたことがあった。回りは女の子ばかりであったため「絶対に嫌だ！」と言って一度しか行かなかった（今思えば惜しいことをしたと思っている）。そんな私であったが、ゴジラ映画を観に行くと必ず二本立てでやっていたのが加山雄三の若大将シリーズであった。

今もはっきり覚えているが、昭和38年「ハワイの若大将」の中で夕暮れのワイキキの浜辺でウクレレを弾きながら英語で歌ったのが「ＤＥＤＩＣＡＴＥＤ」（加山氏大学3年時の作品）であった。それまでの日本の歌と全く違う、スマートで甘いメロディーラインに体に電気が走るような思いがしたものである。この曲は後に「恋は紅いバラ」という名で故岩谷時子氏の作詞でヒットした（60万枚）。映画館を出てすぐにレコード店に出かけてみたものの、その時はまだレコード化もされていなかった。後日、私が初めて買ったレコードとなった（私は英語の歌の方が好きである）。以後、海のスポーツにのめり込み、スキーも始め、へたくそなギターやウクレレも弾き始めた記念すべき瞬間であった。おかげで現在さまざまなジャンルの音楽を楽しめる素地ができるきっかけとなった。加山氏はある意味で人生の恩人の一人であるともいえる。

誰しも似たような出来事が人生にはあるものであるが、以上の理由から、かつて茅ヶ崎が岡崎とゆかりのまちとなった時、理屈を越えてうれしく思ったものである。

大山鳴動して、ネズミ一匹！

2015年
5月23日

異なった御意見の方もおられることと思うが、今回5月17日に大阪市が行った住民投票とはいったい何だったのだろうかと思うこの頃である。

橋下徹氏がタレント弁護士から知事に転出し市長となるまで、その主張の中には共感できる部分もあったが、議論こそ百出したものの結局何一つ決まることなく終わってしまった様な気がする。その間に大阪市民の平均所得は全国5位から14位まで下がったというニュースを耳にすると、地道な基本政策に対する配慮に欠けていたのではないかと思う。彼の登場は、硬直化したとも見える政治の世界に旋風を巻き起こしたショーとしては面白かったかもしれないが、政治的には何も残さなかったように思われる。要するに大阪を7年間ひっかき回しただけの観がするのである。

内田康宏 絵

マックス・ウェーバーの『職業としての政治』を持ち出

すまでもなく、政治家であるならば、一度の失敗であきらめることなく再挑戦して目的を達成する努力をすべきであると思うが、「負けたら引退！」を公約としていたとすれば致し方なかろう。

　しかしそれは政治を担う人間の生き方ではない。また、ことさらに態度の潔さを強調する点は次への就職活動とも見える（ＴＶのニュースキャスターやコメンテーター、１回３００万円？といわれる講演活動、正義派弁護士として再登場）。


　ところで、いつ頃からこうした扇情的アジテーターが政治の舞台に出没するようなったのか。Ａ・ヒトラーまで戻らずとも、近年ではやはり小泉純一郎氏に行き着くこととなる。「郵政民営化選挙」と銘打って衆議院を解散し、党内の異なる意見の存在をも「抵抗勢力」の名のもとに切り捨ててしまう乱暴なやり口は、「清・濁を併せて飲む」と言われてきた従来の保守政治の手法とは一線を画していた。さらに「刺客」と称して、著名人や美人ニュースキャスター、学者や高級官僚を、郵政民営化法案に反対した議員の選挙区に対立候補として送り込み、政治的に抹殺してしまうという、まるで赤色革命の保守版のようであった。

　確かに中には実力派として期待される方もおられたが、このところの様子を見ていると、政治を担う心構えや候補者としての意識さえも疑わしい。選挙をまるで芸能人の人気投票と勘違いしているかに思える人物まで目につく様になってきた。誰でも立候補できることはよいことであるが、最近のあまりの粗製乱造ぶりには少々辟易させられる。

旧来より、大都市における選挙のあり方と地方都市における選挙のあり方には違いがあった。大都市においては人の流動性が高く、人間関係も希薄になりがちで、地元に根ざした地道で継続的な日常活動ができにくいという状況がある。そのため大衆社会（大衆心理）を意識した街頭演説、ポスター、宣伝ビラを使ったその場限り（失礼）の選挙活動が中心となる。

反して地方都市は、地域特性、伝統というものに重きを置く定住人口の割合が高いことが特徴として挙げられる。人脈がなく、共通の思考回路のない、素性のはっきりしない人物は簡単に地域に受け入れてもらえず、そのため選挙には地域代表の色彩を帯びた候補者が有利な立場を得ることとなる。

これはどちらが良いか悪いかという問題ではない。単に選挙の質の違いを述べたにすぎない。しかし、保守政治というものが地縁、血縁を基盤とした地域主義、伝統主義に支えられたものであることはどこの国でも同じであり、当たり前のことである。一般的に、赤色思考の傾向の強いマスコミ人は大都市型に肩入れするきらいがある。他にも労働組合や宗教団体、各種団体を基盤とした政党があるが、これとても言わば形を変えた特殊集団主義である。そうした中で、一方だけを批判的に扱うのは政治の本質を理解していないようにも思える。

いずれにせよ、時代の移り変わり、社会の変化により、人間の流動性はより高くなり、ますます個の結びつきの希薄な大衆社会が到来し、選挙のあり方も変容しつつある。そうした時に我が国に出現したのが、大衆戦略に力を置いた大衆扇動の選挙運動形態である。

次から次へと大衆の耳に心地良いキャッチフレーズを並べたて、有権者の思考が十分回らず理解できないうちに投票日を迎える。そして「当選してしまえばこっちのもの」とばかりの、勝つことだけを目的とした候補者や集団が生まれているのが昨今の有り様である。新人候補ができるはずもない公約を言っても、専門家ではない有権者にはただちにその真贋はよくわからない。そうした盲点をついた選挙戦略によって、またしても政治の劣化は進むのであろうか？

新保守主義の衣をまとって登場してきた日本維新の会（現・維新の党）も、石原、橋下、松井、江田という軸を次々と失い、結局、民主党か自民党に寄り添って生きてゆくしか道がなくなるのであろう。松野頼久新代表は「国民から強い野党を望む声が云々」と言っておられるが、風が吹いたら右にユレたり左にユレたりするような、アマチュアの政党などあってもなくても同じことである。

新たな時代の世界帝国をめざす中国にこびへつらわず、アメリカに対しても必要なことを堂々と言える、軸線のしっかりした政党こそ今必要とされていると思うが、どうであろうか？

岡崎の国際交流（サウスカロライナ大学２０１５）

2015年
6月8日

サウスカロライナ大学学生訪問団

昨年に引き続き、今年も米国サウスカロライナ大学の学生訪問団をお迎えすることとなった。これは私の高校時代の友人で、同じ水泳部仲間であった榊原《さかきばら》祥隆《よしたか》氏が主催するもので、同大学で教鞭を執っている榊原教授が昨年ビジネス・スクールの学生たちを中心に訪日学習ツアーを催したことに始まる。

日本では東京、京都、愛知と訪れ、主に定番の観光コースを巡ることになるが、愛知県においては名古屋、瀬戸、豊田、岡崎が訪問先に組み込まれている。これからは歴史や文化ばかりでなく、産業というものも日本観光の一つの売り物となるわけである。今回も、産業観光に先進的に取り組んでいるトヨタ自動車の組み立て工場とトヨタ博物館を訪れている。仲介の労を取って頂いた太田俊昭市議には大変感謝している。

榊原教授はじめ17名の訪問団は、5月19日（火）、トヨタ自動車訪問後午後1時に岡崎市役所に到着した。昨年同様、学生さんたちには市議会の議員席にお座り頂き、私共は議長と一緒に理事者席（議長席の左右の席のこと）でお迎えすることとなった。それぞれ歓迎のあいさつ、御礼のあいさつを済ませてから議場で記念撮影を行い、その後市役所内を見学しながら市長室まで案内した。

キッシンジャー氏、安倍晋太郎先生と

前回もそうであったが、学生たちは室内の飾りモノや写真に興味津々の様であり、私が出席したクリントン大統領の就任式の写真や、ヘンリー・キッシンジャー元国務長官、ブッシュ大統領夫妻（第41代）、安倍晋三総理との写真を眺めながらさまざまに質問をしてきた。私もアメリカ留学時代の写真を披露しながら忘れていたエピソードを思い出すことができ、大変なつかしい一時を過ごすことができたものである。

現在もアメリカ全土を網羅する長距離バス・ネットワークが存在するかどうか定かではないが、私が滞在していた38年程前にはグレイハウンド社の連絡網を中心にアメリカ全土を巡るルートが完備されていた。当時私は〝アメリ・パス〟という乗り放題バス・チケット（2週間、1か月、2か月）を使い、長期休みの間日本に帰らず、全米一人旅を繰り返していた。

アメリカ人の上層階級は決してバス旅行などしないが、この国の社会と人種の縮図をかいま見るためには良い経験であった。田舎回りのコースでは気のいいアメリカ人と知り合いになれた。都市に近づくと急に黒人の割合が増え、南部に行けばメキシコ系の人々がどっと乗ってくるという具合であった。私のいたインディアナ州から西海岸へ向かう3日半の間、車窓の風景はトウモロコシと小麦の畑がどこまでも続いていた。「よくもまあ、こんなデカイ国を相手にケンカをしたものだ」と思ったものである。またその一帯は竜巻（トルネード）の名所でもあり、それも窓から見ることができたものだった。

レンタカーで一人旅

シーズン・オフのイエローストーン国立公園に一人レンタカーで乗り込んだ時の話は学生たちにバカ受けであった。時に私は、一般のアメリカ人が行かないようなところへも足を運んでいる。夜まで走ってもホテルが見つからず、滝のそばで野宿をしようとしたら、そこがグリズリー・ベア（灰色熊）のエサ場であったことや、真夜中の月明かりの下でコヨーテの遠吠えを聞いたことも、なつかしい想い出である。公園といってもイエローストーンは北九州エリアほどの広さがあり、各所に間欠泉が噴き出しており、野生の動物たちとも遭遇する山岳地帯である。景色を眺めながら一人サンドイッチをほおばっていたら、周りにリスや鳥が集まってきて白雪姫状態になったことがある（ホント熊でなくてよかった）。その頃は刃渡り12センチくらいのナイフを腰にぶら下げていた。森の中で頼りになるのは自分ひとりであったからだ。今も当時の風景が夢に出てくることがある。

私のイスの背後にかけてある犬の写真（アル）に気づいた女の子たちから質問を受け、うっかり「彼は嫁さんより大事な犬だったんだけれど、去年17歳半で亡くなってしまい、僕は未だに立ち直れないんだ」と答えてしまった。「しまった！ 彼らはアメリカ人だった」と思ったが、意外にも「その気持ち、よくわかる」と慰められた。愛犬家の心情は国境を越えるものであるとわかった次第である。

学生の中には美術の知識を有する者もいて、飾ってあるピカソの絵（腕を組んで座る軽業師）を見て、「これは本物ですか？」と訊いてきた。「本物なわけないじゃないか。本物だったらこのビルが買えるよ」と言って大笑いとなった。

その後彼らは岡崎城、並びに岡崎公園と八丁味噌蔵を見学し、東公園の恐竜たちと対面してセントレアより帰途についた。

後ほどアメリカから届いた礼状によると、まもなく映画「ジュラシック・ワールド」が公開されることもあって、東公園の精巧な恐竜モニュメントは大好評であったということである。彼ら一人一人にはオミヤゲとして岡崎のパンフレットと共に観光ＤＶＤ（英語）をプレゼントし、「帰国後、一人でも多くの知人・友人に見せてＰＲしてください」とお願いしておいた。そんな小さな積み重ねが観光岡崎への一助となることと思う。アユの放流のように、彼らの中から日本に興味を持った者が再び来日したり、日本と関わりのある仕事に就く者が現れたりするかもしれない。日本に対して親近感を持ってくれるアメリカ人が一人でも増えてくれれば、我々の努力の価値は十分あると考えている。

＊２０１８年5月、5回目の訪問が行われた。

桑谷山荘跡地・整備事業

2015年
6月21日

平成24年12月に閉館した桑谷《くわがい》山荘の跡地利用については、昨年度地元の御意見をお聞きした上で、遊歩道を有した緑地公園としての整備が行われた。新しく植えられた樹木は、「日本原産の木」という国からの制限もあり、地元の希望によって選定されたものである。

岡崎市内から唯一海の見える施設として、長年市民にも愛されてきた桑谷山荘であったが、前市政の折にすでに2度目の廃止計画が決定されていた。

私の市政になってから、なんとか再興できないかとさまざまに智恵をしぼってみたが、自治体が行う事業としては赤字が大きく（年間約8千万円）、施設の老朽化と耐震性、そしてバリアフリー化の要請から建て直すほか、いかんともしようが無かった。

民間のノウハウで再生に挑戦する企業がどこかにないかと、金融機関のお力も借りて探したところであるが、取り壊しに約2億円かかる上、段差のある敷地に新築しなくてはならなかった。単に海が見えるということならば、他にもっと景観が良く整備の整った民間の施設がたくさんある中、わざわざ利便性の悪い立地に名乗りを上げる者は現れなかった。

東部地区の皆様の中には、山綱町の竹千代温泉が無くなった後、東部における保養施設として存続を望む声もあったが、前述の理由により赤字が不可避の施設事業を推進することはできなかった。（「やり方次第」と言われる方もあったが、それならぜひその方にお任せしたいものである。）

整備後の姿を実際に確認しておくために、5月10日（日）、東部地区に出かけた折に立ち寄ることとした。以下、その時に自ら足を運ぶ中で気づいた点を洗い出してみた。

まず気がついたことは、地元の公園として活用するだけでなく、遠足や観光バスなどによってお客さんを招こうとするならば、現在の駐車場（17台）では手狭ではないかと思われる。今後、来客の状況を見ながら対応を考えたい。

次に駐車場にあるトイレの便器の数が大小各1というのも気になった。行楽シーズンにお客が集中した場合、森の中で用を足してもらうことになるのだろうか？　また、水栓が手押し式になっている点にも時代を感じた。山上における水の出しっ放しが心配されると共に、車の洗車をされないようにするためである。この場所に自動販売機が置けないわけである。世の中、性善説だけでは対応できないのである。

坂道を上って久しぶりに展望台まで上がってみた。20年ほど前に来た時には、こんなことはなかったのであるが、坂道を3分の1ほど上った所で息が切れてしまい休憩する必要があった。現地の様子から革靴やハイヒールで上るのはツライことがわかる。落葉が重なり、足がすべる所も多く、ケガ防止のため運動靴の用意を呼びかける注意看板設置の要もある。

展望台からの良好な景観を確保するためには、樹木の適切な管理の要があり、国有林の部分については国との連携をしっかりとってゆきたいと思う。展望台の上には常設のコンクリート・ベンチがあるが少人数分のスペースしかない。1階と周囲の空きスペースに休憩用のベンチの設置を考えたい。ベンチは地元の間伐材を使いたいし、さらに高齢者のために、登坂経路にもベンチの設置も考えたい。設置プランを練っていた展望台の透明板による風よけであるが、シーズン中にはかえって暑苦しく、冬には来客も少ないことから再考したいと思う。他にも良いアイデアがあればぜひ教えて頂きたいと思っております。

人生、これ忍耐？

2015年
6月28日

先日、某新聞を読んでいたら、40代の男性が「妻のくだらない話が悩みの種」と書いている記事を見つけた。「主語がなく何の話だかわからない。盛り上がりもオチもないマシンガン・トークが延々と10分くらい続く」というのである。思わず「オーッ同志よ！」と叫びたくなってしまった。私がいつも家で思っていることと同じであった（不幸なことに彼の場合、対面して話を聞かされるそうだ）。

ことに、仕事で疲れ、ようやく家に帰りつきホッとした時にこれをやられるとたまらない。インディアンの待ち伏せをくらった第七騎兵隊のようなもので、ひとたまりもない。疲労感は倍増、不快指数は３００パーセントとなる。

しかもＮＨＫの定時ニュースを見始めたような時に限って話しかけてくる。そのため「人が国際情勢を考えている時に、隣の猫が屁をこいたみたいなくだらない話をしてくるな！」とか言ってモメることになる。いつもあまりのタイミングの良さに、嫌がらせでワザとやっているのかと思うほどである。

かつてカリフォルニア州のカーメル市長をやっていたクリント・イーストウッドは、記者から「夫婦生活を円満に長く続けるコツは？」と尋ねられた時、「忍耐の心で、ともかく妻の話をよく聞いてやることです」と答えていた。「さすがはダーティ・ハリー、クールだ」と当時感心したものであった。確かこのセリフを私は結婚式の祝辞の中で使ったこともある。ところがしばらくして、御本人のイーストウッドも離婚したため、「やはり、彼の我慢にも限界があったのか」と思った次第である。

新聞には、併せて妻対策も掲載されていた。「10分くらいのことなら我慢して聞いてあげてください」とか「聞いているフリだけしていればいいのです」とか、「時には怒った方がいい」から「自分が選んだ相手なのだから、あきらめなさい」、はたまた「ダンナの方もつまらないグチ話を

内田康宏 絵

繰り返すことが多く、お互い様」といった意見が寄せられ、最後は「くだらない会話でもあるだけマシ。夫婦間で会話の無くなった状態こそ危機的状況を招くことになる」という警句のような言葉で結ばれていた。

「あんなに情熱的であった二人なのに、〞あれから40年！〟」。どっかで聞いたセリフである。近年、60代の再婚が急増しているという。60代で再婚ということはこの長寿時代、死別より離婚の挙げ句というケースが多いのであろう。60面下《づら》げて再婚なんて、さらにめんどうくささそうである。そうならないためには「ただ忍耐あるのみか」と思うこの頃である。

秋篠宮家（赤坂御用地）訪問

2015年
8月27日

お盆休みの始まりでもある8月13日（木）、秋篠宮家を訪問することとなった。宮内庁の方へは、すでに先月、「悠紀斎田《ゆきさいでん》１００周年記念お田植えまつり」の御礼に伺っているので、今回は直接、秋篠宮殿下、妃殿下に御礼を申し上げる機会を頂いたわけである。

いかにも天皇のお住まいといった荘重な構《かま》えの皇居とは異なり、赤坂御用地にある秋篠宮邸は、青山通りに隣接した閑静なたたずまいの邸宅であった。

とはいっても、実質的に元赤坂二丁目の区画のほぼ全域を占める広大な敷地の一角にあるのである。かつて江戸時代には紀州徳川家の上屋敷のあった所であり、明治維新後、新政府に接収され天皇家に献上され今日に至っている。

大臣邸よりも厳重な入り口のチェックを通り、平屋建ての面会所へ我々の乗った車は通された。

悠紀斎田 100 周年記念お田植えまつり

この場所へ私が足を運ぶのはこれが2回目となる。1回目は9年前、皇室待望の男子、悠仁親王《ひさひとしんのう》がお生まれになった時であった。ちょうど県会議長として上京中であった私が、お祝いの記帳に参内《さんだい》することとなり、御用地を訪れた。それ以来のことである。

担当官のお出迎えを受けて案内された玄関の左手にある応接室は、天井の高い20畳ほどの洋間であった。生物学に詳しい殿下の御趣味であるのか、献上の品であるのかわからなかったが、50～60センチ程の大きさのみごとなオーストラリア・大ガニと、これまた全長50センチはある、足を伸ばして跳躍する大ガエルのはく製が展示されていた。

当日は、悠紀斎田１００周年記念事業実行委員会会長の野村弘氏と、副会長のＪＡあいち三河代表理事組合長の天野吉伸氏と同席であった。三人で展示品に感心して話をしているところへ、殿下と妃殿下は軽やかな足どりで到着された。

１００周年記念お田植えまつりの折の記念写真と共に、地元の八丁味噌、地酒、お菓子等の贈答品を献上させて頂いた。野村会長の挨拶と共に、市長として私も御礼の御挨拶を申し上げた。ことに、当日妃殿下が地元市民や子どもたちに親しく接して頂いたことを重ねて御礼申し上げた。「おかげでまた百年は継続します」と申し添えておいた。

10～15分ほどの歓談の予定であったが、秋篠宮御夫妻があまりに聞き上手であったため、ついつい来年の市制１００周年の話から、リバーフロント計画についてまで御説明申し上げてしまった。また、写真をお見せしながら東公園の恐竜モニュメントについてもお話をさせて頂くこととなった。

山階鳥類研究所総裁であり、日本動物園水族館協会総裁でもある殿下は、ことのほか生物学に造詣が深く、会話ははずんだものとなった。

ふと殿下の肩越しに、庭の風景がガラスを通して目に入った。よく見ると何か動物が動いている。何と2匹のカピバラが庭をゆるやかに移動していたのである。お尋ねしたところ、まだ他にもマーラやワラビーもいるとのことであった。そんな動物たちを庭で放し飼いにできる環境というものが東京の一等地にあるとは実に驚きであった。

皇室の皆さんが農業にお詳しいのは知られていることであるが、秋篠宮殿下も邸内でさまざまな植物を自ら育てておいでになるそうだ。アメリカで毎年行われている〝お化けカボチャ・コンテスト〟には、フォークリフトを使って移動させるような数百キロの重さのカボチャが登場する。しかし日本では気候も違うため、同じ種を使ってもなかなか大きなカボチャにはならないそうである。愛知県でも以前試みたことがあるそうだが、専門の農家の方でも数十キロのものが精一杯だったという。

ところが秋篠宮殿下はお庭の角で60キロのカボチャを作られたとのことであり、天野副会長もびっくりしておられた。そして話はカボチャから種無しスイカ、岡崎のぶどう狩りにまで及び、最後は幸田町の筆柿の話となった。私はもう少しで、地元の通称〝チ〇〇ガキ〟と口走ってしまいそうになり、あぶなかった。まさか不敬罪にはならないだろうが、岡崎の品位にかかわることになる。

30分余りの訪問であったが、実になごやかで楽しいひとときを過ごさせて頂き本当に感謝している。秋篠宮殿下は、礼宮《あやのみや》と呼ばれていた御幼少時のやんちゃなイメージと、長髪でヒゲをたくわえていたころのアヴァンギャルドな印象が強いが、今ではすっかり大人の風格をたたえられ、知的な紳士となられている。

御夫妻には、ていねいにも玄関先までお見送り頂いてしまった。これまで、秘書時代から県議時代を含め、皇室のお客様をお見送りしたことは幾度となくあるが、将来の天皇陛下になられるかもしれない方に、よもや車上の私が逆にお見送り頂くことになろうとは思わなかった。

今回の訪問は、秋篠宮殿下、妃殿下のフランクなお人柄を知ると同時に、新時代に向けて皇室が考えている新たな皇室のあり方を知ることのできた大変貴重な機会であったと考えている。

大阪トップセールス（岡崎版・吉本新喜劇）

2015年
9月25日

観光課の若手職員から、この度、大阪方面における岡崎市の効果的ＰＲ手法として「吉本興業が行っている新喜劇・地方展開プランを採用する」というアイデアが出てきた。これは吉本新喜劇に岡崎を舞台とした台本を使用してもらい、その中に岡崎市のＰＲを織り込んでゆくというものである。

私自身、一昨年来、トップセールスとして東京駅地下や茅ヶ崎市、福山市などへ出向き、オカザえもん、葵武将隊、さまざまな市民団体の皆様の御協力を頂きながら、〃家康公四百年祭〃と〃市制100周年〃についてのPR活動を行ってきた。

かねてより「岡崎市のセールスマンとして、何でもやる」と言っていた手前、「なんばグランド花月の幕間に出演してPR活動を行う」というオファーも二つ返事で承認していた。ところがどういうわけか、これが舞台に出演するということになってしまったのである。

7月14日、事前PRとして、座長のすっちーさんが岡崎市役所に挨拶にお越しになった。その折に、ファンの市民に多数市役所までおいで頂き、改めて新喜劇とすっちーさんの人気のほどを知ったところであった。

岡崎での記者会見に続き、夏まつり後の8月5日には、こちらから大阪に出向き、吉本興業・本社において現地記者会見を開いた。事前に打ち合わせを行った上で臨んだ記者会見であったが、プロの芸人さんと行う記者会見は、千変万化《せんぺんばんか》、融通無碍《ゆうずうむげ》なものであり、アドリブや突然の振りがありびっくりすることばかりであった。記者会見の場がそのまま芸の披露の場となっているのである。私に「ふんどし一丁でやりませんか」と言ってきたのもこの時である。

いずれにせよ、各新聞でさまざまに取り上げて頂いたことによって、ずいぶん岡崎のPRとなったことは御案内の通りである。改めて若い市職員の時代の空気を読むセンスには感心させられた。

そして8月22日（土）、いよいよ「なんばグランド花月」前と「あべのハルカス」におけるトップセールスと、新喜劇出演の本番の日を迎えることになった。

トップセールスにおいては、地元からの特産品PRに御協力頂く市民代表の方々とオカザえもん、葵武将隊の参加を得て、私も一通り〝徳川家康公没後400年祭〟と〝市制100周年事業〟のPR活動を行うことができた。現在、大阪では「大坂の陣400年天下一祭」の真っ最中であり、太閤さんとタイガースの大阪で、大坂の陣の勝者である徳川家康と岡崎のPRをするというミスマッチの感のある活動であったが、地元の皆さんはヤジ一つ無く、心やさしくお迎え頂き感謝、感激であった。

岡崎版吉本新喜劇の舞台

乙川リバーフロント計画について、市民対話集会を含め百数十回以上講演会を行っているにもかかわらず、未だに「新しい橋を作るだけだ」と思っている人がいるのに、吉本新喜劇についてはTVやスポーツ新聞で取り上げられたせいか、実に多くの方身が知っておられる。３年振りに会った人から最初にかけられた言葉が「吉本の出演、楽しみにしてるよ」であったのには、まいってしまった。最初はたいして重要なこととも思っていなかったのであるが、当日が迫ってきて、あまり多くの人から楽しみにしていると言われると私自身「エライことを引き受けてしまった」と思うようになってきた。

22日朝、岡崎を出発し、なんばグランド花月前にてトップセールス後、関係者と打ち合わせ、立ちゲイコ、さらに直前に舞台ゲイコを行い、本番に臨むこととなった。一緒に舞台に上がるのは昔からＴＶで観てきた名うての芸人さんばかりである。いやが上にも緊張感が高まってきた。

家でＴＶを観ている時は「くだらないことをやっているなあ」と思ったこともあるが、舞台上の笑いとは対照的な、舞台裏における脚本家、ＡＤ、出演待ちの芸人さんたちの張り詰めた表情、舞台から戻ってきた役者のホッとした顔。そうした緊張と弛緩の空気の転換を間近で見ていると、「この世界もつくづく大変な所である」と思わせるものがあった。一見くだらなく見えることを、真剣にやるからこそ、笑いが生まれるともいえる。何か笑いというものの本質、深さのようなものを見た気がした。

始まって30分、いよいよ自分の出番が近づいてきた。プロの芸人さんはその時の空気でアドリブが入るので、それがいちばん気がかりであった。

舞台の内容は、岡崎の〝ホテル花月〟で行われる結婚式における、人間関係の悲喜劇模様を描くものである（詳しくはＴＶで！）。

私のセリフは当初のものから大幅に削られてしまい、おかざきＰＲ隊長である「はんにゃ」の二人が私の話に割り込んできて勝手にしゃべって踊りを始めるということになった。

最後の最後まで関係者で検討を重ね、より面白いものを作り上げようとする吉本新喜劇の人々の真剣さと熱意は、これから私がＴＶで喜劇を観る時の見方を大きく変えるものになったことは間違いない。私の出演場面はともかく、舞台は面白いものであったので、あとは岡崎のＰＲがうまく伝わることを祈るばかりである。

おまけたちの時代

2015年
9月29日

ネコのミーちゃんが17歳9か月で亡くなって1か月近くになる。

これまで多くのお悔やみの言葉を頂き、ありがとうございました。ちゃんとお花と手紙を付けて送り出しました。

夜中に2、3時間おきに私を起こしてエサをねだるネコをうとましく思ったり、老ネコのエサ代が意外と高くつくこと、その他さまざまに世話のやけることを面倒に思ったりしたこともあるが、彼女がいなくなってみて、それらのことが自分の生きがいの一つになっていたことに気づかされた。

人や動物の死に直面する度に思うことであるが、今までそこにいることが当たり前であった者がいなくなると、その空間の空虚さというものが一層きわ立つものである。

今までミーが好んでたたずんでいた辺りの後ろ壁面に、実物大の写真のコピーを貼って朝夕話しかけている。その姿を見て女房は「バカみたい。それは老人性痴呆症の前触れよ」とか「全く、女々しい」などと言う。「お前が死んだ時には間違っても写真など飾ったりしないから安心してくれ」と言ってやれば、「私より7つも年上のくせに、私より長生きしようなんてアツカマしい」と返ってくる。とは言いながら、犬猫が亡くなった時に、黙っていても供花を用意してくれるのがこの人である。

17歳9か月と長生きしたミーちゃん

こんなことを書きながらネコの写真を見ていると、古いイタリア映画を思い出す。アンソニー・クインの出世作の一つでもある「道」である。フェデリコ・フェリーニ監督による、古めかしい白黒の映像と、ニーノ・ロータの哀愁に満ちた音楽がなつかしく感じられる。

アンソニー・クイン扮する大道芸人ザンパノは、粗野な乱暴者であり、大道芸の相方として知恵遅れのジェルソミーナという娘を雇って旅から旅の生活を続ける。そしてある時、ジェルソミーナにやさしくする「キ印」と呼ばれる男をケンカの末に殺してしまう。それまで奴隷並みの扱いにも健気に耐えてきたジェルソミーナは泣くばかりで仕事の役に立たなくなり、ザンパノに捨てられることになる。それから時が経ち、ザンパノは旅先の港町でジェルソミーナが4、5年前にすでに亡くなっていたことを知らされる。当たり前のように近くにいた明るい娘を失って、初めてその価値に目覚めたザンパノは孤独の悲しみの中に打ちひしがれるという物語である。ジェルソミーナ役のジュリエッタ・マシーナのくったくのない子どものような笑いが印象的な映画であった。かつて「あの女はお前に似ている」と嫁さんに言って、猛反撃をくらった思い出の映画でもある。

淀川長治氏ではないので、本題と関係の無い映画談義はここまでにして本題に戻る。

そもそもオマケの立場にあったのは、後から家族に仲間入りした3匹の捨てネコ、ピーコ（白黒）、プースケ（白茶）、トラオ（キジトラ）のことである。

これまで、先般亡くなったミー（三毛）、昨年死んだ犬のアル、そして行方不明の猫キック（白黒）

の先輩たちに気兼ねしながら生きてきたような3匹のネコたちの態度が急にデカくなったような気がするのだ。

私としては、今までどの犬や猫に対してもすべて自分の子どものように接してきたつもりであるが、動物の世界には彼らなりの序列があったようである。

それまで年長ネコのミーのいる私の部屋に他のネコたちは滅多に入ってこなかったし、侵入でもすればたちまちミーの本気攻撃を受けることになった。そのせいか、いつもミーと一緒にいる私にもあまり近づいてこなかったのである。

ところがアルとキックに続き、ミーの姿が見えなくなってから彼らの行動が変わってきた。横になっている私に近づいてきて体の上に上がってきたりするのだ。彼ら3匹のネコは、自分たちは後から来たアミちゃん(犬)よりも上位であり、「いよいよ我らの時代が来た」と思っているのかもしれない。〝おまけたちの時代〟の到来、いわば世代交替である。

これまでもそうであったが、飼っていた動物と、その頃の時代というものが妙にリンクして記憶に残っているものであり、今回家の動物たちの変化の様子を見るにつけ、また時代が一つ変わったということをつくづく感じている。

思い出しついでにミーのことをもう一つ書く。昨年亡くなった義母が生前、私が出張中のミーの様子をこんな風に話していた。

「ヤっちゃんが家にいない時、夜ミーちゃんが2階から階段をトコトコ下りてきて、下の部屋を見渡してガッカリしたように戻っていく姿を見ると何だかかわいそうになっちゃうわよ。後でのぞいてみると、あなたのベッドの上で一人(?)で寝ているのよ」とのことであった(今いるネコ共は気まぐれな奴ばかりで、誰もこんなことをしない)。

私が家に帰った時に玄関まで迎えてくれるのがアル(犬)とミー(猫)であっただけに、最近一層自分がザンパノになったようなさみしさを感じている。

ピーコ

プースケ

トラオ

「岡崎版・吉本新喜劇」放送くり上げ騒動

2015年
10月3日

世の中はさまざまなところで予想外のことが起こるものである。

事前に吉本興業を通じてテレビ局に問い合わせたところ、「関西圏では9月12日、東海圏では10月17日に放送」という連絡を受けた。そのため「市政だより」や市のホームページはもとより、私のホームページや後援会のフェイスブック、地元タウン誌「リバ！」のコラムなどで放送の告知を行った。また、フェイスブックやツイッターを経由して個人的に宣伝してくださっていた方々まであった。

ところがいつの間にか10月17日（土）の放送予定が9月26日（土）に変更となり、変更を察知したのが放送日の前日となってしまった。それもたまたま一市民から放送日時の変更についてご指摘を頂いたため気がついたことであった。そのため前日の25日は、市の関係部局、後援会事務局共に大あわてで各方面へ放送時間の訂正連絡を行い、一日大わらわであったそうである。

突然の3週間前倒しに、業界の内幕を知る人から「テレビ局の意図的な思惑によって変更したのではないか？」という声もあったが、実際は他番組の放送・変更に伴う繰り上げ、ということのようであった。いずれにしましても改めてお詫び申し上げます。

昨今、落ち目のテレビ業界といわれてはいるが、まだまだテレビによる情報発信力、大衆社会におけるお笑い芸人の影響力には大なるものがあるようである。

これまで「乙川リバーフロント地区整備計画」について、市民対話集会、ロータリークラブ、ライオンズクラブ、各業界団体、小・中学校、町内会、有志の会等、要請があればどこにでも出かけてゆき、大小２００回以上の講演会ならびに説明会を行ってきた。

そうした努力にもかかわらず、未だにこの計画を「人道橋を造るだけ」「橋のライトアップをする程度のモノ」と思っておいでの方がいる。新聞各社の紙面にも何度も取り上げて頂き、市の広報やホームページでの特集、パンフレットの全戸配布、また私や後援会事務所からのブログやパンフレット配布による広報活動、「リバ！」への記事投稿等、思い当たることはすべて行ってきたつもりであるが、衆知に対する限界を感じることもあった。

ところが「よしもと新喜劇」に出演するとひとたび告知をするや否や、人気番組であることもあって、町を歩いていてもエレベーターの中でも、知人はもちろんのこと、見ず知らずの方からまで「楽しみにしてるよ」と声をかけられることが度々であった。

記者会見において〝芸能人を使ったＰＲ活動〟の是非について質問を頂くこともあったが、今日的大衆社会における情報発信は、残念ながら理性や知性に訴えるモノよりも、感性や情緒に訴える視覚的・刺激的な作戦の方が明らかに効果大のようである。

後援会事務所では、放送時間変更の対応策として婦人部の有志を募り電話作戦を行ったと後で聞かされた。そのことがかえって効果を発揮したのか、あるいは当日、地元新聞が好意的な放送時間変更記事を掲載してくれたおかげなのか定かではないが、反響の大きさに改めて驚かされている（もともと少なかった私の出番が、テレビ局の編集によりさらに短縮されている点は御容赦願いたい）。

何年も会っていなかった友人や遠方の知人から「テレビ見たよ」という電話やメールが続き、手紙まで届いている。前・犬山市長の田中志典さんからは御丁寧な感想のお手紙まで頂き、恐縮している。テレビと「よしもと」の力には今改めて、脱帽である。

今回のプロジェクトは、関西圏での初のＰＲ活動として何が効果的かと、観光課の若手職員が考え出した手法であり、なんばでの街頭宣伝や新たな商業施設である「あべのハルカス」における岡崎市の観光ＰＲ活動の一環として実施されたものである。

そもそも〝吉本新喜劇〟が最近再びブームに乗っていることもあって、私たちが予想もできない所までもその影響が及んでおり、うれしい誤算でもあった。今回のＰＲ活動が直接的にどれほど岡崎のＰＲに役立つものとなったかは分析が必要であるが、これまで県外においてはローカルなイメージとしてとらえられている岡崎市の存在感のアピールと「岡崎ってどんな所だろう?」と関心を喚起するものとなったと思っている。

人はとかく、自分と関係の無いモノ、直接的に影響の少ない事柄に対しては目を向けないものである。そうした大衆社会の現実を考えた時、さまざまな手法による試みを行うことも意味があると思っている。これからも若手職員の革新的なアイデアや提案、民間からの積極的な御意見をお待ちしている。絶対確実な政策というものはあり得ないが、これからも多様な意見の聴取と、これまでの経験を基にしたさらなる岡崎市の活性化と飛躍をめざしたいと考えている。

よそ者と三河者

2015年
10月7日

時に「三河人(岡崎)は保守的だ」と批判的に言われることがある。そこでなぜかと問うと、「よそから来た人間や、異なった考え方を容易に受け入れようとしない」と言うのである。

しかし、そんなことは世界中どこに行っても大なり小なりあることで、特にこの地域に限った問題ではないはずである。〝よそ者の寄り集まり〟の場所である大都市と比べるから、そんな意見が出てくるものだと思っている。

確かに昔から「親子三代以上の付き合いのある人間なら信用してもよい」という言葉を耳に

することがあるが、そんなことは地方に行けばどこにでもある生活の知恵の一つであると思う。アメリカ合衆国のような移民国家であっても、お客さんとして訪れた人には親切であるが、競争相手の一人として移り住んで来た人間は、大都市でもなければ、簡単に地域社会に受け入れられるものでもない（第一、大都市は地域意識が薄い）。

以前、ペンシルバニア州の郊外の町を訪れた時に、地元で30年以上開業医をしている中国人医師と知り合ったことがある。彼から「地方では仕事がやりにくいので、アジア人の多いカリフォルニア州へ引っ越すつもりでいる」と言われたことを思い出す。

歴史を振り返るまでもなく、アメリカでは人種や宗教の問題もあり、より複雑であるが、医師のように社会的地位の高い人物であっても、社会適応に困難性がある所もあるのである。

まして日本のように長い定住農耕社会が続き、各地で独自の文化や伝統、郷党《きょうとう》による人脈が育まれてきた国において、大都市圏でない限り、保守的傾向が強いのは当たり前のことであろう。ことにこの岡崎には、徳川家康という人物のもと、三河武士のたぐいまれなる団結力により天下を取ったという歴史的背景がある。そうした伝統がより大きく残っていたとしても当然のことであると思っている。

私の市政になってから推進している、国交省の「かわまちづくり」「歴史まちづくり」事業を機軸とした〝乙川リバーフロント構想〟に対し、「岡崎市民の中には岡崎生まれでない者もいる」と言って批判をされる方がおいでになる。しかし私は一度もそうした人たちを敬遠したことはないし、「市民でない」と言った覚えもない。残念ながら、生まれ育った土地の違いによる、価値観の違いと共通の思いの欠如はいかんともしがたいものがある。それでも、岡崎に住むことによって、岡崎独自の価値の存在は理解してもらえるものと思っている。

武者行列

私は30年近く、地元で保守政治家の一人として仕事をさせて頂いているが、この仕事ほど地域との密着性の高い仕事はないと思っている。そもそも「保守」とは、文化の一形態であると同時に、政治理念の一つでもある。そうしたものを批判する御仁《ごじん》というのは、そこにその人の思想的立場がうかがえるような気もする。

現に岡崎では、よそからやって来た人の中でも、うまく適応している方々がいくらでもおいでになる。事業で成功された方、町内の役員や総代、市議となって活躍しておられる方の例もたくさんある。ただしそうした方々は皆、三河（岡崎）の伝統、習慣というものを尊重し、自ら地域社会になじむための努力をされている。

「よそ者」と呼ばれると言って文句を言う人たちには一つの共通点がある。それは自分たちの考え方、自分たちのやり方を強引に通そうとする点である。通すためには、地域の理解を得て多数派を形成しなくてはならない。そもそもそうした手順を越えてコトを運ぼうとするワガママに問題があるような気がする。自分たちにある問題点を三河の保守性にすりかえているだけなのである。

誰しも中学校の英語の授業で習うことわざがある。

“When in Rome, do as the Romans do.”（ローマに行ったら、ローマ人のように振るまえ）

これは「郷に入れば郷に従え」ということである。

ところが世の中にはどうしてもこれができない人たちがいる。どこに行っても自分のやり方、考え方を通用させたいと思っている。

私がもしよその土地に行って生活することになれば、当然その地方の伝統、文化、習慣、しきたりを尊重して生きてゆくことになるだろう（もっとも、政治などという面倒なことに首を突っ込むことはないだろうが）。

今、日本全国でさまざまな「地方創生」の試みが行われているが、それぞれ各地方独自の自然や歴史遺産、文化や先人のなした偉業といったものを「まちおこし」の材料、きっかけ、目玉商品として使っている。もし、そうでない所があればぜひ教えて頂きたい。まず一つの例外も無く、それぞれの地域の特性を活性化の道具として使っているはずである。

そうした試みが保守的で悪いとするならば、そもそも「地方創生」は成り立たないことになるだろう。

私はこれからも三河の伝統や文化に対する自信と誇りを胸に、ふるさとの自然や先人の偉業・遺産と共に、この岡崎をしっかりとＰＲしてゆくつもりである。

マイナンバー・42番

2015年
10月27日

先日、病院で手渡された薬の引換番号が42番（死に番？）であった。元来こうしたことに無頓着な私であるが、これでもかとばかりに42の数字が４つの薬袋に大書されて並んでいるのを見るのは、あまり気持ちの良いものではない。御ていねいに袋の中の説明書にも42の数字が並んでいた。

単なる番号、区別の数字とはわかっていつつも、やはり42番の袋を使う気にはなれず、前回もらった53番（これもゴミ）の袋を継続して使うことにした。私のようにモノゴトを割り切って考える人間でもこうした行動をとってしまうのだから、ましてや高齢者や重篤な病気の方の場合、数字や番号というものにさらに神経質に反応されるかもしれない。

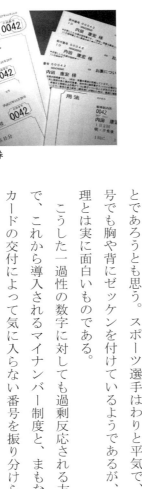

以前、「病院で渡された受診番号が9番、13番、42番だった」という文句のお電話を頂いたことがあった。その時は「ただの整理番号なんですから……」とお話したものであった。第一、ただですら大忙しの大きな病院に対し、こうしたことまで配慮を要求するというのは無体なことであろうとも思う。スポーツ選手はわりと平気で、どんな番号でも胸や背にゼッケンを付けているようであるが、人間の心理とは実に面白いものである。

薬の引き換え券

こうした一過性の数字に対しても過剰反応される方がいる中で、これから導入されるマイナンバー制度と、まもなく始まるカードの交付によって気に入らない番号を振り分けられた人はどうするのであろうか？　一生不変のマイナンバーであるだけに少々気になるものである。

担当部署に確認したところ、国の手続きが遅れており、愛知県での配布は11月にズレこむ見込みであるという。

ところでわかったようでよくわからないマイナンバーであるが、具体的には12桁の数字であり、これが一生、一人の人間を証明する番号となるのである。基本的にこの番号は変えることができない。ただし不正使用されたり情報が漏れたりする可能性がある場合は、例外的措置として変更が許されることがあるという。単に「番号が気に入らない」というのはダメだそうである。

「通知カード」には、各個人の氏名、住所、生年月日、性別のほか、12桁の数字が記載されている。今後、さまざまな社会的手続きの折にはこの番号が必要となる。児童手当や失業手当、年金受給の手続きや一定額以上の保険金の受け取りにも必要となる。なお希望すれば顔写真付きのプラスチック製の「個人番号カード」にすることもできる。通知カードに付いている申請書で申し込むと、市役所で、無料で個人番号カードを受け取ることができる（インターネットによる申請も可能）。いわば新しい身分証明書であり、このカードを持っているとさまざまな手続きが早く、スムーズにできるようになる。

マイナンバー通知カード

マイナンバーの決定の仕組みは、すでに使われている住民票コードを基にして、コンピューターを使ってアトランダムに変換して設定される。数字の並びには何の規則性もないという。そのため、親子、兄弟の間でも関連性のないバラバラな数字で成り立っているそうである。それがマイナンバーの安全性の根拠となっている。

「4242　4242　4242という番号になることはないのか？」という質問をしたところ、「そういう単純な数字の羅列が作られることはない」ということであった。そういうことであるからして、気に入った番号を持つというようなことは考えず、「しょせん単なる分類番号」と考えて、あまり数字の意味については考えない方が良いだろう。

そういえば「マイナンバー」という名前からして、「ナンマイダー」と聞こえるという人もあり、トラブルさえ無ければあまり深刻に考えない方が良いのかもしれない。

岡崎に宇宙への窓を

2015年
12月10日

岡崎市にはご存じのように明大寺の山頂に「自然科学研究機構」の3分野の研究所（分子科学、基礎生物学、生理学）がある。そうした縁から、全国市長会理事会の要望活動で上京した折に、三鷹市にある「自然科学研究機構」の国立天文台に視察に出かけることになった。

現在進めている東公園の整備の一環として、動物園、植物園、恐竜を配した森の周回ゾーンに「宇宙」を付け加えることも構想のひとつにしたいと思っているからである。「国治《くにはる》天文台跡地と用地的に利用可能なスペースの両方を使って、宇宙をテーマとした施設を造ることができないか」ということを私は個人的に考えている。

東公園において、自然の森、草木の美しさと郷土の歴史を楽しむエリアと動物園、恐竜に加えて、ビッグバンから始まる宇宙１４７億年の歴史、太陽系46億年、地球における38億年の生命進化の過程を全体像としてとらえるような施設整備を将来的に進めてゆきたいと考えている。

ＪＲ岡崎駅前に想定されていた子ども科学館の建設を取り止めたのは、渋滞と混乱を心配する地元の声と、駅前スペースの交通機能としての利便性を考えてのことであるが、子どもたちの宇宙への目を開くきっかけとなる施設（プラネタリウム等）は必要と思っていた。

このところの施設の映像関連の技術革新には目覚ましいものがある。名古屋市科学館のプラネタリウム（１６８億円）のように世界最高のものをめざすのではなく、あくまで宇宙に対する子どもたちの関心を高めるための施設として考えるならば、かなり安価に整備することができるということを聞いている。さらにこの施設には図書館、博物館機能を併設し、都市化により周囲が明るくなり過ぎたために廃止された国治天文台に替わる新たな天体観測施設も加えたいと考えている。これも宇宙や天体への手ほどきを目的とする程度のものならば、天体観測機器の技術革新によって、小規模なもので十分な施設ができると考えるからである。

国立天文台をめざして東京の中心地区の喧噪を抜け、中央線を進むうちに、緑の風景と共に武蔵境の駅に到着した。「国立天文台・三鷹キャンパス」というだけあってまるでアメリカの大学を思わせる、緑の木立の多い、歴史を感じさせるたたずまいであった。この国立天文台は東京天文台を前身とし、大正時代に麻布飯倉より三鷹に移転してきたという。構内には大正期の様式を残した古めかしくも格式ある建物が並んでいる。

国立天文台

到着後、事務所棟で施設の概略の説明を受けてから、個別の施設見学に向かった。日本最大のモノという屈折式望遠鏡（口径65センチ）に向かう直線の並木道は〝太陽系ウォーキング〟と名付けられている。１００メートルの沿道上には太陽系が１４０億分の１で表現されており、太陽から土星までの模擬宇宙空間に水星、金星、地球、火星、木星の各惑星の縮尺模型が解説パネルと共に順番に並べてあった（海王星と冥王星は８００メートル先になってしまうため、近年発見された小惑星と共に最後にまとめて表示されていた）。これは惑星間の距離感と惑星同士の大きさの比較を実際的に体感でき、大変わかりやすいものである。

長男が小学生のころ、夏休みの宿題としてB紙上で同様の天体図形を作成したことがあり、大変なつかしい思いがしたものである。１００メートルを２００歩で歩くとすると、１歩は７００万キロになるそうである。もし同様のモノを造るならば、御協力頂けるということであり、費用も大してかかりそうではないためぜひ実現したいと考えている。

65センチ屈折赤道儀望遠鏡

今回、国立天文台を訪れた一番の目的は、この地にできた「４次元デジタル宇宙プロジェクト」（4D2U）による宇宙の映像を確かめることであった。現在東公園に本格的な天文台を築く計画はないが、できることならば宇宙空間の様子を目で見て学べる映像シアターを造れないものかと考えているからである。

このプロジェクトが制作した「４次元デジタル宇宙コンテンツ」は、太陽系をはじめとする天体や天体現象をタテ、ヨコ、タカサの三次元に時間を加えた四次元の空間で目で見て理解できるようにした映像システムのことである。最新の観測装置から得られるデータやスーパーコンピュータによるシミュレーションのデータを科学的に立体映像表現することによって、まるで宇宙船に乗って宇宙旅行をしているかのように、宇宙の姿を目の当たりにできる。このソフトウェアを使うと、太陽系をはじめ各銀河系など宇宙の多層構造を映像的に知ることができるのである。

こうしたソフトは、愛知万博の時に公開されたように海中、空中、昆虫や鳥の目から見た風景など実に多岐にわたったものがあり、季節や時期に応じて多様な応用もでき、もしこうした施設を岡崎に造ることができれば研究、教育はもちろん、社会のさまざまな活動で利用できるものと考えている。

さてその日は、私が何気なく「子どものころ、少年サンデーの正月号の表紙に描かれた土星と鉄腕アトムが飛んでいる絵の土星の輪のイメージが今も強く残っている」と言ったことで、「それでは今日は、まず現在観測されている宇宙の果てまで行って、それから土星を探索してみましょう」という話になり、映像ショーが始まった（行き先は選択設定できる）。このドームシアターは定員40名程であり、1日4回、毎月3回公開されており、事前申込み制で運営されている。

シアターで３Ｄメガネを手渡され、シートに座った私たちはそのままロケットの操縦席についたアストロノーツ（宇宙飛行士）となるのである。ディズニーランドではないので、座席の震動や発射音こそないものの打ち上げの臨場感は十分である。

順番に各惑星が立体的に近づいてくる。太陽系を抜け、さらに外側の天の川銀河を後にすると、そこには大小さまざまな銀河群が天空一杯に広がっており、我々の生存空間、認知空間というものがいかに矮小なものであるかを思い知らされる気がした。真っ暗な空間は、まだ観測が進んでいないエリアと未解明の暗黒物質（ダークマター）で満たされた部分だそうである。

最後にガス惑星である土星をめぐるコースに入った。土星の表層の目玉とシマ模様は有名であるが、近くで見る映像はまた興味深いものがある。ことに、細かい（数センチから数メートル）氷の集合体である土星リングを間近で見ながら中を通過する様は圧巻であった。なおこのムービーは天文台シアターでの上映の他、ウェブからダウンロードして個人的に利用することができるようになっている。

今回仮想訪問した土星は、鉄腕アトムというよりも、12月生まれのヤギ座である私の守護星がサターン（Saturn 土星）であるという方が私の趣向に合っていると言っておきたい。

◆2016年

若き徳川家康公の騎馬像、建築へ

2016年
2月27日

乙川リバーフロント計画の看板事業の一つである、東岡崎駅前に設置予定の若きの日の徳川家康公の像のイメージ・デザインがようやく決定をみた。

「岡崎は徳川家康の生誕の地と言うくせに、駅前に像の一つも無いではないか」

これまでこうしたセリフをよく言われたものである。私も個人的に何度も悔しい思いをしたことがある。市民の中にも同じ経験をされた方も少なくないことと思っている。それゆえ私は、先の市長選以来、ことあるごとに「東岡崎駅前に、仙台の伊達政宗公やロシアのピョートル大帝の騎馬像に負けない、若き日の家康公の像を建てたい」と述べてきた。

そんな私や、多くの市民の思いを踏まえて、リバーフロント整備計画に市民と岡崎の新時代のシンボルとして、若き家康公の像の建築計画が盛り込まれることとなった。そして、２００回を超える講演会、説明会、対話集会を通じて議論を重ねる中で、昨年６月に設置したのが「徳川家康公像デザイン検討会議」である。大学教授や歴史研究家、各文化団体の代表といった専門家や市民代表ら10人のメンバーで構成された検討会議によって、具体的なプランの検討が始まった。

その後、子どもたちも対象とした市民参加によるデザインコンクールが行われ、改めて家康公像に対する市民個々の思いを確かめ、建設への気運を高めると共に、検討会議においてさらなる歴史的考証を加えて、デザインの基本となる方向性が岡崎市に提言された。

検討会議の協議の結果、日本芸術院の会員であり、我が国の銅像制作の第一人者であり、馬の像の制作において実績のある神戸峰男《かんべみねお》先生が推薦された。市としてもさらに調査、検討の上でお願いすることを決定した。

神戸峰男先生

神戸先生の作品は、近くでは碧南市の大浜熊野大神社に神馬像があり、同じく碧南市の藤井達吉現代美術館には藤井達吉翁像が展示されている。先般、私も現地に出向き実物と対面してきたが、表現力が豊かでリアリティにあふれる見事な作品であると思った。

先日（2月22日）発表された家康像のデザインは、顔については生前の家康公にいちばん似ていると言われる京都・知恩院《ちおんいん》にある木彫の「徳川家康坐像」をモデルにしている。

松平元康は松平家康と名を変えたのち、25歳の折に、人生の再出発を期して松平から徳川に姓を改め、朝廷から正式に認められた。その当時はまだ先祖伝来の古めかしい鎧・甲冑に身を固めており、今回の騎馬像はそうしたイメージが十分再現され、時代考証の方もしっかりなされている。

また若き日の家康公は乗馬が得意で弓の名手（免許皆伝）でもあり、「馬上の将」とも「海道一の弓取り」とも呼ばれていたという。今回、騎乗姿で弓を持つデザインとなったのは、そうした伝承を元に岡崎市内の名跡を歩いた神戸先生の着想によるものである。イメージ形成のために神戸先生が10分の1サイズで造られた粘土像を、神戸先生の友人で仏像写真家として有名な山崎兼慈《やまざきけんじ》氏に撮影して頂いた。

応仁の乱以来百数十年続いた戦国時代という暗黒の世を終わらせるべく、一人の若者が立ち上がった姿をイメージしており、まさに家康公の旗印であった「厭離穢土《おんりえど》・欣求浄土《ごんぐじょうど》」という言葉を体現したようなできばえである。この粘土像もポスターとして活用することにしている。

具体的な騎馬像の設置場所としては、東岡崎駅北東に建設予定のペデストリアンデッキの北端が考えられている。背景に乙川の流れと緑を配するロケーションとなる。また像の大きさは、設置場所の広さと高さ約2メートルの台座の上に置くことを考え、等身の1.5倍とし、デッキの完成する平成30年度中の完成をめざしている。

制作費については総額約7000万円となる見込みであるが、このサイズの作品を一流の作家に業者を通して依頼すれば、通常1億円以上が通り相場であるという話も聞いている。今回、神戸先生のような大家の方が我々の想いを形にし、作家人生の集大成としての作品とするべく心血を注いで制作に取り組んで頂いていることを喜びとするものである。

この像は市民の愛郷心の象徴とするべく、市民からの浄財による募金を主な財源として考えているので、ご理解、ご協力のほどお願い申し上げる次第である。まだ正式な募金活動は行っていないが、もうすでに私の話を耳にされた企業や個人の方々から200万円ほどの寄附金が集まっており、この事業に対する市民の特別な思いと関心の高さというものを改めて感じている。ぜひとも少額であっても、子どもたちが「あの像を造るのに僕のお小遣いも使ったんだよ」と自慢できるようなモノにしたいと思っている。

そしてこの家康像は、単なる観光のスポットとしてだけではなく、これから青雲の志を抱いてふるさと岡崎を旅立って行く若者のつかの間の立志の誓いの場として、あるいは人生の壁にあたった方々が、桶狭間の戦いで敗れた松平元康が再起の心を持って徳川家康に改名し、天下統一と平和国家建設に向けて歩みを始めた故事にならい、再出発への思いを奮い立たせる場となればとも考えている。

いずれにせよ、この度決定したデザインは、青年期の若々しい家康公の姿と躍動感あふれる騎馬がマッチした素晴らしいものであり、明治維新以降に広められたタヌキオヤジ的イメージを払拭し、市民の愛郷心の証として、岡崎の新たなシンボルとして末永く愛されることを望むものである。
＊現在、２０１９年完成に向けて準備中。

ＪＲ岡崎駅東・交流拠点整備計画決定！

2016年3月12日

岡崎市は長年、南部開発の重点事業としてさまざまな区画整理事業に取り組んできたが、その仕上げの一つであるＪＲ岡崎駅東の市有地（１万１０００平方メートル）の整備計画の概要が決まった。

３００人収容のコンベンションホールと、10室ほどの高級仕様ホテル（注・ビジネスホテルは駅周辺に複数ある）、音楽堂、レストラン（オーベルジュ Auberge）、カフェに加え、噴水とくつろぎの空間を持つ公園を核とした複合施設が建設される。また、自転車の屋内駐輪場も併設される。

このエリアは前市政において、子ども科学館の計画のあった場所であるが、地元からは「ただでさえ手狭な空間に駐車場も無い新施設を造れば、交通渋滞の悪化を招くことになる」という反対の声が多かった。

そこで地域の実情を考慮して、岡崎市主導で民間公募を行った。３社の打診があり、コンペによって外部有識者を交えた審査を行った結果、今回のプランが採用されたものである。開発事業及び運営は民間が行い、市に対しては今後30年間定額の借地料収入が入ることとなる。本市としてはコンベンションホール付きのホテルの建設が待たれていたところであり、まさに願ってもないことであった。選定結果の報告を受け、大変センスのいいプランに決まり副市長ともどもニンマリしたところである。

とはいえ本市にシティホテル級の施設はまだ十分でなく、今後も積極的に対応してゆきたいと思っている。

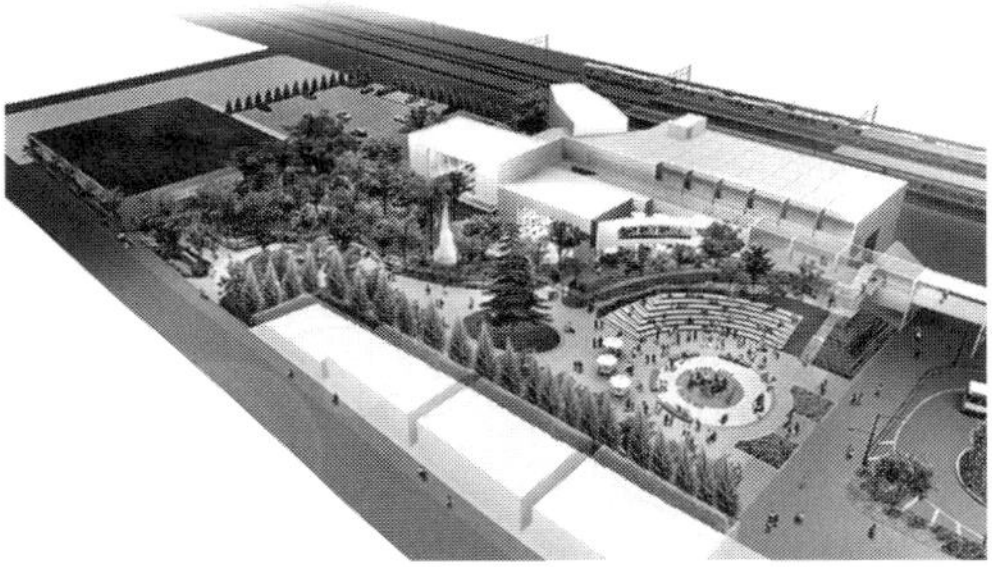
JR岡崎駅東・交流拠点整備計画

先日、今回の民間活力導入のプランについて、事業費用の比較を論じる報道がなされた。単純にＪＲ岡崎駅東の事業と東岡崎駅周辺の整備を同列に並べ、単年度事業費に10

倍の格差があることが批判されていた。しかしこの比較の仕方はわざわざ批判をするために意図的につくり出したものとしか思えない。そもそも東岡崎駅周辺事業は歴代市政の課題であり、前市政の積み残し事業である。ペデストリアンデッキ計画も本来駅の正面に設置予定であったものが、地元の頑強な反対のため今の計画に変更されたものである。

そのように完全に別個のプランであったものを、私の市政になってから国の補助事業とするため「乙川リバーフロント計画」に編入したものである。「国の補助金でも税金だ」という追記が報道されたが、「いかに国・県の補助金を多く取ってくるか」が全国の地方自治体の首長に課せられた重要な仕事である。それが首長の評価の一つとなり、腕の見せどころともなる。そんなことも知らないのだろうか？　それに、そもそも国の税金の算段は国会議員の仕事である。

そしてもう一つ、これまで長年にわたり事業の推進のため努力してきた担当部局の職員のためにも、市長として反論をさせて頂く。

今回の二つの事業は両方とも当初より、岡崎市の主導で行われているものである。片方は民間、もう一方は公共と、

ＪＲ岡崎駅東口。
建設予定地である南側の空き地

単純に区別されるものではない。

わかりやすくたとえるならば、「Aのケースは応接室の増築に500万円かかった。Bのケースは土地を買って基礎工事を行い家を新築したら5000万円かかった。AはBの10分の1だから経済的に正しい選択だ」とでもいうようなトンチンカンな論理である。

JR岡崎駅東口の「シビックコア地区交流拠点整備事業」は、すでに公共による区画整理事業で用地が確保された土地で行う民間資本の事業である。「東岡崎駅周辺地区整備事業」については、用地交渉から始まり、用地の買収を経て道路や広場などの基盤整備までを本市が行う事業である。すでにでき上がった土台の上に作るものと、土台から作り上げるものの費用が違うことくらい子どもですらわかる理屈である（なお後者も民間導入が計画されている）。

そして忘れてはならないことは、東岡崎駅周辺の開発事業は単なる一事業ではなく、岡崎独自の伝統と自然景観を活かした観光事業と関連するものとして考えられている特別な計画であるということである。

そのように条件の違うものを恣意的に同列に並べて数字の比較だけで論ずるセンスにはあきれるばかりである。そこに唯物主義的思考の存在を感じるのは私ばかりではないと思う。よく若手記者が功名心に駆られ、こうした記事を書くことがあると聞いたことがあるが、今回の記事はいかにも悪意に満ちたものであるため、本市の名誉にも関わると思い一文を書した次第である。

選挙制度と政治家の質について

2016年3月19日

かつて中選挙区制の時代、各選挙区は3～6くらいの定数があり、投票結果により上から順番に当選が決まってゆくシステムであった。ある意味、単純ではあるが個別の選挙区においては公正な制度であったといえる（衆院選に比例代表制が導入されたのは、小選挙区になった平成8年以後）。

しかし、当選のためには多くの支持票が必要であるため、大企業の労働組合、農協や地域の有力団体、宗教団体などの支持を受けられる候補者でなくては、立候補はしても当選はおぼつかなかった。また保守の候補者においては「地盤」（後援会）、「看板」（知名度）、「カバン」（資金力）の3つを持つことが当選への必須条件といわれていた。そのため、衆議院議員の3分の1程が世襲の議員となる弊害（?）が生まれたともいわれている。それが政治的に悪い結果を招いているかはともかくとして、公平ではないという議論が出ることとなった。

中選挙区制のシステムが始まってから、戦後の政界はほとんどの期間、自民党の天下であり、自民党を通さなければ大きな事業の予算の獲得は困難という時代が長く続いていた。当時、与党と野党は国会ではハデな論戦を繰り広げていたが、これは言わばセレモニーのようなもので、裏では野党の議員が自民党の有力議員に頭を下げて陳情をしているケースを、私は秘書時代に何度も目撃している。政界の実態は自民党の中の派閥力学によって決せられ、動いていたというのが実情である。

私が安倍晋太郎代議士（晋三総理の父）の秘書であった昭和50年代というのは五大派閥（田中角栄、福田赳夫、大平正芳、三木武夫、中曽根康弘）による合従連衡《がっしょうれんこう》によって大臣をはじめとする役職・人事が配分され、政治権力の秩序体系が形成されていた時代であった。そのため衆議院議員の選挙はおのずから派閥の対抗戦、勢力争い（ナワバリ争い）の色彩となっていた。

野党と与党は支持基盤が異なっているため、政党間の争いは強力な地元組織の形成の難しい都市部を除けば、地方に於いては浮動票の奪い合いがあるくらいで、いわば「スレ違いの戦い」であるといえた。

反対に熾烈を極めたのは保守同士の戦いである。「人殺し以外は何でもあり」といわれたほどであり、戦国時代の謀略・かけ引きのようなことが実際に行われていた。よってこの時代のことを「自民党戦国時代」という名で呼ぶ人もいる。民主主義の原則として本来政策で争われるべき選挙が、相手への誹謗中傷を含む異質な競争（怪文書をばらまく）などの低レベルの争いとなることも珍しいことではなかった。〝五当・四落〟（5億使えば当選、4億では落選）といわれたように、選挙にもお金がかかり政界の有力者になるには資金力も重要な要素となっていた。当時は政治や選挙にお金がかかるのは当然と考えられる時代でもあった。

その頃は自民党内の派閥が党内党としての役割を果たし、本来の政権交代の代替機能を行うという〝日本型民主主義〟の形態が続いていたものである。しかし単独政党による長期政権が腐敗の温床となりがちであることはどこの国、いつの時代でも同様である。やがて世論は政党の政権交代によるチェック機能が働くことを望むようになり、小選挙区と選挙の公費負担制度が平成8年（1996年）から始まった。

昭和54年12月。
福田赳夫元首相の事務所の忘年会にて

ところが小選挙区制では一選挙区から1人の政党候補しか立候補できず、現職優先の原則により有力な新人の立候補が困難となった。そのため、立候補のために考え方の違うはずの他党へ移ったり、新たに設立された新党に参加したりするなどの流れが生まれた。それまで選挙によって新陳代謝が行われてきた保守政党において、この流れは政党の基盤を弱めることにつながった。

保守政党の分裂・弱体化に伴い、政権交代がなされるようになったものの、経験不足の素人の多い新党の政権担当能力については、私たちがこの10年の変遷の中で体験してきた通りである。選挙制度の改革と公営化によって、建前上、誰でも立候補しやすくなった点は改善と見えるものの、旧来のように、政党や組織、政治的環境の中でもまれ、候補者としてのわきまえや政治家としての知識を身につける機会のなかった候補者の出現は、新たな混乱を生み出している。

ことに直接選挙戦の洗礼を受けずに、党の名簿に名前を載せただけで当選してきたような議員の中には、まるで政治家になったことを特権階級にでもなったかのように勘違いをして振舞う者もいるのである。選挙戦や日常活動での苦労を経て当選してきた従来の政治家とは異なるタイプの議員の出現は、政治そのものに対する新たな不信感を助長させているといえる。

さらに、こうした傾向というものは国政だけでなく、地方政治においてもさまざまな影響を及ぼしている。

かつて中選挙区制のころ、中央で熾烈な戦いをしていた国会議員も地方政治と国政の違いをわきまえており、地方政治に国政の対立要件を持ち込んで混乱させようとする人はマレであった。ところが小選挙区制となり、政党と国政における政策の違いが地方政治にまで持ち込まれるようになり、国政は国政、地方は地方と合理的な割り切りができないケースが増えてきた。私は県会議員を26年間務めていたが、その間、市議会の役職人事に口を出したことは一度も無い。通常、国会議員も同じスタンスで対応するものであった。また選挙の公費負担制度の恩典により、立候補のハードルが低くなったせいか、まるで立候補することを新たな就職活動のように考えている候補者も出てきている。そうした人たちは地道な活動は行わず、確たる原理原則もなく、まるで選挙を芸能人の人気投票のように思っているようにも見える。

少なくとも選挙に出るということは、その人なりの愛郷心、正義感、思想や理念、あるいはヒューマニズムなどがその原動力となるものと考えるのであるが、「そんなものは当選してから考える」とでも言わんばかりの姿勢は気になるところである。

とりあえず時流に乗って、選挙に有利な集団に近づき、現実性がなく実現の可能性の低い政策であっても耳に心地良ければ百花繚乱とばかりに並び立てる。野党である自らは、実現責任を問われないことを百も承知の上での作戦である。

最近こうした輩が増えてきているように思う。

人間に名誉欲があるということを否定するものではないが、議員バッジをつけることだけが目的化した、恥も外聞もない、ここまでアカラサマな私欲の露呈を見せられると同じ政治の場にいることが情けなくなってくる。

立場が悪くなれば政党を次々に渡り歩くこともいとわない。人間としての信義や政治家の主義主張というものがこんなに軽いものであったのかと改めて考えさせられる今日この頃である。

選挙制度や政治家のあり方が時代とともに変化してゆくものであるとしても、このところのあまりに低次元な政治家にまつわる不祥事のあり様は、これまで述べた最近の傾向と決して無関係ではないと思うものである。

まもなく7月に参議院の選挙、そして秋には私もその対象となる岡崎の市議・市長選挙を迎えることとなる。

どうぞこれまでの我が国の政治の変遷を振り返った上で、有権者の皆様にはあるべき国政の姿、あるべき岡崎の未来への選択をして頂くことをお願い申し上げます。

第25回湿地サミット in 岡崎（北山湿地）

2016年
4月20日

岡崎市の池金町の山間地に26・60ヘクタールの湿地帯がある。昭和40～50年代に全国的なゴルフ場開発ブームがあった折、ここはその民間ゴルフ場の候補地となっていた場所である。

そのことを察知した岡崎市は、乱開発の防止と乙川の水源涵養《かんよう》を目的として昭和54年（1979年）に市有地として入手。翌55年（1980年）、この土地は県農地林務部による自然環境保全地域の候補地調査により希少性を確認され、「北山湿地」と命名された。以後、希少動植物の生息地として今日まで保全されているものである。

去る4月15日（金）、「第25回湿地サミット」が東部地域交流センター・むらさきかん、北山湿地、岡崎市ホタル学校の3箇所で開催された。今回のサミットは本市の市制100周年記念事業の一つであり、13市町40団体の約250人の皆様の参加を得て盛大に行われた。

それに先がけて、4月13日に現地の視察に足を運ぶこととなった。市有地として入手した当時の市長が私の父であったこともあり、当時から北山湿地の名は折に触れ耳にしていたところでもあった。

13日当日、車高が高く環境にやさしいというPHEV、三菱アウトランダーに乗り込んで山道を抜けて現地に向かった。途中の経路に揺れながら、公用車のクラウンではなく車を乗り換えて来た理由がよくわかった。同じ岡崎市内であるのに池金町の山林の中は空気が澄み、新緑の木々も芽吹き始めていた。愛知教育大学の渡邊幹男教授、おかざき湿地保護の会会長の小玉公明さんと名刺交換をした後に、お二人の案内で湿地の現地調査を行った。市内の写真展において、よく題材として使われる北山湿地であるが、私が直接訪れるのはこれが初めてのことである。

サミット開催に備えて現地は、歩道の整備、木製の渡り橋の補強並びにスベリ止めまで、湿地保護の会の皆様の御協力によってしっかりと整備されていた。

私たちは自然保護といえば、スペースを確保して、その地をあるがままに放置しておくことと勘違いしがちであるが、森林でも枝打ち、下草刈り、間伐と手入れが必要なように、湿地を維持するためにも適当な伐採が必要となる。木が多過ぎると水分をみな吸い上げてしまい、ただの森になってしまう。また太陽光の適当な照射が無くては微生物が育たないそうである。自然の生態系というものが実にさまざまなものの微妙なバランスによって成り立っているということが、湿地の成立要因からもわかるものである。いうなれば、人間の力はそのバランスのお手伝いをするために必要とされるのである。

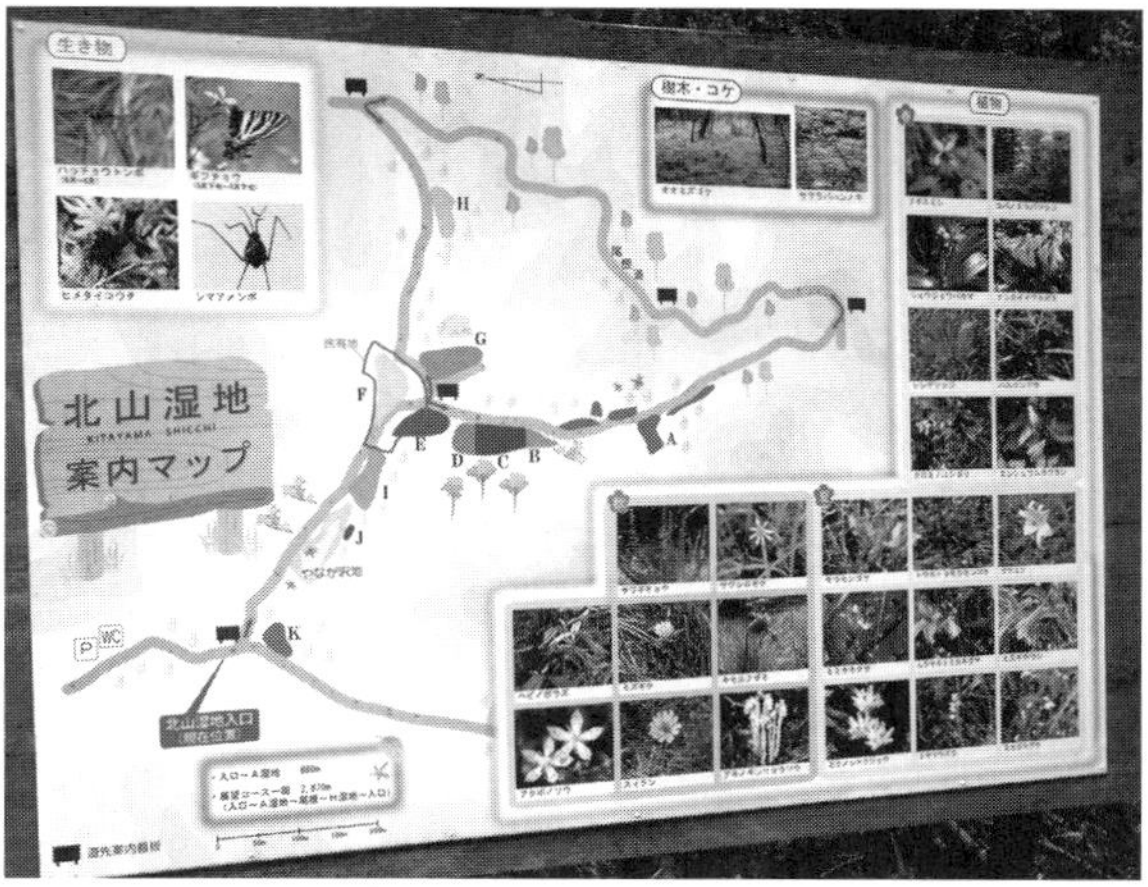

北山湿地案内マップ

この北山湿地は、平成20年（２００８年）３月に策定した「岡崎市自然環境保全条例」によって自然環境保護区にも指定されており、将来的には国の天然記念物の指定もめざすものである。大小さまざまな特徴をもつ10余りの湿地群から成り、また多様な植生と動物の分布があり、ここでしか見ることのできない希少なものもあるという。本地域は全域が都市計画区域に含まれ、地域森林計画市有林であり、保有林にも指定されている。

この地域内での動物の捕獲、木竹の伐採、植物の採取などの行為は許可された整備のためのものを除き、原則禁止されている。時折り植物を採取して持ち去る人がいるが、土質と生育環境が合わなければ根付くことは難しいため、くれぐれもつつしんで頂きたいものだ。

湿地サミットでは、岡崎市が全国の自治体に先駆けて初めての策定をめざす「北山湿地保全管理計画（案）」に関する講演が行われた。そしてサミット初の試みとして、今後の湿地保全に向けた関係者全員の共通目標として「おかざき宣言」を表明した。今回の講演と宣言が、少しでも参加者の皆様の今後の湿地保全活動の役に立つことを願うものである。北山湿地については現在、愛知県天然記念物の指定への動きがある。豊かな水と緑の中に生物がにぎわい、生物多様性の恩恵を将来にわたって享受でき、暮らす人々と自然とのふれあいに満ちたまちの実現をめざし、必要な環境施策を推進してゆく覚悟であります。

六供浄水塔ギャラリーの夢

2016年
5月18日

岡崎市内の中央部にある甲山《かぶとやま》の北側の頂《いただき》に六供《ろっく》浄水場はある。平成23年度に浄水場としての機能を廃止したことから、現在、正式には「六供配水場」と呼称される。

この施設は昭和9年（1934年）に建設されたものであり、当時の地方都市にあってはモダンな西洋風の建物であった。中でも端に立つツタの絡まる配水塔の姿はヨーロッパの古城をほうふつとさせる風格さえある。近在で育った我等かつてのワンパク坊主どもにとっては、昔日の面影を今日に伝える懐かしい建物の一つであり、市の景観重要建造物指定第2号でもある（第1号は岡崎城）。

当時まだ珍しい鉄筋コンクリート製の建物であったこの配水塔も、さすがに80年を超える使用による老朽化は免れることはできず、配水池施設は現在一部改築工事中である。古く巨大な貯水槽が撤去され、その跡地には災害対策用の給水設備と災害時の避難スペースを兼ねた利用計画が立てられている。

このエリアは、かねてより地元の愛宕学区から、憩いの広場として使用できる公園として開放してほしいという要望が出されていた。上下水道局としては、将来施設を更新する際に、現在の施設のある場所と広場の予定地を交換使用する予定としている。

とはいうものの、私としては何とか地元の要望に沿った形での土地利用ができないかと思っている。地元では、さらに配水塔のまわりにおしゃれなカフェ・レストランでも造ってほしいという声もある。確かに、岡崎の中央部の高台に位置する施設であり、眼下に広がる市街地の眺望を考え合わせれば、その利用価値には大きな可能性がある。

そんな思いを胸にしながら、先般3月29日、施設見学に出かけてきた。私は近くにある愛隣幼稚園に通っていたため、この辺りは昔から見慣れた風景であり、子どもの頃から何度も遊びや写生で訪れた場所でもある。ところが何と塔の中に入って屋上に上るのは今回が初のことであった。

直径12・8メートル、高さ17・2メートルの配水塔の屋上からは、中心市街地が東西南北、それぞれに見渡すことができる。屋上へは、塔の外側に併設された長方形の建造物内にしつらえたコンクリート製のジグザグ階段で上がる。途中ガラス窓から塔内の水槽の様子をうかがうことができる。屋上からの展望は岡崎の新たな魅力の一つともなるだろう。

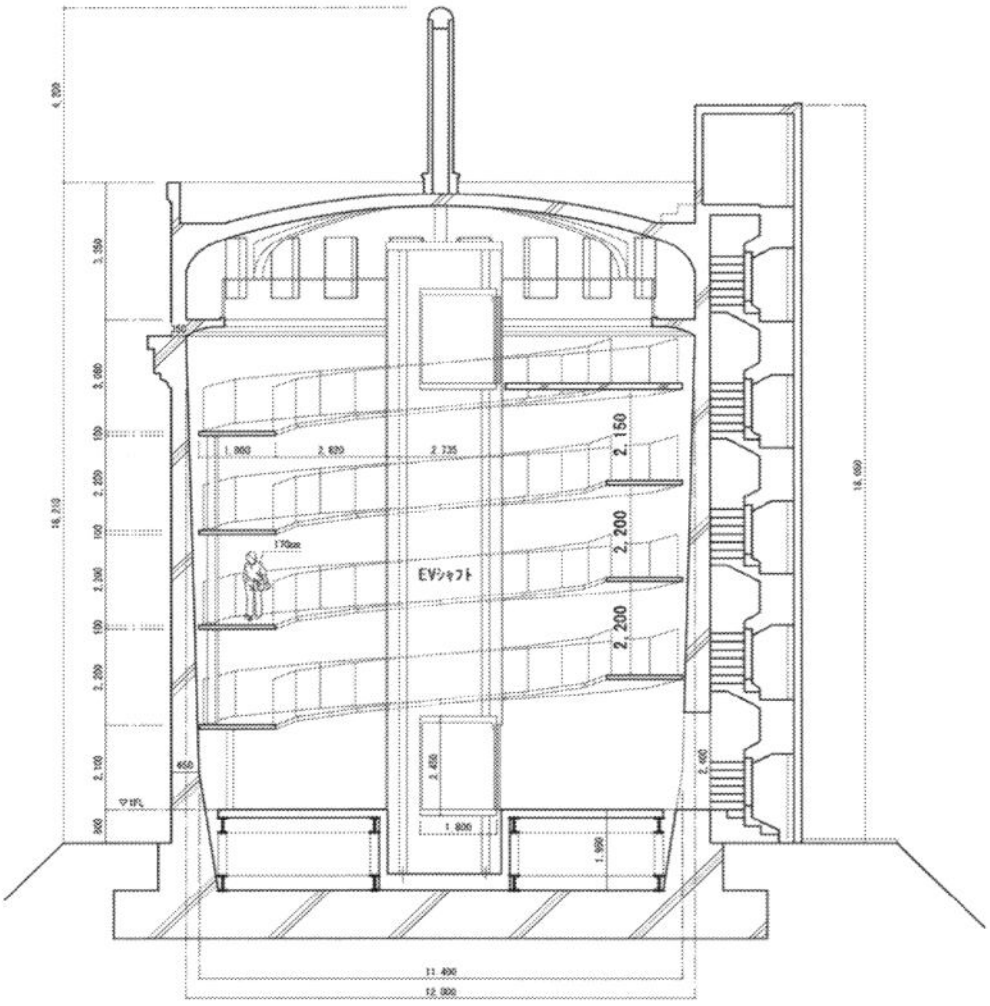

六供浄水塔ギャラリーの図面

現在、乙川リバーフロント計画として

整備しているのは籠田公園周辺までであるが、10月に改修工事の終わる市民会館と六供地区の古い街並み、そして坂道を上りつめた所に位置する配水塔と同時代に造られた旧ポンプ棟などの施設は、うまく活用すれば次の段階のまちづくりの新たなテーマを形成する重要な要素（ランドマーク）になるものと考えている。

建物の規模と様式は異なっているが、ニューヨーク市のセントラル・パーク東側の5番街に面した一角に、アメリカが誇る建築家フランク・ロイド・ライトの設計によるグッゲンハイム美術館がある。上層部が斜めにひしゃげた円筒形のユニークな建造物であり、内部はらせん状のゆるやかなスロープ構造で、中央は吹き抜け状となっている。奇抜なデザインすぎてニューヨーク市からの建設許可がなかなか下りず、そのため建築が遅れたといういわくつきの美術館でもある。つまりは、この美術館そのものが近代芸術なのである。

来訪者はエレベーターで最上階まで上がりスロープを歩いて下りながら、壁面に飾られた近代美術絵画を鑑賞することになる（もちろん下から上ってゆくこともできる）。これならは車イスの人でも楽である。

かたつむりの殻のようなこの斬新な形状の建物ができたのは、１９５９年と意外に古い。１９７０年代半ばにニューヨーク大学のＡＬＩ（American Language Institute）に在籍していた私はヒマな時によく一人でこの美術館を訪れていた。当時モネの特別展が行われており、人のいない時に長イスに横になって睡蓮の絵をあかず眺めていたことを懐かしく思い出すものである。

よけいなことを長く書いてしまったが、将来六供の配水塔が使用されなくなった時に内部を改修して美術作品のギャラリーとして使えないかと思っている。その時のモデルとなるのがソロモン・R・グッゲンハイム美術館であり、らせん状のスロープを内側に設置することで、建物の耐震補強を兼ねさせたいと考えるものである（エレベーターは中央に設置する）。

まだ配水塔は使用中であるし、議会に正式に相談したわけでもないため確定的な話ではないが、一つのプランとして考えてみる価値はあるものと思う。配水塔はグッゲンハイムほどのスペースはないため、「六供浄水塔ギャラリー」とでも名付け市民作家の発表の場などとして使って頂いたらどうかと考えている。そしてその際には旧ポンプ棟の古風な建物も、カフェ・レストランとして改装することで相乗効果が得られるだろう。

なにも公営でやる必要はない。こうしたことのノウハウは民間の方が長けているから、岡崎市は用地と施設を提供してコンペによる民活の力により運営する方が理にかなっているものと思う。

いずれにしても、こうした利用価値の高い伝統的な施設や歴史の重さを感じさせる景観がたくさん残っている岡崎は素晴らしい所であり、今後もそうしたふるさとの遺産を一つ一つ大切に有効活用してゆきたいものである。

追記

ちょうどこの原稿を書いているころ、岡崎市の「歴史まちづくり計画」（正式名称：歴史的風致維持向上計画）が国の認定事業となったという連絡が正式に入りました。そして今週、5月19日に国土交通省に出向き、認定証の交付を受けました。担当部局の努力に感謝すると共に報告致します。

能見で能を見る

2016年
5月28日

最初に「能見《のみ》で能を見る会」のことを紹介された時、誰かがダジャレか軽いジョークとして言っているのかと思ったものである。ところが能見町という町名そのものが、かつてこの地で能や狂言、猿楽などが愛好され、盛んに演じられていたという伝説に基づくものであることがわかった。

その歴史というのも半端なものではなく、時代を遡ること12世紀のこととなる。ちょうど、平安時代から鎌倉時代にかけて、現在の岡崎城の外堀の一帯で矢作の兼高長者が月に6回ほど

神明宮大祭薪能「羽衣」

能や狂言を催したことから、この辺りが「能見村」と名付けられたことに由来するというのである。

そうした歴史と伝統があるせいか、岡崎には今も能を愛好し、自らも演じる同好会などが存在する。古《いにしえ》の芸と伝統を愛する方たちの情熱と、岡崎市制１００周年の記念事業である「新世紀岡崎チャレンジ１００」（市民のアイデアと活動を支援する活性化事業）が合体して、今回の事業の実現に至ったのである。

驚くべきことは、こうした一地方の記念事業としての催しに対し、シテ役の近藤幸江さんをはじめとして人間国宝となられた方々が５人も参加してくださっているという事実である。古くから能を愛好した土地であり、能見と名付けられた歴史的経緯があること、今も能を愛好する地元の方たちの情熱がそうした最高のプロフェッショナルの心を打ち、共鳴したからではないかと思っている。

そして今回何よりも驚いているのは、夜、能見の神明さんの境内に２０００人あまりの人々が集まったことと、私自身の心境の変化である。「地元でやることだからぜひ来てくれ」という話を受け、忙しいなか無理して出かけたのである。こんなに近くで能を鑑賞することは初のことではあったが、古典芸能について造詣が深いわけでもないため当初は「仕方なしに」という気分であった。

ところが、挨拶をする都合上いちばん前の席に座らされてから、能の舞台が始まるとともに、その幽玄の世界にたちまち引き込まれてしまった。

枯れ木のようなたたずまいの（失礼）高齢の方の小鼓の軽い拍子の音、重なるように打たれる鼓の軽快で腹に届く響き、一瞬、場の空気を切り裂くような横笛の高音の鮮烈さ、そうした音の饗宴と対峙する舞の静寂。舞手が高齢者だから動きがスローモーというわけでは決してなく、ほんのわずかな挙措動作や顔の傾きに映える光と影の推移の中で、情景描写がなされてゆく。フト我に返り、日本の古の伝統美の世界に取り込まれている自分を発見して驚いたものである。伝統芸能の力、本物の魅力、そしてそうしたものに共感してしまう自分の心の動き、そうしたことに対して新たな発見があった。

演じられていたのは「羽衣」という比較的ポピュラーな演目であったが、セリフが古語であるためすべての言葉の意を正確にとらえられたとは言い難かった。

しかし張りつめられた空気の中、演者の魂が観る者たちの体にしみこんでくるような感じがしたものである。舞台の左右にしつらえたかがり火の木のはじける音がより臨場感を高めてくれた。そうした中、静と動の微妙なつながりの舞を見ていると、まるで一つの宗教儀式に参加

神明さんの山車

しているような感慨もわいた。「退屈な時をがまんすることになる」どころか、時間はたちまち過ぎ、異次元の空間のとりこになっている自分を見る〝観劇〟ともなった。

主催者ならびに地元の方々は、この行事を毎年恒例の催しとして再興してゆく心づもりのようである。

同時に行われた神明さんの大祭で町中を練り歩いた、伝統のある山車も含め、本市にある数多くの歴史的文化遺産を活用して、なんとか「モノづくり」に次ぐ経済の柱としての「観光産業」を岡崎に確立したいものだと思っている。そうした意味からも今回のような地元主導で始まった、能を活かした取り組みには大いに期待するものである。

第11回まち交大賞において「まちづくりシナリオ賞」受賞

2016年
7月14日

7月1日の「市制施行100周年記念式」、2日、3日の「おかざき100年祭」の興奮冷めやらぬ5日（火）朝、市のリバーフロント計画担当職員とともに上京し、虎ノ門にある日本消防会館で行われた第11回〝まち交大賞〟全国大会の表彰式並びに意見交換会に出席した。

この賞は一般財団法人都市みらい推進機構の主催（国土交通省後援）によるものである。全国のまちづくり計画の中から、優良なまちづくり計画を策定した地区、また事業の実施、評価、改善において優れた取り組みを行った地区などを対象に表彰し、関係者の栄誉をたたえるとともに、受賞地区の事例を全国に幅広く紹介することで地域の創意工夫を活かしたまちづくりを促進することを目的として、平成18年（2006年）から実施されているものである。

「まちづくりシナリオ賞」受賞

今回受賞したのは8つの自治体である。4市2町が完了地区として、2市が計画地区として選ばれ、岡崎市はそのうち計画地区の「まちづくりシナリオ賞」を受賞することとなった。賞状を一枚頂けるだけかと思っていたところ、立派な楯《たて》まで頂き大変光栄なことである。

本市においては、昨年の国の「かわまちづくり支援制度」の登録に続き、この5月には同じく国の「歴史まちづくり」の事業認定を受けたところである。今回また、第三者の目によって評価を受けたことで大きな自信を得たような気がしている。計画のとりまとめ並びに実施に向けて御協力を頂いた多くの皆さん並びに担当職員のご尽力に心から感謝を申し上げたい。

世の中には、自分たちの考え方だけが正義だと信じ、建設的な努力をしている者の足を引っぱることを生きがいとしている人たちがいる。だが授賞式に出席してみて改めて感じさせられたのは、「モノゴトの真価は、実りのある実績を成し、他者からの評価を得て初めて定まるものである」という当たり前のことだった。

それから会場でこんな話を伺った。対案もなしに、ただただ反対することによって自らの存在をアピールしようとする対抗勢力の妨害を受けながら、市民や有権者の方々の協力のもと、そうした障害を乗り越えて計画の策定、事業の推進、完成にこぎつけた地区もあるということだった。

都市みらい推進機構の主催する賞は計画地区と完了地区の二つのコースの表彰があるため、今後はさらなる努力を重ね、ぜひとも次は完成地区に与えられる〝まち交大賞〟を獲りたいものだと思っている。

そして現在国の進めている観光立国政策（ビジット・ジャパンなど）、愛知県の〝あいち観光戦略〟と連動して「モノづくり」に並ぶ岡崎の経済のもう一つの柱として「観光産業」を育て上げる決意である。

怪文書の季節来たる！

2016年
7月18日

内田康宏　絵

選挙が近づいてくると、とかくさまざまな怪文書が出回るものである。そのほとんどは出所不明で、客観的視点に欠けた一方的情報に基づくモノであり、人の情感に訴えるデマ文書であることが多い。

通常は選挙の1年くらい前から数回にわたり出されるものだが、今回は4か月前の6月に出て来た。季節外れのユーレイの感がある。

その内容はといえば、「岡崎市がこれから推進する事業において、入札を前に、市長と某・特定業者との間ですでに入札決定の話がついている」というものである。

しかし、どうせ怪文書を出すならば、もう少し勉強してストーリー性と信憑性のあるお話を作って、なるほどと思うレベルのものを書いてほしいものである。設定があまりに古めかしく幼稚な手法であり、懐かしくて涙が出そうであった。

まず私が裏約束をしているという業者であるが、人脈的関係、地理的条件からいっても、私の対抗勢力と目されるグループに近い会社である（だからといってその会社が差別待遇されているわけではない）。

現在、岡崎市における入札制度は、外部の有識者で組織する「入札監視委員会」という独立した組織のほか、「入札参加者審査委員会」、そして担当部局の三者により、ルールに則って公明正大に執行されている。私も前市長に倣《なら》って、個別入札に口をはさむようなことはしないし、各業者からの入札に関する陳情は一切受け付けないようにしている。業界からの要望については、各業界の総会でまとめた案件を代表の方々が提出にお越しになった時に、副市長、部長、担当課長らと一緒にお話を伺うというシステムをとっている。

また、私はあいにく下戸であり、全く酒をたしなまないし、無用の外食も好まないため（家族での外食も好きではない）、業界の総会におけるパーティーに出席するとき以外、個別の業者の酒宴の接待を受けることはない。自宅で晩酌もやらないような人間であるから、個人で夜の巷を歩き回ることも皆無である。どちらかといえば、おいしいコーヒーとケーキを好む方である。この際、酒造業界並びに飲食店の皆様にはその点をお詫び申し上げたい。

それから怪文書といえば、かつて私の県会議員時代、選挙の半年くらい前に1枚の写真が送られて来たことがある。写真に写っていたのは、〝ある候補者が、ユカタのはだけた芸者さんをヒザの上に乗せ、その胸元に手を差し入れている〃ものであった。

その時も差出人は不明であった。写真1枚あるだけで何の手紙も付してはなかった。意味するところは「これを選挙の裏対策（怪文書）に使え」ということであろうと思う。しかし、こうした類のモノは危険がいっぱいである。

仮に怪文書を作ったとしても、配布に人を使えばそこから出所は発覚するものである（たとえ写真が本物であっても名誉毀損で訴えられる）。郵送配布にすれば費用がかさむし、いっときに大量発送できないため手間もかかる。第一普通は選挙の準備に忙しくて、そんな人手を使う余裕など無いものである。

また、そうした手段を使うことは精神衛生上よくないし、何より選挙活動母体の士気そのものが低くなり、そちらのマイナス効果の方が怖いといえる。

しかし世の中には、裏選対あるいは別働隊として特殊任務（選挙妨害、怪文書、買収、脅迫etc）を行うチームを用いる候補者もいる。さらにそうしたことを仕事として請け負う人物さえいる。人間の中には、生来こうした手法が好きな人種というのがいるのである。マニアというか病気というか、さまざまに裏側で暗躍することが選挙という戦いであり、高度な戦術であると勘違いしている人たちである。

選挙においてこういうレベルの戦いを始めると見苦しい上に、その地域全体の品格が問われることにもなり、私は嫌いである。しかも、もし先の写真を使った怪文書が出回ったとすれば疑われるのは当然対立する側であるし、また、うっかりすれば選挙後に〝怖いお兄さん〟の来訪を受けるようなことになるかもしれない。「あの写真、上手に使ったね」「あの写真はあなたの所にだけ送ったものであり、口止め料は２００万円にしておくよ」というような話にもなりかねないのである。しかも一度つながりを持つと、それで終わらないから恐ろしいのである。

いずれにしても、かつて石川五右衛門が言ったという「浜の真砂《まさご》は尽きるとも、世に盗人の種は尽きまじ」の言葉の如く、選挙が始まると、こうしたあまり人間として上等ではない人々の活動も活発となってくるようである。

あいちトリエンナーレ２０１６始まる

2016年
9月5日

3年に1度、この愛知県で開催される国際芸術祭「あいちトリンエナーレ」が第3回を迎えた。今回は主会場の名古屋に加え、地方会場として岡崎と豊橋が選ばれ、こちらもトリプルということになった。岡崎市は前回も地方会場として参加しており、今回は市制１００周年の記念の年でもあり連続して会場に立候補していた。

思えば6年前の第1回トリエンナーレが神田真秋・前知事の提唱に基づき発表された時、県議会は喧々囂々《けんけんごうごう》の議論に包まれたものであった。既成の展覧会などと違い、革新的要素の強い現代アートは常識を超える点に一つの意味があり、必ずしも万民に理解されることが必要とされていないからである。

しかし、考えてみれば新しい芸術というのはいつも時代に先駆けたものであり、登場の折には「反社会的である」とか「卑猥である」とか「くだらない」等、無理解によるさまざまな批判を受け、多くの議論を巻き起こすのを常とする。

第1回のトリエンナーレの実現に際しても同様の経緯があったが、県議会から外国で行われている他の現代アート展への視察も行われ、議会報告もなされた。なにげなく行われているかに見えるあいちトリエンナーレも、そうした先人たちの議論と調査、準備の結果成し遂げられてきものである。

これまで2回の経験を通じて一番の成果であると思うことは、芸術という一種特殊領域に属すると思われてきたことをお祭り的に身近な存在に感じさせてくれたことである。ことに子どもたちに「これなら自分もできるかもしれない」と思わせるようになったことがいちばん大きいと思う。その成果はこれから10年、20年先に出てくることであり、こうした積み重ねがその地域、社会、その国の文化として蓄積されていくと考えるものだ。

8月10日（水）、午後6時より行われた「あいちトリエンナーレ２０１６」のオープニングレセプションは大村知事の挨拶から始まった。そして文化庁の内丸文化部長の祝辞に続いて、港《みなと》千尋《ちひろ》芸術監督から「虹のキャラヴァンサライ開始」の挨拶が行われ、同時に開催3市・市長の登壇となった。

開幕式として、私たちも参加しての「光のキャラヴァン・ショー」を行うこととなったが、はじめは何をやらされるのか全くわかっていなかった。黒いハッピに白地で県章と各市の市章が染め抜かれ、さらにそれをＬＥＤ電球によって発色アピールするという手の込んだものであった。なんとなくイナカのマイケル・ジャクソンのようで恥ずかしくもあったが、けっこう受けていたので「マア、イイか！」と思ったものである。

知事からは「これ、せっかく作ったから各市でそれぞれ、またイベントで使ったらどうですか？」と言われているので、ひょっとしたら岡崎でも偽マイケルをやらされるのかもと、内心恐れているところである。

光のキャラヴァン・ショー

今回はオープニングレセプションの前に名古屋会場の一部を視察することができた。それぞれ面白い展示があったが、すべてを紹介することはできないため、愛知県芸術文化センター会場の二、三の作品について触れてみようと思う。

はじめに、入口の反対の出口に実物大の四体の黒馬の姿が見え、それが大変気になっていた。ブロンズ製かと思いながら近づいてみると、なんと古い映画のフィルムを筒状に巻いてホース状の部材（ホルン）とし、それを束ねて馬の像を形作っていたのである。ＨＯＲＳＥだからホース状のフィルムを使ってシャレてるのかと思ったが、そうではなく、フィリピン国内で使用されたＢ級映画の膨大な量の35ミリフィルムを再利用して、聖書の「ヨハネの黙示録」の四騎士を表現しているとのことであった。台座の一部に人面形ののぞき窓があり、中にラブシーンを含む映画の一部が映写されていたのも面白かった。

膨大な35ミリフィルムで作られた馬。台座の中をのぞくと映画の一部が見られる

また10階の会場では、フロア一面にさまざまな鉱石の粉末（日本画の顔料）を使った鳥や花などを含む、手の込んだ絵模様が円形に何重も描かれた

作品があり、不思議な空間が広がっていた。

床から壁、天井まで白い空間にこれだけの彩色の絵を描くのに20人以上の人手で一週間かかったという。それを「最後には靴で上を歩いてもらい、絵を壊してしまうことにより文明や芸術のはかなさを表現したい」ということである。

手の込んだ絵模様が円形に何重も描かれていた

そしてもう一つ面白かったのは、「イギリスに留学中に大英博物館から持ち出し、返却しなかった本」という展示があった。なんでも「かつて欧米の帝国主義国家が行ったことに対する〝お返し〟の意味、〝抗議〟が表現されている」ということであった。「ものごとは犯罪も理屈のつけ方次第で芸術になるものなのか」と考えさせられたものである（もっとも左翼の論理というのは伝統的にこうしたものである）。
いずれにしてもこうしたさまざまな現代アートの試みに触発されて、一人でも多くの未来の芸術家たちが生み出されることを期待するものである。

市民会館、まもなく再生！

2016年
9月9日

岡崎市民会館は、市制50周年を記念して昭和42年（１９６７年）に建設された多目的ホールである。当時中学生であった私も、「ようやく岡崎市にも、大きな立派な建物ができた」と大人たちが喜んでいたことを覚えている。以来、市民の文化活動の拠点施設として、あるいはさまざまな興行の舞台として広く親しまれてきた。

そんな市民会館も、開館から50年もの時が経過し、施設、設備の老朽化と時代の変化に対する機能面の旧式化によって多くの課題を抱えることとなった。ことに音響面における使用者、観客からの不評、空調機の騒音、扉の密閉性の悪さ、旧式の音響・照明装置、観客席の座り心地等々、問題点は多岐にわたっていた。

先の市政においては他所《よそ》に新文化会館を建設するという計画であったが、私の市政になってから「改修で対応する」ことに計画を変更し、議会と専門家の御協力を得て今回の再生プランが実施される運びとなった。旧・市民会館は、基礎はしっかりしており耐震性も十分であることから、平成27年9月より改修工事を進め、ようやくこの度完工を迎え、10月1日にリニューアル・オープンの予定となった。

新ホールの愛称は公募により、岡崎のイメージにあった「あおいホール」に決定したところである。

リニューアル・オープンに先立ち、8月16日（火）午前、副市長並びに関係者によって新装相成った市民会館の視察を行った。当日は市民会館工事の完成を祝うかの如く、建築パースの絵と同様の素晴らしい青空であった。

リニューアルオープンを待つ再生市民会館

市民会館改装のコンセプトは旧館のイメージを残しながら、機能的でより使い勝手の良い施設にすることである。これまで私たちは、とかく古くなった建物を壊して、新しいものを造ることこそ正しいという思い込みの中で政策を進めることが多かったように思う。しかし、行政の仕事としては地方文化、伝統の継承ということも重要な要素であると考えるものである。欧米においては、古くなった建物であっても地域の顔としてなじみ深い施設やランドマークとして名のあるものを大切にし、後の世に残そうとすることが多い。「おじいさんやおばあさんが使った、お父さんやお母さんも使った、そして今僕たちも使っている」——

そういった施設を数々の思い出や歴史と共に保持してゆくことも大切である。
私はそうした考えを4年前の選挙で訴えて市長に就任した。専門家の意見を聞き、調査を行い、議会の承認を得て今回の事業を推進し、実現することとなったわけである。以下、新しくなった市民会館の姿を個別に見ていこう。

外観と駐車場

新装した市民会館の外観は格子を思わせる美しいデザインで統一され、随分スッキリとしたものとなっている。フル・フラット化された駐車場は高齢者や障害者、小さな子どもにやさしい形状となっている。玄関を入ってすぐの雰囲気は旧館のイメージを残した親しみやすいものであり、壁とじゅうたんも明るい色調となっている。
密閉性が高まった扉は少々重く感じるものの、隣には自動ドアが併設されており利便性は良くなっている。

舞台

大ホールは黒を基調とした壁面が落ち着き高級感を醸し出している。照明はこれまでより数と明度を高めたことで可動領域が広がり、舞台芸術にこだわる方たちの要望にも十分応えられる仕様となっている。何よりも変わったと思うのは、舞台の深度が倍に広がりフル・オーケストラの演奏も十分なスペースとなったことである。舞台の床面も新しくなりダンスにも対応している。さらに舞台はボタン操作で3段階の高さを造り出すこともできる仕組みである。
客席の椅子も旧来のモノよりも幅広くユッタリと座れるようになった。座席数が１５００から１１００近くに減らされているものの天井部が高く広げられたせいか減少感は感じられない。

天井裏

ホールの音響、照明施設も最新のものに一新された。ジェット旅客機のコックピットのような天井裏の操作ルームに入ってみて、これまでの旧式の機器との機能の違いに改めて驚きを感じたものである。新装オープンまで1か月ほどしかないが、その間に機器の操作を完全マスターしなくてはならない担当職員に対して同情を禁じ得ない。
天井裏から右側の2階ロイヤル席（?）に歩を進めてみた。これまで2階席は舞台に対して直角に座席が設けられており、大変見にくいものであった。今回は座席そのものが舞台の方向に向けて設置されており、改善の跡が感じられる。しかしあくまで改築であるため完全に死角が無くなったわけでなく、この点が今後の課題かもしれない。オペラなどはぜひこの席から観たいものである。

会議棟とリハーサル棟

会議棟はこれまでより会議に使える部屋数が増え内装も一新されている。中心市街地で市民ホームの新築の要望もあるが、ぜひ新しくなった会議棟を御利用頂きたいものである。

リハーサル棟のホールの床張りも一新されており、これまでダンスのリハーサルが難しいといわれていたが、今後はダンスパーティーの使用も可能であるということである。また、狭くて施設的にも不評であった楽屋裏も一新された。個室はシャワー・トイレ付きで簡易ベッドも備えたものとなり、大部屋も広く使い勝手の良いものとなっている。

50年前に先人が感じた満足感と同じような思いを一人でも多くの市民、利用者に感じて頂きたいと思っている。

シン・ゴジラに見る危機管理

2016年
9月13日

「秋に選挙を控えて何が映画だ！」とお叱りを受けそうだが、正月に次男と約束したことでもあり、8月16日の夜、最終のレイトショー（9：30ＰＭ、１０００円です）を利用して、話題の「シン・ゴジラ」を観てきた。

新作のゴジラは長らく続いていた、ゴジラが他の怪獣と戦うという子ども向きのものではなく、第一作のゴジラの内容を現代に焼き直したような、文明批判を含んだものでもあった。

はじまりは、得体の知れない怪現象の原因となる物体として描かれており、生物というよりその存在の無機質性（ロボット的）なところが目についた。幼体のゴジラは目がぬいぐるみの目のようであり、コッケイであった。東京湾で続発する原因不明の事故、海底トンネルの浸水、船の沈没などに対する政府の危機管理対策からストーリーは始まる。

今回の映画の特徴はリアリズムに基礎を置いた点にある。現実の日本の行政機構と法体系の中で、何ができて何ができないかという問題が次々にあぶり出される。国防・防災の要諦は「想定外の現実に対して、いかに迅速、かつ適確に対応できるか」ということに尽きると思う。想定されていることには準備ができ、対応もできる。防災、防衛問題のシミュレーションとして参考になった。

２００1年の９・11の折、ブッシュ大統領は小学校の視察中であった。大統領は教室でハイジャック機のＷＴＣ（世界貿易センター）ビル突入の報を受けるが、茫然自失となり20分近く思考停止状態の様に見えた（マイケル・ムーア監督の「華氏９１１」で映像が確認できる）。他人のことを批判するのは簡単であるが、何か予想外のことが起きた時の咄嗟の判断、行動は訓練していない限り容易なことではない。

映画の中では、動く原子力発電所ともいえるゴジラの活動に対して為すすべが無い。実際に自衛隊に配備され、装備されている兵器・武器によって対処するのであるが、無力であることが実証される。判断の誤りから、初期の段階において主要閣僚の乗ったヘリコプターが墜落してしまい、指揮系統の混乱を招くこととなる。今年の8月、防衛大臣に女性が就任したが、映画も現実と同じく女性であることも面白い。

優柔不断な臨時内閣に対し、米露中などの大国から、ゴジラ問題を日本国内にとどめるために核兵器を使用するよう圧力がかかる。東京に核攻撃を行うに当たり、「米国はたとえ場所がニューヨークやワシントンであっても同じ判断をするだろう」という台詞はいかにもアメリカらしいと思った。危機管理能力を問われる臨時総理（演じるのは、今年岡崎市の市民栄誉賞を受賞された平泉成さん）の迷い、事後処理と外国からの復興支援までを考える為政者の思惑など、さまざまな現実的政治の要素をちりばめながら物語は進んでゆく。

科学者の分析により、ゴジラは深海に不法投棄された核廃棄物に汚染されたものを吸収して、進化したモノであるらしいことがわかってくる。より巨大化し破壊活動を続けるゴジラに対し、最新兵器の数々も歯が立たない。まるで温度の上がった海水の影響と他の低気圧を吸収することにより巨大化する昨今の台風やハリケーンのようでもある。

最後になってゴジラ対策の秘策を知る科学者が出現するのが映画らしいところといえる。途中までの不作為とは対照的に、終盤のゴジラ対策だけがスピーディーに進んでゆくのも不思議なことであるが、制限時間のある映画ではやむを得ないことだろう。

防災を担う者はぜひ一見しておくべき映画であると思ったので、部長会の後、防災担当部長に「ヒマな時に一度見るように」と言っておいたところ、さっそく課長と連れ立って鑑賞に出かけたそうである。そこまでは言っていなかったのに報告レポートが提出されたので、その一部を紹介したい。

シンゴジラを視聴しまして

防災担当部長

考察

①ゴジラを巨大な災害に比喩しての、事実（災害対策基本法第１０５条に基づく「災害緊急事態の布告」、これに伴う緊急対策本部の設置といった実際の対策）に即した脚本であると感じた。放射能は原発災害、破壊された都市は首都直下型地震を彷彿とさせるものがあった。住民の避難誘導シーンでの「地震時の避難場所では無理だ」という警察官の言葉が印象的であった。

②初動期における情報収集能力の重要性、想定外の事態に対する対処、また応急時における決断力、臨機応変に対応する能力や人物評価能力の重要性を改めて考えさせられた。

③シンゴジラの「シン」は「神」、神の雷《いかずち》を表し、現代社会への戒めを象徴しているのではないかと感じた。

念のため、映画は私費で観に行っている。改めて本市職員のまじめさと優秀さを知ったものである。

デマゴーグについて その1

2016年12月21日

デマゴーグとは、全くのウソ、デタラメを喧伝することとは限らない。ある社会現象、事件の一側面を拡大解釈したり、自分の論理に都合の良い数字だけをつまみ出したりしてきてオーバーに表現することもデマゴーグの技といえる。

通常こうしたものは裏情報として世の中に広まるものであり、表（社会の公器としてのマスコミ）に出てくることはないシロモノである。時にそうしたものが表面に出てくることがないわけではないが、それは芸能週刊誌であるとか、三流のゴシップ新聞の類《たぐい》の紙面を飾るものであり、ふつう一流紙と呼ばれるものでお目にかかることは滅多にないことである。

なぜかといえば、一流と呼ばれる書き手（記者）には、それぞれジャーナリストとしてのプライドというものがあり、デマゴーグ的仕業に対してプロとしての矜持《きょうじ》が許さないからである。一つの記事を書くにしても、まず客観的事実というものを報道し、そして次に記者としての考え、あるいは社としての社説を記述するという手順を踏むというのが健全なる報道人、マスコミ人というものである。事実、これまではそのようであったと思う。

ところが近年、記者個人の自主性を重んじるとして、一部の社ではかつての常識的な報道の自己制御を失ったかに見えることがある。客観的であるべき社会的事象の記述において、記者の個人的思いや情念が先行してしまい、公正性、公平性、客観性というものを感じられない記事が散見されることとなった。

政治の世界も時代と共にかつての独自のしきたり、道義のようなものが失われつつあるが、マスコミの世界でも客観性と共に記者の誇りが薄れつつあるのかもしれないと思うものである。

今年の春、こんなことがあった。本市の3月議会の最終日、自民清風会、民政クラブ、公明党、黎明という多数の会派の賛同を得て、30対3（欠席1）という圧倒的多数により予算が成立した。その他多くの議案が可決された（全員賛成もアリ）。

ところが、某・地元有力紙は多数派の賛成討論を封殺して、逆に反対討論を行った少数議員だけ太字で実名報道するというあからさまな逆差別報道を行った。そして、あたかも予算案が否決されたかのような印象を与える記事を意図的に掲載している。

この記事を書いている記者が思想的偏向性のある人物であることはかねがねわかっていたこ

とであるので、特段驚くべきことではないが、このような記事を有力紙が臆面もなく出してしまうことに大変危惧の念を抱いている。これではまるで思想統制された国家の報道と同じであり、とても自由主義社会における公正な報道とは思われない。

また、先日の岡崎市の選挙においても、総額99億7000万円の乙川リバーフロント地区整備計画について「橋を造るのに100億円！」という誤解を招くような報道、アピールを行う人たちがいた。

実際は乙川の河川空間の整備と中心市街地の再整備、岡崎城周辺の歴史資産の活性と機能整備などで総額64億円がかかり、そのうち人道橋の整備費用は岩盤工事を含めて21億円である。国のコンパクトシティー構想に併せてプランを提出すれば、さらに国の補助が得られることがわかったため、乙川リバーフロント計画は、別個の計画であった東岡崎駅前再開発事業(35億円)を上乗せした事業計画となった。こうしたことから100億近い数字となったのであり、橋を造る費用は21億円である（もちろん決して少ない金額ではなく、必ず「やってよかった」という仕事をするつもりでいる)。しかも橋は道路と同じで、いわゆるハコモノでなく、維持管理費用は手入れ代しかかからない。

しかるに橋をハコモノと偽り、さも高額の管理費がかかるような、ニセの情報を流した新聞もあった。さらには、半分近く国庫補助で行われるこの事業を取り止めれば、その予算を他の事業に回すことができるかのようなデタラメ宣伝もしている。目的別の国庫補助はその目的にしか使えないことは法律で決まっているのである（使わない場合は国に返還）。

選挙直前と選挙中はさらにひどく、個別の市の政策を検証する形をとりながら、もうすでに議会で承認されたことに対して、一部の人の言い分を基軸に反対キャンペーンを投票日前まで行う執拗さであった。この記者に対しては選挙後「選挙妨害で告訴したらどうか」という市民の声も頂いたほどである。

もとより少数意見を尊重することは必要であるが、それはあくまで多数決という民主主義のルールにのっとった上でのことである。こうした基本的なことも守れない人が公器である報道を操るようになっている社会に大きな不安を感じるものである。我々は自由主義社会にいながら、ある種の思想統制、マスコミの世論コントロール下に置かれていることを実感するのである。

一部マスコミは、口を開けば「先の大戦の時の過ちを繰り返してはならない」と言う。しかし先の大戦を招来する世論の形成のためいちばん大きな原動力となったのは、ほかでもない、軍部の力以上にマスコミの偏向報道であったということを私たちは忘れてはならない。そしてもう一つ、海軍次官を経て連合艦隊司令長官となった山本五十六大将は御前会議で最終決定が下されるまで、右翼に命を狙われながらも体を張って日米開戦に反対していたことも記憶しておこう。

日本のマスコミは戦後うって変わっていつの間にか宗旨変えし、軍部批判を行うものの、自らに対する反省・検証を行った形跡はほとんど見られないのである。

我々政治家や行政にたずさわる者は、他者から批判の対象とされ、マスコミ報道の監視にさらされるというのは自由主義社会における必然的宿命であり、仕事の一部ともいえる。そのことを否定するつもりは毛頭無い。しかし、それは同時にマスコミが「第4の権力」としての自己の力と役割をわきまえ、客観性と公平さ、公正という視点を踏みはずさない時にのみ正しく機能するものと考える。

さて賢明なる岡崎市民、読者の皆さんは昨今のこうした出来事をどう思われるであろうか？

デマゴーグについて その2

2016年12月25日

繰り返すが、デマゴーグとは、全くのウソ、デタラメを喧伝することとは限らない。一つの社会現象、ある事件の一側面を拡大解釈したり、曲解したり、書き手の考えに都合の良い数字や情報だけをつまみ出してきて誇張して表現することもデマゴーグの技といえる（それを専門にしている政党もある）。

自分勝手で反地域的な言動をもっぱらにする、その界隈では有名なクレーマー（文句ばかり言う人）や、特殊な思想集団の活動家として知られている人物の意見を、あたかも無垢な一市民の声のように報道することもよくある手法の一つである。

また、先のアメリカ大統領選挙において、反トランプ的社会気運を反映して極端に一方に肩入れした報道がなされた。外国の報道機関の場合、時にこうしたことがあるが、彼らの場合は前もって自らの政治的立場、報道姿勢を明らかにした上で行っていることであるのでそれなりに筋が通っている。

我が国の報道の場合、建前上、中立・公正・公平を謳《うた》いながら偏向報道を行うことがある点が問題なのである。

そうした議論を始めると、必ず「全文を読めば中立的なバランスを取っていることがわかる」という言葉が返ってくる。しかし一般の人で記事の全文を隅々まで綿密に読むような方はマレである（教科書ですらそんな読み方はしない）。見出しの太文字と前段の数字、刺激的な言葉や作為的な写真を見て、正しく理解した気になっているというのが実態であり、良くも悪くも〝大衆社会〟とはそうしたものである。

第一、人間は誰しも、自分に直接関わりのある問題以外には細かな点にまで注意を払うことはしない。そうした現実を百も承知の上で、意図的に誤解を招くような記事を書き、最後の数行の中にバランスをとるような文言を散りばめて裁判にならない配慮をしているから悪質なのである。

もう一度言う。一流のマスコミ人は決してこういう姑息なことをやらない。時に人格的に問題があったり、思想的な偏向性があると思われる人物が公の仮面をかぶって紙面に記事を書くことがあり、そうしたことが問題なのである。

前回のブログで「思想統制された国家ばかりでなく、自由主義社会においても我々は知らないうちに洗脳されていることがある」という点に言及した。

一部のマスコミの中には「無知な大衆を我々が教育してやる」といった姿勢が見られることがあるが、それは危険な兆候だと思われる。大衆扇動が冷静な思考の後退を生じることは、我々が歴史上の幾多の経験と現在も世界で進行中のさまざまな出来事から学んだことである。

うっかり洗脳されないようにするためには、普段から自分で注意する必要がある。ニュース・ソースを多元化し、一つの事柄について常に多くの情報に接する習慣を持ち、新聞や雑誌なども複数のものを比較して読み、自分の考えを練らなくてはならないだろう。

「いちいちそんな面倒なことは御免こうむる」という方は、たまには購読する新聞を変更してみることも一手であろう。新聞は中立・公平・公正と言いつつも紙面にはそれぞれ個性や差違というものがあり、ひょっとするとそんなことで新たな視座を開くことができるかもしれないと思うものである。

◆2017年〜2018年

銅像と偶像の違い

2017年
1月14日

今回家康公像に対して本市が試みている寄附金を主体とした新しいシンボル造りの事業は、キリスト教文化に根ざした欧米社会ではしばしば行われていることである。

欧米を旅すると、現在もそうしたものが各地で大切にされていることを目にするし、地域の人々の郷土愛のシンボルとして役立っている様子がよくわかる。

かつて20代のころ、アメリカ留学からの帰国途上、単身で東欧からソヴィエト連邦を旅したことがあった。日露戦争の折、旅順港閉塞作戦で戦死した軍神・広瀬武夫少佐はロシア留学後にシベリアを単身犬ぞりで踏破して帰国しているが、そのことを記録した『ロシヤにおける広瀬武夫』という上下2巻の本を学生時代に読み、以来私もいつかユーラシア大陸を横断したいと夢見ていたからである。

当時これらの国々のどこに行っても目についたのが、あのお決まりの気むずかしい顔をしたマルクスとレーニンの像であった。スターリン批判の後であったせいか、あのアドルフ・ヒトラーと並ぶ、カイゼルひげの虐殺者の像は目にすることは無かった。偶像がプロパガンダ（政治的宣伝）の一環を成すというのが当時のこれらの国々の常態であった。

シベリア鉄道を使って移動中、沿線の名も無き小さな町においても、日本の田舎のお地蔵さんのように、このハゲとヒゲのおじさんたちの像はあった。お地蔵さんはたいがい町や村の片隅にひそやかにたたずんでおいでになるものであるが、これら権威主義の象徴のようなハゲとヒゲのおじさんの像は、どこの町でも一等地の真ん中に「これでもか」とばかりにふんぞり返っていたものである。中には金色や銀色に塗り上げられたモノもあった。当時それを目にした私は「金、銀とは太閤秀吉でもあるまいに、まさに成り上がり者根性の極みだな」と思ったものであった。

昨今も同様の趣味の方が近隣の国にいるようであるが、「ムダな建造物」という言葉を使うならば、これらの像ほど無駄なシロモノもないだろう。しかもこれらの国々の場合、思想の押しつけがあるだけに余計に悪

レーニン像

マルクス像

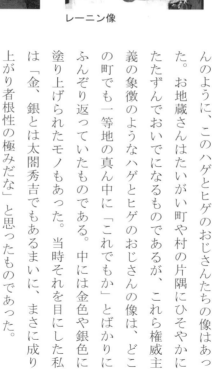

質で始末に悪いものであると思う。このような像こそ、人民の生活を後回しにして造られたモノなのである。きっと自分たちの思想のもとに行われることは何でも正当化できると思っているのであろう。

その後1990年代を迎え、ソ連邦の崩壊と東欧共産政権の瓦解に伴って、各国においてこうした偽りの偶像が民衆の手によって次々と引き倒され破壊されていったことは今も我々の脳裏にしっかりと残っているし、映像の記録が世界中に保存されている。まさに「圧政者の末路、あわれなり」であった。

私は、負の遺産というものもそれなりに教訓的価値があり、できのいいモノは残しておいてもよかったのではないかと思っているのであるが、どうやらあらかた破壊されてしまったようである。プーチン大統領の時代になり、復古的風潮が出ているとのことであり(プーチンはKGB(ソ連秘密警察)の元工作員)、機会があれば再びロシアを訪れ、この目で確認したいものである。

シベリア鉄道の車内食も今は改善されたそうであるが、当時は実にひどかった。そんな旅のさなか、各駅に停車する度に近くのロシア人の太ったおばさんたちがバケツに塩ゆでしたジャガイモを山盛りにして売りに来ていた。1ルーブルでビニール袋いっぱいのジャガイモをくれたが、あれはおいしかった。

それにしても冷戦下に共産圏の一人旅というのは、興味深くはあっても決して快適なものではなかった。各手続きにやたら時間がかかるし、団体旅行ならスンナリ通す所も、私だけやたらと多くの質問を受けた。さらに、いつも誰かに見られているような気がしていたものである（単に当時のソ連人と風体が変わっていたせいかもしれないが……）。

中央アジアのブハラでは、夜に民俗音楽の音《ね》に惹かれて道を歩いていたところ、民警に不審者と思われ勾留されたこともあった。アメリカを発つときに知人から、「先年、経済企画庁のOBがソ連を一人で旅していてスパイ容疑で逮捕され、1年間帰国できなかった」という話を聞かされていたため、自分もそうなるかと冷や冷やしたものであった。幸い、手ぶらでカメラも持っていなかったため、ホテルに連絡がとれて無事釈放となったのである。

極東のナホトカ港には、日本人旅行者向けに無料サービスの共産主義に関する本が何種類も置かれていた。私はオミヤゲ代わりにと一通り、20冊ほどもらって帰国の船に乗り込んだ。そのためか、ナホトカから横浜港に到着した時に左翼過激派の一味とでも思われたのか、「どうして一人でソヴィエトに行ったのかネ？」と今度は日本の入国管理事務所で、私だけ40分近く念入りに取り調べを受けたことを、今もなつかしく思い出すものである。

人生は戦いなり

2017年
1月20日

現在、私の自室の正面にはクリムト作の「黄金の騎士」の複製画が飾ってある。本物の絵は愛知県美術館の所蔵するものであり、〃人生は戦いなり〃という副題がついている。気の弱い私は自らを鼓舞する目的で、この絵を目前に飾り、毎日見ているのである。

クリムト「黄金の騎士」　ポスターより

人がこの世に生き続けるということは、それぞれなにがしかの戦いをしているということである。精子と卵子の邂逅を得て人間としてこの世に生まれる権利を手に入れるためには、まず数億の仲間（兄弟？）との競争に勝ち抜かなくてはならない。すなわち一つの生命の誕生のためには、数億の同様の可能性の犠牲があるのである。どのような平和主義者も人生の第一段階でこの戦いを制して生まれてきているわけであり、その事実を否定することはできないだろう。キリスト教のいう「人間の原罪」というのは、案外こんなところから発しているのかもしれないとも思う。

さらに生まれ落ちた後もまだ戦いは続く。五体満足に生まれることができたか否か。知能や美貌に恵まれた否か。裕福な家に生まれたかどうか。そして愛情あふれる両親のもとに育つことができるかどうか。そうした、本人の意志ではどうしようもない、生まれつき備わった生物的基礎能力と環境的条件が個々の人間に与えられた人生ゲームにおけるアイテムであり、基本設定要件となる。

その点で我々は初動の段階において、風に飛ばされる種子や鳥によって運ばれる果実の種と同じである。そう、人生とは生まれた瞬間から偶然と不公平から始まるのである。おまけに生まれる前や生後に親に殺されたり、捨てられたりする不運なケースさえある。

誰しも偶然の所産として与えられたそれぞれの条件のもとに〝人生の戦い〟を進めていかなくてはならない。第一段階の幸運不運の違いはあっても、例外は無いのである。

戦いの種類は多岐にわたり、次々と降り注いでくる。進学、就職、資格の獲得、昇進競争や自ら挑む選挙もそうである。さらに配偶者獲得のための競争もある。こちらは個々の感情的要素がからみ、さらに難物である。そして幸か不幸か結婚に至っても、その配偶者と子どもたちとの葛藤といった問題が加わってくる。

先日新聞に、世の中には二通りの人間があり、それは「結婚を後悔している人間」と「未だ結婚していない人間」であると記してあった。

先のことはわからないものであるが、うまくいったと思ったことが後にとんだ貧乏クジの元となることもあるし、その逆のケースもまれなことではない。そのように人知を超えた、思うにまかせないものが人生であり、人生航路の至る所にドンデン返しの落とし穴が散りばめられているからこそ人生は最後まで油断できないのである。

幼少時から能力と才能を発揮する子ども、上級に進学してから頭角を現す者、あるいは実社会に出て本来の実力が開花する人などさまざまである。一つの道を堅実に歩む者、運命のいたずらか本人の意志かはともかく、二転三転しながら成功する者、しない者、幸せな人生を送れたかどうかは、本人の人生観、価値観にもよってくるため一概にはいえない。いずれにしてもそれぞれの人生ステージにおいて次々と新たな戦いの場が用意され、それに勝ち残ることが要求される。

時に神仏を呪いたくなるような過酷な運命を与えられ、しかもその中で戦い続けることを要求されることがある。戦いに倒れることがなくとも、その運命の重荷に耐えきれず、自ら人生ゲームを途中退場してゆく者もいる。それも選択の一つではあるが、人生の敗北者の烙印を消すことはできないであろう。チャンスは戦い続ける者にのみ与えられるのであるから。

この仕事をしているとさまざまな人生を垣間見る機会があるが、これまで、生涯、幸運に恵まれた人生というのは聞いたことがない。

また、人からうらやまれる富や社会的地位や名誉を持っている人が必ずしも幸せな人生を送っているわけではない。家庭内や一族との間に不和を抱えていたり、子どもの不出来や健康上の問題などに悩まされていたりもする。自らの失策や不運はもとより、他人の巻き添え、あるいは経済や社会の変化、法律の改正により窮地に追い込まれる人生もある。

それでも生きてゆかなくてはならないのが人生なのである。

『岡崎まちものがたり』刊行。岡崎市民はスゴイ!

2017年1月26日

100周年記念事業の担当課から「100周年の主要事業として、学区ごとにそれぞれの歴史や文化、地域の特色を文章と絵や写真でまとめてもらい、それを1冊の本にして『岡崎まちものがたり』として出版する」という話を聞いた時、当初、正直言って「大丈夫かいな?」と思ったものである。

地域によっては「そんなメンドウくさいことはどうもならん!」という所もあるかもしれないと思ったからである。事実、最初あまり乗り気でない総代さんもおられたと聞いている。

ところが一旦プロジェクトが動き出してみると、それぞれの学区には地域独自の歴史、伝統、風俗、文化に詳しい長老・古老がおいでになり、また一家言のある郷土の歴史家や元先生、文章の達人、絵に自信のある方など多士済々であることがわかってきた。そうした皆さんにハリきって自らのふるさとへの思いや情報を書き綴って頂き、しまいには各学区8ページでは足りないほどの内容のあるものが出来上がった。

平成29年1月19日（木）、『岡崎まちものがたり』が完成したことを記念して市民会館でお披露目会を開催した。また同時に、市のホームページでも本の内容を公開した。

こうしたものが地域文化の集積というものなのだろう。改めて岡崎市民の文化力の高さ、底力というものを再認識し、敬服している次第である。

完成した『岡崎まちものがたり』

最終的に４００ページにのぼる読み応えのある本となり、今我々が読んでも面白く、新たな発見となる話も多い。今やらなくてはできないものができたと思っている。これから20年、30年、あるいは１００年先には大変な資料になっていることと思い、うれしい限りである。改めて御協力頂いたお一人お一人の皆様に感謝申し上げます。

ちなみに表題の文字は徳川18代、徳川恒孝《つねなり》様のものである。

藤岡弘、さん、今春本多忠勝役に！

2017年
1月31日

「家康行列」で本多忠勝役を演じることになった藤岡弘、さんと

昨年、NHKの大河ドラマ『真田丸』で本多平八郎忠勝役を演じ存在感を示していた藤岡弘、さんが、今春の岡崎桜まつりの「家康行列」において本多忠勝役で再び登場することとなった。

出演交渉は、昨年の夏頃から東宝の事務所を通して行ってきた。そして昨秋行った仮契約により正式に出演して頂けることと相成った。

昨春の〝里見浩太朗・家康公〟による盛況ぶりを見ても明らかな通り、大物スターの登場は家康行列の魅力と集客力アップにもつながり、沿道の商店街からも「朝から来客が増えた」と好評だったことから、この度の藤岡さんへの出演交渉を行うことになったのである。ただ、今回は10月に選挙があったため、私が直接御挨拶にうかがうのが12月となってしまった。

国交省への来年度予算要望に出かけた12月12日（月）の午後、電車を乗り継いで世田谷区に到着。駅から東宝の担当者の車で藤岡さんの事務所へと向かった。

さすがにスターの個人事務所らしく、鉄筋コンクリートのがっしりとした建物であった。事務所の前には撮影機材を満載したと思われる大型車両が停められていた。なんとこの細い道路を通ってここに駐車させるのは、藤岡さん御本人だそうである。ちなみに藤岡さんは大型、大型特殊はじめ、ほとんどの車両の免許を持っておいでだそうだ。

2階にあるガラス張りの応接室に向かった。階段をのぼる途中、テラスに本物かと見まがうような陶器製のトラの置物が我々の方を向いて座っており、ドキリとさせられた。応接間のテーブル上には、本多忠勝に関する資料や藤岡さんが雑誌インタヴューに答えたコピーなどがていねいに並べて置かれており、藤岡さんのこの役に対する思い入れと、来客に対する細やかな心配りが感じられるようであった。窓際には初代仮面ライダーの当時のポスターや貴重なフィギュアなどが並べられており、きっとマニアにはたまらないお宝であろう。

そういえば今回の話を本多家の御当主・本多大將《ひろゆき》さんに伝えたところ、初代仮面ライダー世代でもある大將さんは「ともかく理屈を超えてうれしい」とコメントされていた。

ほどなくして入室してこられた藤岡弘、さんは肩書きに武道家とある通り、1メートル80センチを超える体軀《たいく》に筋肉のヨロイをまとっているような方であった。そうした見かけに反して、声はソフトでラジオの朗読番組に合いそうな、やさしい語り口であった。

今回の本多忠勝役についてはいちばん敬愛する戦国武将であり、ＮＨＫの大河ドラマに忠勝役の出演依頼があった時は運命的なものを感じたそうである。私たちにはこれまでも主役を歴任されてきたイメージが強いのであるが、御本人は「役者人生で初めて本当にやりたい役が回ってきた」と熱く語られた。

藤岡さんの武士道と日本文化・伝統に対する思い入れは深く、俳優業の傍ら、武士道と日本文化の伝道師として世界中を回って活躍されていることはつとに有名である。私もこれまで70数か国を訪れているが、藤岡さんの１００か国近くにはとても及ばない。

職業軍人であると同時に武道家でもあり、戦後は警察官として指導的立場にあった父君喜一氏から「文武両道に通じる規律ある生活と古武術に始まり、柔道、剣術など各種武道を厳しく指導を受けたこと」が、今日のベースになっているということであった。

父君は戦時中に受けた弾の跡やキズ跡があり、そのせいか長生きはされなかったとのことである。そのため戦友でもあった小野田寛郎少尉が戦後29年経って（昭和49年）フィリピンのルバング島で発見され、帰国した折には、息子である藤岡さんと出会う機会があり、小野田さんとはその後も親交が続き、父君の語られなかった戦時秘話を聞くことができたという。その後小野田さんがブラジルへ移住し、牧場を始められ、ブラジル軍に関わりを持たれていたころにも藤岡さんは南米まで出かけられたそうである。小野田さんが亡くなられる前にもう一度会うという約束が果たせなかったことが心残りであると語られた。

藤岡さんは東宝映画「大空のサムライ」（昭和51年）にも主演されている。原作者であり物語の主人公でもある零戦の撃墜王・坂井三郎氏とも面識があり、多くのお話を直接聞かれているそうである。藤岡さんはこの映画の後に小型飛行機操縦の免許もとっている。小型船舶の免許もあるそうであるから、陸・海・空すべての映画に対応できる。無線の資格もあるそうで、これで爆発物取扱の資格があればアメリカ海軍のネイビー・シールズの隊員も務まりそうである。

それから時代劇の話でも盛り上がった。友人から「映画オタク」と呼ばれる私であるが、「椿三十郎」における三船敏郎と仲代達矢の終盤の決闘シーンについてつい熱く語ってしまった。瞬時に決まる三船さんの居合い抜きの場面をスローモーションで観てもよくわからず、後に何かの本で読んで「右手で抜いた刀の背を左手のヒジで押し切りするように高速回転させる」ということを知ったとお話したところ、さすが刀道教士七段、抜刀四段に加え、居合道も極めておいでの藤岡さんは、すでに御自身も試みておられ、「あれって本当に出来るんですよ。私もやってみました」と軽く答えられ、またもや驚かされた。

よく手入れされている日本刀の刀身は台所の包丁とは違い、うっかり刀の部分を握りでもすれば手の平が切れるほど鋭利である。私たちがマネでもしようとすれば、自分の手足を切るのが関の山である。武芸百般に通じた現代のサムライ・藤岡弘、さんにおいてこそ成し得る技であることを明記しておく。

話がはずみ、1階の奥にあるお茶室にも案内して頂いた。室内には藤岡さん自らデザインされた鎧兜をはじめとし、何領もの甲冑《かっちゅう》が並んでいた。囲炉裏の周りに腰を下ろした我々は、藤岡さん手ずから入れてくださったお茶を頂き、足元に置いてあった仕込みヅエ（レプリカ）も見せてもらうことができた。

これらの凝り具合に私は同じ傾向の趣味の臭いを感じ、個人的にも藤岡弘、さんを好きになりそうである。

別れ際に「また、ぜひ遊びに来てください」と言われたことを女房に話すと、「バカじゃない、社交辞令に決まってるじゃない！」と一笑に付されてしまった。

しかし帰りに外まで出て、私たちの車が角を曲がるまで見送ってくださった藤岡さんの誠実な姿からは真実しか感じられないと、私は勝手に思っている。

母の死

2017年
5月28日

5月19日（金）、朝6時に目覚め、その日一日の日程と挨拶文のチェックをしていたところ、珍しく携帯電話のベルが鳴った。「緊急事態以外に早朝の電話はしないよう」事務局や身内には伝えてあるため、「何事か！」と手に取ってみると妹からの緊急電話であった。

母・内田美恵子

先日、入院中トイレに行こうとして転倒し、大腿部骨折の手術をしていた母が「手術後半日経過した本日（19日）未明になって容態が急変した」との知らせであった。

とりあえず朝一番目の仕事には代理を立て、病院へ急行した。病室にはすでに妹たちが到着しており、医師と看護師による心臓マッサージの緊急措置の真っ最中であった。もう本人の意識は無く、体温も低下しており、普段から低体温である母の体はさらに冷たくなっていた。

時の経過と共に、脈拍と心拍数の機械表示の数値が下がってゆく。ゼロ表示になっては、心臓マッサージの圧力で再び数字が戻ってくる。他人の力で血流が保たれているだけの母の姿が哀れでもあった。肺が破れ、血が口から逆流するようになり、何度目かのゼロ表示のあと臨終の時を迎えた。午前10時6分であった。

高齢者の骨折がそのまま死につながることは少なくない。そのため〝転倒骨折〟の報を受けた段階で手術ができるのかどうか危《あや》ぶんでいた。

今回、転倒から8日間の時を経て、体調の安定を確認した上で手術に臨んだと聞いている。生来、過敏体質であり、常に多種の投薬を行っている母であるので、さらなる投薬に加え出血、輸血を伴う手術は過重な負担となったのだろう。手術そのものには成功したものの結果的に死期を早めてしまったのかもしれない。

いずれにせよあまりに突然の母の死であり、なかなか現実を受け入れることができなかった。後に火葬場での遺骨拾いの際に、もろくなってほとんど原形をとどめない母の遺骨とは対照的に、黒く焼けながらもしっかりと形状の残っていた人工関節の金属に対し、妙な無常感を覚えたものであった。

葬儀は身内だけでしめやかに行うことも考えたが、友人知人の多い母であったことを思い、親族、子どもとしてできる限りの葬式を行うことにした。

盛大なことに価値があると思っているわけではありませんが、5月22日（月）の通夜式、23

日（火）の告別式には１５００人程の皆様の御会葬と３００通近くの御弔電を頂き、これまで見たこともない多くの生花と共に母を送り出すことができたことに対し、心から感謝申し上げます。

また、葬儀の時間短縮のため個別焼香のお名前呼び出しの省略と、以下5名の方々のみの御弔電披露となったことをお詫び申し上げます。

安倍晋三内閣総理大臣
大村秀章愛知県知事
豊田章男トヨタ自動車株式会社代表取締役社長
益子修三菱自動車工業株式会社代表取締役社長
大林市郎岡崎商工会議所会頭、岡崎信用金庫会長

＊個別でお手紙、ブログへのお便りを頂いた皆様へも心から感謝申し上げます。
以下は私の当日の遺族代表の挨拶です。

遺族を代表し御挨拶を申し上げます。

本日は皆様御多用の中、亡き母、内田美惠子の通夜式並びに葬儀に際しまして、4名の愛知県副知事はじめ公職者の方々、多くの皆様の御会葬を賜りましたことを心より感謝申し上げます。

母は昭和6年（1931年）8月29日の未年《ひつじどし》生まれの満85歳であり、この夏を迎えていれば86歳となるところでありました。

このところ年中行事のようになっている、定期的な病気治療の入院中の出来事でありました。去る5月10日、自身でトイレに行こうとして転倒、大腿部骨折という大ケガをしてしまいました。高齢者の骨折が死期を早める事例も多いわけでありますが、比較的事後の経過も安定しており、1週間ほどして人工関節にする手術を行いました。手術後の結果も良く、リハビリを行う手はずも整い、本人も意気軒昂であったのですが、手術後半日程経過したころ、突然容態が悪化し、急性循環不全のため還らぬ人となりました。

身内の誰もが亡くなることを想定しておらず、いつもの治療入院であり、週末には見舞いの面会ができると考えていた矢先の出来事でした。私たちも驚いておりますが、ひょっとすると今いちばん驚いているのは狭い棺《ひつぎ》の中にいる母・本人ではないかと思っております。

母の旧姓は杉浦美惠子であり、岡崎市立高等学校（現・愛知県立岡崎北高等学校）を卒業後、父・内田喜久と結婚し、愛知新聞社社長の妻となり、その後政界に転じ、県会議員、岡崎市長となった父と共に多難な人生を生きて参りました。

母は平成7年（1995年）の私の3回目の県会議員選挙の折、しばらく地元を離れていた父の代わりに選挙区内を歩き回り、無理を重ね足を痛めてしまいました。その後、モルトン病、膠原病、シェーグレン症候群を併発して歩行困難となりました。

この20年ほど、外出は病院と美容院に出かけるくらいの生活となっており、長らく多くの皆さんに御無沙汰をしておりました。それでもおかげ様で年老いてからも本人の意識はしっかりしており、私と会う時など、その都度ＴＶなどで仕入れた情報を元によどみなくさまざまなアドバイスをくれたものです。私も多忙のゆえ3か月に1回くらいしか会えなくなっておりましたが、母の存在は一つの心の支えであったような気がしております。近年は歩行が困難なゆえに自身の行動は思うに任せない状況となっていましたが、多くの方々の励ましと友情のおかげで元気に過ごしておりました。

若き日の母　右は私

最近の母の一番の喜びは七人の孫たちがそれぞれに自分の道を見つけ、人生の歩みを始めていたことであると思っています。中でも先頃結婚致しました私の長女がこの秋に出産を控えており、初のひ孫の顔を見ることを楽しみにしておりましたので、ただそのことが心残りであります。

私としましても現在進めております本市のさまざまな施策の内、市街地活性化事業の一つ、乙川リバーフロント計画の（仮称）乙川人道橋の完成を間近に控え、〃三世代夫婦の渡り初め〃が行われる場合には車イスを使い、その仲間入りが出来るものと思っていたことが残念であります。

内田ファミリー（1975年）

母はお嬢さん育ちであったため、モノをはっきりと言い過ぎ、時に誤解されたり、少々我がままな所もあったりしましたが、人にはやさしく世話好きで動物たちにもやさしい心配りをする人でした。私たち兄弟が皆動物好きであるのも母の影響であり、私たちが捨て犬やノラ猫を拾ってきた時もいつもやさしく見守ってくれる人でした。
若き日の母はとても活発でおシャレでモダンな人でした。映画や文化芸術にも詳しく、手先が器用で多趣味であり、ものの考え方も柔軟性に富み先進的であり、私のアメリカ留学を後押ししてくれたのも母でありました。

また私たち子どもに対しては教育熱心のあまり、時に厳しい一面もありましたが、あらゆる意味で話のわかる人であり、人生の良き相談相手でありました。まだまだ報告しなくてはならないこと、見てほしかったモノなどたくさんありますが、今はただこれまでの無限の慈愛と私たちに施してくれた教育に対して感謝し、冥福を祈るのみであります。今後は天から孫やひ孫たちの成長を見守ってくれることを願うばかりであります。

本日は長きにわたり母と親交のあった皆様をはじめ、父と御縁の深い方々、また公職、官公庁、諸団体関係の多数の皆様方の御会葬を賜り、本当にありがとうございました。すべての御会葬者の皆様方に遺族を代表致しまして重ねて御礼を申し上げます。本日は最後までありがとうございました。

追記
母は茶目っ気のある人で、私たちが子どものころ、よく死んだ振りをして驚かされたものですが、今でもひょっとすると「今度は完全にだまされたね」とか言ってひょっこり現れそうな気がしています。

それほど急な母の逝去でした。

ボーイスカウト気質とDO IT YOURSELF

2017年6月12日

今年も恒例のボーイスカウト三河葵地区協議会の年次総会に出席した（5月14日）。昨今、少年期、青年期の問題が社会の関心事として注目を集めることが多い中、ボーイスカウト活動に再び光が当てられている。

ボーイスカウトは社会奉仕や自然体験などさまざまな活動を通じて、生命を尊重する心、仲間と話し合い協力する心、モラルや正義感、自然や美しいものに感動する心などを育むことを目的とする。さまざまな知識と経験を重ね、自立心を養い、子どもたちをより良い方向に導いてゆく教育活動としてその果たす役割には大きいものがあると認識している。

実は私も今は無きボーイスカウト岡崎第9団の一員であり、小中学校の内、5年間お世話になったものである。当時ボーイスカウトは習い事の一つのようになっており、私の町内（東康生）では子ども会がそっくりボーイスカウトに入団していた。横着なクソ坊主であった私が少しはまともになれたとすれば、まさにボーイスカウトのおかげであると思っている。

当時の先輩や仲間が今日も指導者として元気にがんばっている様子を見ることは、ＯＢの一人としてうれしい限りである。かつて岡崎市には10ほどの地域に団があり、毎週末の各団の活動に加え、さまざまな地域行事への参加、清掃奉仕活動、交通整理の手伝いまでしていたものである。

あれから数十年の月日が経っているが、ボーイスカウトで身に着けた知恵と技は今も生活の各場面で役立っている。ロープワークの技術は作業時に助けとなり、私の場合ヨットを始めた時に新たに覚えることはなかった。手旗信号は今もできるし、飯ごう炊さんも今でもやれる自信はある。

今も私の手提げカバンの中には多用途ナイフ、裁縫道具、救急セット、薬、歯ブラシに加え、底には2メートルあまりのロープがクッション代わりに入れてある。口の悪い友人からは「貧乏性だ」と言われるものの、こうした備えのおかげでいつ命が助かることがあるかもしれない。明らかに〝備えよ、常に！〟が合言葉であるボーイスカウト生活の後遺症（?）であると思っている。

前にも触れたことがあるが、面白いことにボーイスカウト経験者は大人になっても同様のクセが抜けない人が多い。私は今もシャツのボタン付けやズボンのスソ上げくらいは自分で行うし、料理もできるので一人暮らしも苦にならない。すべてボーイスカウト生活のおかげである。何より「自分のことは自分でやる」という生活習慣を叩き込まれたことは生涯の財産となっている。

だからというわけではないが、県会議員の最後の2年間のころには家のリフォームにまで手を出すことになった。今住んでいる家は築66年目を迎える木造モルタル建てである。本来2棟であったものを後から接続して1棟にしたため、20年来雨漏りが絶えない。そのためにこれまで何度も自分で屋根に上りペンキを塗ったり、壁のひび割れを、コーキング剤を使って埋めたり、レンガとセメントで補強を行ったりしてきたものである。

10年ほど前に知り合いの建築業者や大工さんに相談したところ、「もう寿命が来ており、リフォームは金の無駄づかいであり、建て替えた方がいい」と同様の答えをもらった。そのため「失敗したらその時に建て替えを考えよう」と自分で家のリフォームに挑戦したのであるが、以来8年間は使用に耐えたものの、ここに来て温水器が壊れ、原因不明の雨漏りが増え、TVが映らなくなり、とうとうガス台も壊れギブアップすることになった。

話が家のリフォームに脱線してしまったが、ボーイスカウトをやっていなければ自分で家を直そうなどとは考えもしなかったことだろう。

今の子どもたちはヘタに小利口になってしまい、何事もやる前からできることできないことを自分で決めてしまい、難しいことに挑戦しようという気概、〝チャレンジ精神〟に欠けているように思われる。私がそうした気概に満ちた人間であると胸を張る自信はないが、現在の家庭教育や学校教育に不足している要素をボーイスカウトの活動が補ってくれる可能性があると考えるものである。

昨今、ボーイスカウトの募集活動に対して否定的な方もいるという話を聞いている。確かにボーイスカウトは陸軍の伝令役の少年兵から発展して、イギリスのベーデン＝パウエル男爵によって少年教育の手段として始まったものであるが、軍国主義的な組織ではない。世界的な組織として各国でさまざまに有意義な活動を続けている。

自立した生活習慣、チャレンジ精神の涵養、生活の知恵の獲得など、人生に大きなメリットのあるボーイスカウト活動に対し、市民の皆様の御理解と御協力をお願いします。

レッドサラマンダー（赤い飛竜）出動す！

2017年
7月27日

２０１３年、国から岡崎市に全国でただ一台配備され、その活躍のほどを期待されていた全地形対応の消防車両「レッドサラマンダー」が、今回の九州北部地域への集中豪雨災害に対応すべく、愛知県の派遣部隊として本市の緊急消防援助隊の隊員と共に出動した。

派遣部隊は３次にわたって交替派遣され（各８人）、１次隊は専用の運搬車に乗せられたレッドサラマンダーと共に総務省からの出動要請を受け、７月５日に岡崎を発ち、６日に大分県日田市に到着した。

なかなか出動しないレッドサラマンダーを、時に「宝の持ちぐされ」の如く言う人がいるが、国からお預かりしている車両を、岡崎市単独の意志で他所へ出動させることは法的にできないのである。そんなことも知らないのだろうかと情けない思いがしている。さらに、戦車のように重車両の車体を下にまだ人間が埋まっているかもしれない場所で走らせることができるかどうかは子どもですら判断の付くことである。そういう人たちに限って、キャタピラの跡のついた死体が出てきたような時には、逆に手の平を返したように出動したことを批判するものである。今回そうしたことが無かったことは幸いであった。

大分県日田市に出動したレッドサラマンダー

7月6日に大分県日田市に到着した隊員とレッドサラマンダーは、同市の上宮町や鶴城町などの孤立集落に派遣され、住民の安否確認や情報収集、隊員と物資の搬送などに活躍した。直接ヘリコプターが降りられない地域や、ガケ崩れで道路が寸断された不整地形でもキャタピラの力で乗り越えて行ってしまう能力は頼もしい限りである。ただし、今回、車体のバランスが崩れればガケ下へ転落しそうな所での活動もあり、くれぐれも運用には慎重を期して頂くことをお願いしたい。

帰任した隊員たちの報告によれば、「これまで岡崎において積み重ねてきた、土砂や泥、水中、ガレキの上などを走破する訓練が十分に役に立った」ということであった。一方、「レッドサラマンダーのエンジン音が車内に響き、音による車外の変化の察知が十分できず、二次災害の心配がある」との意見もあった。この点は戦車の無線通信システムを参考に、外部との連携を密にする必要があると思う。

レッドサラマンダー隊は7つの捜索地点の偵察を終え、9日からは3次部隊が大分県日田市から福岡県の朝倉市へ移動となり、災害活動を実施した。その後任務を終え、13日正午過ぎに岡崎に無事帰還している。また期間の翌日14日午前には、小牧・犬山両市の集中豪雨対策に備え、名古屋まで出動し待機していたが、幸いにもこちらは出番が無く戻ってきている。

言うまでもないこととも思うが、勘違いをしないように一つ言っておきたいことがある。本来災害が無く、出番の無いことが最善なことで、災害だからといって、考えもなくむやみやたらにしゃしゃり出て行けばいいというものでもないのである。

今回の経験を踏まえて、どういうケースでどういう使い方が合理的であるかということを、再度、国・県と調整しておくべきであると考えている。

それから地元の被災者の一人がTVのインタヴューで「出動が遅い」というコメントを述べ

ておられたが、国の指令を受け、岡崎から九州の現地まで行くには今回の手順が精一杯である。もしできることなら同様の車両を北海道、東北、関東、近畿、中国、四国、九州の各所に1台ずつ配備できないかと思うものである。そうすれば、もう少し早い対応も可能となる。レッドサラマンダーは意外なことにシンガポール製で、1台1億円だそうである。我が国の高い技術力を活用して国産の車両が造られることになれば、もっと良いモノが出来そうな気がするのであるがどうだろうか？

引っ越し大作戦完了す　その1

2017年
9月4日

決して引っ越しというものをナメていたわけではないが、今回引っ越しがいかに大変なことであるかということを骨身にしみて思い知らされたものである。

そもそも家の建て替えなどしなければ、引っ越しなど必要ないのであるが、築66年、木造モルタル造りの我が家が10年程前からひどく傾くようになり、安全性に問題が出てきたのである。雨漏りもひどく、因果関係もはっきりしないまま漏電のため私の家から火事を起こすことがいちばん怖いことであった。

自宅前にて。2017年1月1日撮影

10年前にもリフォームを考え、知り合いの建築業者や大工さんに相談したところ、異口同音に「これはもう手遅れだよ。建て直した方が良い。リフォームは金の無駄づかいになる」という答えであった。

それでも、「失敗したら建て直そう」と思い、自分で屋根や外壁のペンキ塗りをし始め、併せてリフォームに挑戦してみた。柱を補強し、壁、天井も張り替え、断熱材まで使っててていねいに作り直してみた。〝DO IT YOURSELF〟の本を見ながら取り組んだのであるが、思いの他きれいに仕上がり、自分としては気に入っていた。

ところがとうとう昨年の夏からＴＶが映らなくなり、年末には温水機が作動しなくなり、今年に入ってガス台も使えなくなってしまった。何より原因がはっきりしない点が一番の不安であった。

そして2月の突風時に、地震と間違えるほど家が揺れたことが決定打となった。石川達三の『風にそよぐ葦』なら風情もあるが、〝風に揺れる家〟ではシャレにならない。

本市の防災対策の顧問になって頂いている名古屋大学の福和伸夫教授からも、「災害対策本部長の家が余震でつぶれていては困るので、家を建て直すように！」とお会いする度に言われているところでもあった。

公職者が家を建てたり新車を買ったりすると、とかく悪口の種となるものであるが、友人から「町の景観を説いている本人の家が、町の景観を損なっている」とまで言われており、周囲の家が建て替えられ、近所でいちばん古い家となったことで今回思い切って建て替えに踏み切った次第である。

近所でいちばん古い家となった自宅

当初は、2、3か月前から準備をして、1、2週間ほどで引っ越しはできると思っていたが、私の見通しが甘かった。

5月中旬に母の急死という思わぬ出来事に加え、6月議会、フフホト市（中国）訪問、市制70周年の石垣市訪問、東京陳情活動、数度の市民対話集会、都市対抗野球の始球式、夏まつり、花火大会等々、代わりのきかない仕事が連続し、引っ越しの準備が大幅に遅れてしまったのである。毎年5月の連休や年末にキチンと掃除をしていればこんなこともなかったのであろうが、忙しさにかまけて、この10年ほど大掃除をしたことがなかった。そのツケが回ってきたのである。なんと今回家から出たゴミ、不要物、廃棄物の総量が4トンになり、自分でもあきれてしまった。

不要品の総量がこれほど膨大になったのは、父の仕事上（新聞社）、古い資料や本、関連の品物が大した値打ちもないのに後生大事にしまわれてあったのと、私も、子どもたちの思い出の品に加え余分なものを多く溜め込みすぎていたせいである。

どうしてこんなものがまだ家に置いてあったのかと思われるような古い電化製品や日用品があり、ことに困ったのが宗教関連の品である。母が知り合いから勧められて関わった神仏やお札、経文、仏像、写経などはゴミとして捨てるわけにもいかず、とりあえず箱詰めにして保管してあるが処分に困っている（ご年配の皆さん、この点ご注意ください）。

荷物の整理と運搬のため、お盆休みをはさんだ8月の2週間、平均睡眠時間2、3時間、うち完全徹夜2日間を費やすこととなった。なんとか乗り切ったものの、心身ともにクタクタであった。災害などは無い方が良いのであるが、今回のことで災害発生時の本部長としての予行演習ができたと思っている。

古い家の引っ越しには予想外の出来事がおこるものである。給湯器をはずしたところ水道管がひび割れて水漏れしたり、左側の柱の付属物をはずしたところ右側の柱が傾き出したり、古

引っ越しをお手伝い頂いた方々

い建物の引っ越しは命懸けでもある。ところどころ床が腐りかけているような建物での連日の肉体労働はさすがにきつく、自らの筋肉の衰えを実感させられた。

ランニングシャツと半ズボンの「裸の大将・山下清」スタイルで荷物を運んだり作業をしたりしていると、私と気付かない人も多い。気付かれるとイチイチ説明しなくてはならず、私としては好都合であった。

いずれにしても今回御手伝い頂いた友人、青年部の皆さんには心から感謝申し上げます。

引っ越し大作戦完了す その2

2017年9月8日

古い家の引っ越しにおいて気を付ける必要があるのがホコリである。いわゆるハウスダスト、長年たまったホコリが粉塵となって空気中を漂い、長時間そうした環境で作業をしていると突然呼吸困難となったり、アレルギー反応が出てセキが止まらなくなったりすることがある。

そして熱中症である。夏の引っ越しはお勧めしない。ことに家の取り壊し作業前には家をスッポリと袋で囲うように防音、防塵対策をとるため、中にいると酸欠状態になることがある。さらに取り壊し直近には電気も止まるため、エアコンも扇風機も無い最悪の作業環境となってしまうため注意が必要である。

以前近所で雑談中、「将来、山の中の広い所に住みたい」ということを言ったことがある。その時に隣のオヤジさんから「一度康生に住んだ人間はヨソでは暮らせないよ」と言われたことがある。

確かにこの辺りには生活に必要なものはほとんど歩いて買いに行ける範囲にそろっており、この便利さは捨て難い。おまけに地下は頑丈な岩盤であり、防災上の安全性も高い。かつての岡崎城の城郭の中に位置し、少し高台となっているため矢作川が溢水《いっすい》しても大丈夫である。

そのためか、高齢化の時代を迎えた今、郊外から中心部のマンションに移り住んで来られる年配の御夫婦が増えているというのが近年の傾向である。市外に出た子どもも帰って来ず、老人世帯には郊外の大きな家の管理の負担は大きく、不用心でもある。さらに、老人夫婦の緊急時対応には不安も多い。中心街のマンションなら近くに病院もあり、大病院までの時間も短い。おまけに1階がショッピングセンターになっているところもあり、高齢者には最適な生活環境といえる。

そして何よりも私のように、この地に長く住んでいる者にとっては隣人の多くの皆さんと親戚同様のお付き合いがあり、こうした住み心地の良さというのも大きな財産であるといえる。

現に今回の引っ越しに際し、工事用車両の駐車場を提供して頂いた方や、わざわざ倉庫のスペースを空けて荷物を置かせて頂いている方まであるのである。こうした多くの皆様の善意と御協力によって、この度の困難な引っ越し作業が完了した次第であり、すべての皆様に改めて感謝御礼申し上げます。本当にありがとうございました。

追記

そしてもう一つ、今回の建て替えの件において、私は市内の建築業者の皆様にお詫びをしなくてはならない。

日頃、「地元の業者の担う仕事を増やしたい」と言ってきた私がその約束を果たせず、大手ハウスメーカーに仕事を発注することになった点である。

しかし、私のような立場の者が地元の入札業者に自宅建設の工事を依頼すれば、必ず何らかの癒着が疑われることになり、最近流行りの忖度《そんたく》の存在もさまざまに指摘され兼ねないことになる。そうした誤解や悪口を避けるべく、賢明なる諸先輩方の所作を見習い、今回第三者的・外部の事業者に依頼することとなった。その点、何とぞ御理解頂きお許し願いたいと思っている。

三猫と一犬との共同生活始まる

2017年
9月30日

初日に連れて行ったトラオ

「過労のため死ぬかもしれない」と思った引っ越しを終え、8月下旬から3匹の猫と1匹の犬との共同生活が始まった。生活スペースの関係で、私としては久しぶりの〝ハッピー・シングルライフ〟を満喫できることとなった。毎日、犬と猫にエサをやって、「ネコさんお達者で、今日はおグシの具合もよろしいようで」などと言っていればいいのである。

もともとボーイスカウト上がりで、自炊、洗濯や掃除も裁縫も抵抗感のない私にとって、女房、子どもから解放された一人暮らしはストレスの無い快適な暮らしとなっている。これまで単身赴任の方に対して「大変な仕事」と思い込んでいたが、案外そうではないのかもしれない（だいいち1年の半分が遠征生活のプロ野球選手は離婚が少ないではないか）。

それにしても今回、犬猫付きの条件でも家を貸してくださったKさんには本当に感謝している。この家無しにこの度の引っ越しは成し得なかった。

犬猫の引っ越し先と同時にいちばん心配していたことは、動物たち、ことに「家につく」動物といわれている猫たちが違う家に馴染むかどうかであった。猫は人の10万倍もの嗅覚を持っているといわれており、今回の借家が以前5匹の猫を飼っていたということだったので、その残り香を嫌って脱走してしまわないかと心配したのである。

引っ越す前に猫用の部屋を念入りに掃除して、ゴザを敷き、その上に猫たちのニオイのついた小じゅうたんを置き、各所に彼らの愛用品を散りばめておいた。さらに彼らの使っていたトイレの箱やエサ皿もそのままの形で持ってきて、できる限り不安を感じないように配慮をしておいた。

初日にトラオを連れて行った（あとの2匹は隠れていて見つからなかった）。見慣れない空間と違う家のニオイに警戒心いっぱいの様子であったトラオは、いつの間にか2階の猫部屋を抜け出して、1階の荷物置き場となっている部屋の段ボールのスキマに隠れて出てこなくなってしまった。呼んでも反応せず、ショックの大きさがわかるようである。「自分は捨てられた」とでも思ったのかもしれない。

2日目には、ようやくつかまえたプースケとピーコの2匹を連れて行った。前日のトラオ同様、警戒心丸出しで耳をピンと立てシッポを下げて動こうとしなかった。

ただ面白かったのは、前日はおびえて隠れていたトラオが、1日の長があるせいか、「君たち、何ビビってるの？」とでもいう感じで余裕をかましてて２匹の前で毛づくろいをしていたことである。幸い他の猫たちも翌日には慣れ、同様にくつろいでいた。

新居（？）は家の中で日なたぼっこができ、窓から外の風景を見下ろすこともできて彼らにとってても居心地が良いらしい。引っ越し作業中のように突然知らない人が入ってくることもない。毎日よく食べ、よく寝ている。そのせいか、わずかの間に太ってきたようである。そのため猫のトイレ掃除を１日２、３回することが私の新たな仕事となっている。

ただ、２匹のオスネコは慣れてきたら、さっそく外への脱出の機会をうかがっており、その点油断がならない。家の前は幹線道路で、車の通行が激しい。それに他の猫の縄張りにヨソ者がブラついていればヒドイ目に遭うことは明らかである（ウチのネコにその戦いに勝つ力はない）。

プースケとピーコ

しかし、犬のアミだけは相変わらずままならない。未だに誘拐された子どものような目で私を見ている。陽の当たる玄関口に犬小屋を置き、ガードできちんと囲ってやっているのであるが、急激な環境の変化のせいか食事の進みも悪い。エサをやって頭をなでてやっても迷惑そうな顔をしている。

シャクなことに、ヨメさんや息子が散歩に連れて行くために立ち寄ると「助けてくれ」とでも言わんばかりに飛びついて甘えている。何が気に入らないのかわからないが、私が呼んでも寄ってこない。ひょっとすると私とヨメさんが言い合いをしている所を見て、私を敵だと思っているのかもしれない。飼い犬においてこんなケースは初めてである。

時に「一人暮らしでさみしくないか？」と聞かれることがあるが、TVが映らなくてニュースをラジオに頼っていること以外、概ね快適な生活であるといえる。

不安そうなアミ

近年、〝孤独死〟が社会問題となり、議会においても時々とり上げられることがあるが、私は個人的には孤独死はむしろ歓迎である。死ぬ間際はぜひ一人で静かに過ごしたいと思っている。しょせん人間は一人で生まれ、一人で死んで行くのである。「お父さん、最後にここにサインしてハンコ押してください」などと言われながら臨終の時を迎えるのはマッピラである。

犬猫に看取られて亡くなり、数日後家族に発見され、葬式を迎えるというのが私の理想的な終末の姿である。

日露戦争の地をゆく

2017年
10月28日

今年の7月、友好都市提携30周年を迎えた中国・内モンゴル自治区の呼和浩特《フフホト》市を「友好の翼」の皆さんとともに訪問した。公式日程を終えたあと富士ファインの大連工場を訪れ、次に私がどうしても足を運びたいと希望したのが郊外にある２０３高地と旅順港であった。ちょうど「友好の翼」で参加された皆さんの訪問コースとなっていたため同行することとした。ただし時間の都合で旅順港は山上からの見学となった。

明治維新後の我が国の歩みの方向性を決めるターニング・ポイントとなったのは、この日露戦争における勝利である。白人の巨大国を破った有色人種の東洋の小国の存在は世界に大きな影響を与え、同時に日本の国際的地位を高めることになった。軍事的に自信を持った我が国の歩みは、この時に決したともいえる。

しかし、戦いに勝利したとはいえ、その実態はアメリカの仲介による〝水入り〟の勝利であり、日本の払った犠牲はロシアを上回っており、講和時においてそれ以上の戦いを続けることは不可能であった。対してロシアは欧州に陸軍の精鋭部隊を残していた。日本海海戦における奇跡的な大勝利のイメージが強く、ギリギリの勝利であったことが忘れられがちとなっている。

しかもその日本海海戦の勝利も、２０３高地の奪還と、そこからの28センチ榴弾砲による旅順艦隊のせん滅により、バルチック艦隊と五分の勝負ができたことによるものである。

もし２０３高地の陥落が遅れたり、奪還できなかったりした場合、生まれて間もない日本海軍はバルチック艦隊と旅順艦隊の合流した倍となる敵と海上で相まみえることとなり、制海権を失った日本軍は増援も無く、大陸で孤立し、逆に欧州から送られたロシア軍に叩かれ、日本はロシアに隷属する運命となったはずである。そう考えると２０３高地の戦いは日本の運命を賭けた戦いであったといえるのである。

28センチ榴弾砲

富士ファインの大連工場を訪れた私たちは昼食後、水師営《すいしえい》に向かった。ここは日露戦争における両軍の巨頭、乃木大将、ステッセル中将の会見の場であるが、現地はひなびたあばらやが建つのみだった。

玄関の小部屋の左右に、それぞれ10畳ほどの部屋が一つずつあるだけで、ボロボロの土壁の様子を見てもとても歴史的会見の行われた場所とは思えない。中に牛でも飼って農具が置かれていたとしても一向に不思議ではないたたずまいであった。現在は博物館として使われており、右側の部屋には写真と解説のパネルがあり、左側の部屋には戦いの遺品や書などが並べられてあった。そこにあるモノはすべて当時の本物であるということであったが、どうにもウソっぽい様子だった。懐中時計などは現在も動いており、しかもどれでも1個1万円で販売するというのである。それを聞いていかにもこの国らしい商売であると思った次第である。むろん本物ではあるまい。

わざわざこの地を訪れるのは日本人ばかりであり、中国政府に日本帝国の勝利を記念する施設を整備する意志はなく、荒れゆくままである。しかも本物の建物は一度崩され、現存しているモノは似た建物を使って観光用に再建されたモノなのだそうである。「このままでは施設を維持できないので、寄付すると思ってオミヤゲを買ってくれ」と言うが、値段がけっこう高く、信憑性もあやしいモノが多かったので私は何も買わなかった。たとえ寄付したとしても本当に施設のために使われる保証すらないのである。

203高地は緑地公園になっている

次に山上の203公園に出かけた。かつての激戦地203高地は、今は緑地公園として使われており、緑の山となっていた。現在山頂に残っているモニュメント、石碑、当時の大砲などは日本統治時代に整備されたモノがほとんどである。バスから降りて山頂まで20分ほど徒歩であるが、かなりの急斜面であり、年輩の方には厳しい行程であった。映画でおなじみの戦場としての２０３高地は、度重なる戦いにより砲弾で耕された赤土山のイメージが強いのであるが、現在は緑の木々に覆われた行楽地となっている。砲弾と機関銃の弾を浴びながらこの急な斜面に塹壕を掘り、鉄条網を破りながら屍《しかばね》を越え突撃を繰り返したのである。ただ上るだけで息の切れる急斜面の上で、今から１２０年ほど前に血で血を洗う大激戦が行われたことを想像することは難しい。時の経過というのはそうしたものであり、すべてを過去のものとして記憶の彼方へ押しやってしまう。山頂からの眺めはただのどかな緑の広がりを見せるだけである。

203 高地山頂

日本陸軍の司令官、乃木希典《まれすけ》大将は金州城の攻防戦で長男・勝典を亡くし、２０３高地の戦いで次男・保典も失っている。登頂の途中、次男が戦死した場所に碑があると知り足を運んだが、道が崩れておりたどりつくことができず、その方向に黙とうをして戻ってきた。

乃木大将は明治天皇の崩御に際し、妻と共に殉死しており、明治という一つの時代のために一家を捧げることになった。近代になっても武士の価値観を捨てられなかった、文字通りラスト・サムライの一人であったといえよう。

元来、乃木大将は軍人というより学究的性格の強い人であり、後に学習院の校長となり、幼時の昭和天皇の教育係となっている。漢詩における素養は中国人の学者もうならせるものがあり、その作品は今日もなお詩吟としてうたわれ、書の題材となっている。

またこの戦争は日本が初めて戦った近代戦であり、第一次世界大戦に先立って機関銃の洗礼を受けている。当時の日本軍の軍服は黒地であり、赤土山ではさぞ目立ったことだろうと思う。おまけに白ダスキ隊という決死隊を募って切り込み作戦を行ったのであるが、黒い軍服に白ダスキではまるで「ここを撃ってください」と言わんばかりである。そんなことも想像できないほど当時の日本人は純朴であったのだろう。

「国のために命を捧げる」精神を、双手を挙げて讃える気はないが、現在の日本という国がそうした先人の献身の上に成り立ったものであることを、私たちはしっかりと記憶しておかなくてはならないと思っている。

この訪問記の終わりに、日露戦争後、東郷平八郎司令長官によって読まれた連合艦隊解散の辞（秋山真之参謀起草）の抜粋でしめくくりたい。

百発百中の一砲、
能く百発一中の敵砲百門に対抗し得るを覚らば、
我等軍人は主として武力を
形而上に求めざるべからず。

惟《おも》ふに武人の一生は連綿不断の戦争にして、
時の平戦に由り其の責務に軽重あるの理《ことわり》なし。
事有れば武力を発揮し、事無ければ之を修養し、
終始一貫その本分を尽《つく》さんのみ。

神明はただ平素の鍛錬に力《つと》め、
戦はづして既に勝てる者に勝利の栄冠を授くると同時に、
一勝に満足し治平に安んずる者より直《ただち》に之をうばふ。
古人曰く勝つて兜の緒を締めよと。

東城鉦太郎「三笠艦橋之図」（記念艦「三笠」蔵）

近年になり発見され公表された資料を読むにつけ、日露の戦いに日本が勝てたことがまこと

に不思議に思われる。国力の差に加え、当時の人種間における偏見、今と変わらぬ大国間のパワーゲーム、そうしたものを再検証すればするほど改めて〝天佑神助〟という言葉を想起することになる。

第3回リノベーションスクール@岡崎

2017年
12月16日

新たなまちづくりとにぎわいの創出につながる実証実験である「リノベーションスクール@岡崎」（12月1日～3日）に出席した。このプロジェクトは学生を含む、まちづくりに関心を持っている方たちにチーム（ユニット）を組んでもらい、具体的なアイデアを提案して頂く試みであり、今回で第3回目を迎えた。これまでもすばらしい提案がいくつも生まれ、「岡崎家守構想」（地主・家主から土地・建物を借り受け利益を生む運用や、質の高いビジネスを民間事業者に指導するシステム）に掲げる家守を通じて、乙川リバーフロント地区にいくつもの出店が実現し、まちの活性化に効果を発揮している。

今回は15人の参加者をA、B、二つのユニットに分けて、具体的な駐車場、空きビルを使って効果的な利用方法を自ら考え出し、その事業計画を物件オーナーや市民の前で発表（プレゼンテーション）してもらうものである。市民対話集会で頂く意見や、時にプロの議員の発言においてでさえ、個人的な思いや自分の趣味的願望（失礼！）かと思われるような、法律や行政（国・県・市）の仕組み、採算性を無視した提案がみられることがある。しかしここではそうした提案は、専門家（大学・研究所の先生方、都市計画・まちづくりのプランナー、全国の実践者）の厳しい評価を受けることとなる。

ユニットAのチーム（7名）は、籠田町にある駐車場が個人所有の土地に小分割された非効率的なものである現状に着目し、これを一括管理するプランを立てた。壁やフェンスをとり除き、大区画の駐車場として効率運用することで駐車台数を増やし、さらに余剰地を活用して、ユニークな露店を運用したり、立体的なオープン・カフェを展開したりして、まちの活性化をめざし、そこから利益を生み出そうとするものであった。

ユニットBのチーム（8名）は、連尺通りに面した3階建ての古いビルを対象物件とした。京都の町屋のように間口が狭く（3.6メートル）、奥の長い（23メートル）ビルを活用して、民泊的な小ホテルとして再生しようとする試みであった。

1階は、南側がホテルの入口となっており、カウンターの受付がある。ここは夜になるとカウンター・バーも兼ねる場となる。反対側の北口には、近年都市部で好評のコインランドリーと自動販売機によるカフェが併設されることになる。2階と3階は、個々の部屋がそれぞれ木調の部屋、ジャズの部屋、テクノ・ルーム、自然の部屋という個性的なテーマを持った仕様で整備される。3階の部分には管理者の部屋と長期滞在者を想定したテラス庭付きの広い部屋が用意されている。どの部屋もただ泊まるだけではなく、利用者が滞在を楽しめる空間であり、「もう一度岡崎へ行ってみたい」と思わせるリピーターを意識したものとなっている。料金も1泊8000円（長期滞在は別）と良心的な設定である。今後はこうした複合的な要素をもった個性的な施設が増えてくるような気がしている。

事業計画の発表

後の講評において、「地域の活性化というものは一つ流れができると、続いて面白い考えを持った人たちが集まってくるものです」という言葉がスクールマスターの西村浩さんからあり、我が意を得たりと思っている。空き地、空き家が増え、将来さらなる人口減少と高齢化が心配されている地方都市において、こうした知恵を活用した土地・施設の有効活用を進めることが「ものづくり」だけに頼らない、多様な経済の柱を持った「観光産業都市・岡崎」への第一歩となることを確信したものである。

岡崎市の面積、地勢、経済的能力の伸長ということを考えた時、私は将来的には人口50万人位の都市として安定した街にしたいと思っている。現在大都市では時の風による「大衆扇動型の選挙・政治」が主流となっているが、そうした政治は揺れ幅が大きいものの、実りの少ない結果を招くことになりがちである。しっかりと地域住民との対話を重ね、「顔の見える民主主義」を行っていくためには50万人くらいが適正人口であろうと思う。

皆さんの取り組みが花開き、さらに街に賑わいが生まれ、そしてこうしたリノベーションの輪が全国に広がってゆくことを期待している。

一人暮らしと犬猫について

2018年
1月15日

昨年8月下旬に始まった犬猫との共同生活もこれで4か月を経過することとなる。

「60代になってからの男の一人暮らしはつらい」とよく言われるものであるが、借家の御近所さんは皆親切な人ばかりで、いたって快適な「ハッピー・シングルライフ」が継続中である。

家内は、私が仕事が終われば、出産のため帰っている娘と一緒にいるマンションに食事に来て、それから犬猫のいる所へ戻るものと思っていたらしいが、未だ一度もそんなことをしたことはない（第一めんどうくさい！）。

「誰か他に食事を作る人でもできたか？」と思ったのか、家内はときおり偵察に立ち寄っていたが、全くその気配が無いとわかるとピタリと来なくなった。

もっとも、来なくなった一番の理由は、飼ってから3年間息子か嫁さんとしか散歩に行かなかった犬のアミが「このオッさんと出かけないと散歩に行けない」と悟ったせいか、今では毎晩私と散歩するようになったからである。コンビニで肉まんを購入し、手で受け取った時に感じるあの温かさとやわらかさに似た犬の落とし物も毎日キチンと回収している。アミの前に飼っていた歴代の犬の散歩は元々私が行っていたことであり、「ようやく元のライフスタイルに戻れた」ともいえる。

私と散歩に行くようになったアミ

先日、某新聞を読んでいたら「ペットの数、猫が逆転」という記事を見かけた。その理由として「犬はしつけ・散歩が負担となり、猫の方が楽」ということが書いてあったが、私は「とんでもない心得違いである」と思っている。

犬でも猫でも、一度飼うことを決めたならば家族の一員

ピーコ

プースケ

トラオ

として人と同じように愛情と気配りが必要になる。もっとも彼らは文句を言わないし、口答えもしない点、人間より楽であると言えるかもしれない。

それでも猫は1日何回もトイレの掃除が必要であるし、魚の缶詰めのエサはくさりやすいので、1日3回に小分けして与えなくてはならない。猫はことのほかキレイ好きであり、トイレが汚いと外で用を足すことがあるためトイレの掃除は欠かすことができない。水の飲み方もさまざまである。水道の蛇口から流れる水を飲みたがる猫(トラオ)、自分の前足ですくって飲む猫（プースケ）、自分専用の水オケからしか飲もうとしない猫（ピーコ）と実に個性的だ。

2匹のオス猫は先を争ってエサを食べるのであるが、お姫様ネコのピーコはいたってめんどうくさいヤツである。一匹だけ離れた所にいて、ジーっとこちらの様子を眺めており、彼女だけの特別食（オスのモノより高級）を運んで来るのを待っているのだ。しかも一度で食べずに途中で毛づくろいをしながらゆっくり食べるため、先に自分の分を食べ終えたオス猫たちに横取りされてしまうことになる。そのためピーコの食事中はボディガード役もつとめなくてはならない。こういう癖をつけた娘が悪いのであるが、今となっては致し方ない。

犬というのは、呼べば飛んで来る、忠実で身近な友だちといえるが、猫は自分が気が向かなければ呼んでも来ないワガママ者である。しかし不思議なことに、こちらが仕事がはかどらず沈んだ顔をしていたり、疲れて横になっていたりすると、いつの間にか横に来て体をくっつけたりする。まるで人の心のスキ間に入りこんでくる妖精のようなところがあるのが猫の魅力なのかもしれない。

先に猫は文句を言わないと書いたが、エサが足りなかったり、トイレが汚れたままだったりすると夜中に起こしに来ることがある。また、まれに耳元に顔を寄せてきてワケのわからないことをゴニョゴニョと猫語（?）でうなることがある。呼んでも無視していたくせに、朝起きてみると枕元や足元で丸くなって眠っているのも猫のカワイイところである。

そんな猫のイメージのせいか、昨今空前の猫ブームであるという。私は逆にそのことを心配している。ブームには必ず反動があり、カワイイはずの猫がワガママ者であり、意外に手のかかる動物であることがわかった時に、また捨て猫や虐待が増えるのではないかと危惧している。いちばん身勝手なのはそうした人間であるからだ。

猫を飼うためにはエサを与えるだけでなく、避妊対策をし、トイレの世話をし、室内飼いの場合はいたる所に爪とぎ用のセットを配置しておかなくてはならない。玄関、お勝手、部屋と部屋の境目の柱がムキ出しになっている所など、猫が爪とぎをやりそうな場所に先回りして防御のボードやマットを付けておいた方が良い。それでも猫は人間の思うように行動しない。それが猫である。

犬は悪いことをした時に大きい声で叱れば学習してやらなくなるが、猫は逆に人のいない時に隠れて行ったりする。それが彼らの習性であることを理解しなくてはならない。キチンとエサをやっているのにわざわざ保管場所からエサ袋を引っ張り出してきて散らかしてしまうのも猫であり、叱ってもムダである。こちらが箱の中に仕舞いこんだ方が利口というものである。

多頭飼いをする場合さらにめんどうが増える。相性が悪いと猫同士でケンカをすることがあるので、エサ場やトイレも複数用意する必要があり、それらの管理にけっこう手間がかかる。そうしたことをしっかりと認識した上で飼うべきであることを強調しておきたい。今や単なるペットというより、コンパニオン・アニマル（同伴者）とも呼ばれるようになった犬猫は家族以上の意味を持つ存在であるかもしれない。

話を一人暮らしに戻すと、気楽な一人暮らしが良いといえるのは、健康で、自分一人で何でも処理できた上でのことである。病気で寝たきりになってしまえば、ぜいたくは言えず施設で人様のお世話になるしかないのである。
そのため私も食事や運動を含め健康管理に十二分に気をつけている。決して政府の医療費削減政策の片棒をかついで言うわけではないが、「健康であってこその長寿であり、幸せである」と考えるからである。

欧米でも一人暮らしの老人は多いが、そのことを日本のようにマイナスにばかりとらえてはいない。「自分らしい生き方」を希求すれば、それは結局一人暮らしに行き着くからである。子どもには子どもの家庭があり、その家にはそこのルールがある。夫婦といってもいずれどちらかが先立つのである。私は今まさに未来の予行演習をしていると言える。

ゴミの収集箱の中に捨てられていた子猫

順調に育ち、柚《ゆず》と名付けられた

ところで昨年こんなことがあった。妹の家で突然子猫を飼うことになったのであるが、何とその猫はゴミの収集箱の中に捨てられていたという。そのままでは焼却場で生きたまま焼かれるところであった。運良く妹の亭主が泣き声に気がついて救い出したのである。

私は自分を信心深い人間だといえる自信はないが、生き物に対してこうした無慈悲な扱いをする人間は決して良い死に方をしないであろうことを確信している。そうした行いをする人間はそういう運命（因縁）を自ら引き寄せていると感じるからである。

いずれにせよどんな動物であっても、生あるモノは大切にしたいものである。

新恐竜と東公園の将来について

2018年
3月5日

トリケラトプスの親子

東公園に待望の第二弾の恐竜たちが登場した。長さ9メートル、高さ3.6メートルの親のトリケラトプス、遊べるスピノサウルス、一緒に写真が撮れる子ども恐竜ベンチ（4基）がこの3月1日（木）に公開された。

4年前、私のアイデアに賛同してくださったある篤志家の方から、最初の恐竜たち（ティラノサウルス、ブラキオサウルス、プテラノドン、子どものトリケラトプス2体）をご寄付頂いた。

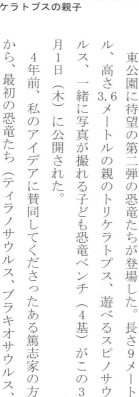

子ども恐竜ベンチ

遊べるスピノサウルス

今回の恐竜たちは同じ篤志家の方から、二期目の私の市政への応援（？）として、再度寄贈いただいたものである。

そもそも恐竜モニュメント導入の発想は、公園法や用地区分などのために利用方法が限定されている雑木林エリアの有効活用にあった。法的制限のため開発も建物の建設もできない土地に、誰も歩いていない遊歩道があるため、その沿線にそって「青空の下、自然の木々に囲まれた環境の中で実物大の恐竜の姿を子どもたちに見せたい」というのが動機であった。かつて私を含む多くの子どもたちが名古屋の東山動物園にあるコンクリート製の恐竜たちに胸おどらせたように、岡崎の子どもたちに、7千万年以上前この地球上にあった壮大な光景をじかに味わってほしいと思ったからである。そうした光景を目にした子どもたちの中から、第二のファーブル、あるいはウォルト・ディズニーや手塚治虫、スティーブン・スピルバーグのような、自然愛と豊かな発想をもった才能が生まれてくることを期待するものである。

恐竜モニュメントの設置は平成26年に決まったが、実際に事業を進めていく中で、いきなり森林の奥に数体の恐竜を分散配置するのではなく「まずは身近な所で多くの市民に認知してもらい、楽しんでもらおう」という担当職員の意見があり、現在の動物園の前庭に配置することとなった。

いずれにせよ5～10年程経てば整備点検の必要もあるため、その折に分解して、森の中の適地にストーリー性のあるジオラマ風の展示を行いたいと考えている。手前ミソではあるが、東公園のように博物館展示レベルの精度の高いリアルな恐竜が屋外の自然の中で、無料で見られる施設は、国内では岡崎だけであると自負している。

そしてまた現在、同時進行で東公園の動物園のリニューアル（施設整備）と新しい動物の導入も検討している。まずは猿舎の移転新築と、鳥舎の新築である。生き物の施設でありながら、ともに手狭で住環境も悪いため、この二つについては順次対応したいと考えている。

次に、新規購入動物として、珍奇で入手困難な動物を狙うのではなく、日本国内、ことに愛知・三河の山野に生息しているイノシシ、シカ、ハクビシン、熊など身近な所にいながら実物を見る機会が少ない動物を、動物愛護の精神の下、岡崎の子どもたちに見せたいと考えている（乙川に住む魚たち、水生生物も含まれる）。他に比較的に入手が容易な動物も候補としている。温帯でも生育できるフンボルト・ペンギンなどは水中の動きを見せることで、子どもたちの人気者となることだろう。

そしてゾウのふじ子も今年で50歳となるため、長期的展望に立ってペアで子ゾウを入手する手立てを講じてゆきたいと思っている（群れで生活する動物は現在、単独で入手することも購入することもできないため）。

50歳になるゾウのふじ子

ゾウ、キリン、ライオン、トラ、ゴリラといった大きな動物園のスター動物の購入は高額な費用を要し、飼育には専門家がいなくてはならず、特別な施設も必要となり、維持管理にもお金がかかる。しかも近年の世界的動物愛護の潮流の中、法的なハードルも高く入手には政治力も重要な要素であるという。

よってそうしたスター動物は、名古屋や豊橋などの大きな動物園に見に行って頂き、岡崎は今後も無料のローカル動物園の路線でいこうと考えている。そうした動物園をめざすなか、無料で見られ、触ることもできるリアルな恐竜は目玉の存在となるだろう。しかもエサは食べないし、特別な施設も飼育係も要らないのである。

また、将来計画として、旧「国治《くにはる》天文台」跡地と周辺のスペースを活用して、以前ブログで書いたように、近年とみに高性能化している機器を用いた新展望台と、プラネタリウム機能を有した多目的映像シアターを開設したいと担当部局と話しているところである。

東公園に行けば、宇宙の誕生から太陽系、地球の形成、恐竜を含めた生命の発達の歴史を総合的に学ぶことができるような施設を造りたいと思っている。その施設を、動物園と動物愛護の精神を伝える「あにも」と連動させて活用してゆきたいものである。

安倍総理夫妻主催スウェーデン国王との晩餐会

2018年
5月8日

4月25日（水）夕刻、東京の赤坂離宮迎賓館にて行われた安倍総理夫妻主催によるスウェーデン国王・カール16世グスタフ殿下及びシルヴィア王妃をお迎えしての晩餐会に出席させて頂いた。

新年度が始まって忙しい日程であったが、今年も総理の〝桜を見る会〟の御案内を頂きながら御無礼していたため、貴重な機会でもあり万難を排して出席することとした。

以前、安倍総理の父上（晋太郎外相）の秘書をしていたころ、随行秘書として訪れたことはあったが、自らが招待客として迎賓館に赴くことは今回が初めてのことであった。

迎賓館は、かつて紀州徳川家の江戸中屋敷があった所に、明治42年（１９０９年）に皇太子の居所として東宮御所（現在は移転）が建てられたものである。建物は、地上二階、地下一階建で、幅１２５メートル、奥行き89メートル、高さ23・2メートルの広大なものである。

明治の高名な建築家・片山東熊《かたやまとうくま》の総指揮の下に、当時の一流の建築家や美術工芸家が総力を挙げて建築した、日本における唯一のネオバロック様式の西洋風宮殿建築である。

戦後、国に移管され、国立国会図書館、内閣法制局、50年前の東京オリンピック組織委員会などに使用されてきた。その後、外国の賓客を国として接待する施設の必要性が高まり、５年の歳月と１０８億円の経費をかけて、昭和49年（１９７４年）に現在の迎賓館・赤坂離宮となった。

開館当時、大学生であった私は、風流人の先輩から期間限定の一般公開があることを知らされて見学の誘いを受けていたのであるが、その頃はそうした素養も建築に対する興味も薄く、断ってしまったのである。そのため、きちんと見るのは今回が初めてのこととなった。

行きに東京駅から乗ったタクシーの運転手さんも、正門から入り、宮殿の入り口に乗り付けたのは初のことであったらしく、到着時に「貴重な経験をさせて頂いてありがとうございました」と感謝されたのはおかしかった。

開館以来、世界各国の国王、大統領、首相など国・公賓の方々がこの迎賓館に宿泊し、歓迎行事をはじめ、首脳会談、要人との会談、晩餐会の開催など、外交活動の舞台として活用されてきている。１９７９年、１９８６年、１９９３年の先進国首脳会議、２００３年、２０１３年の日本・アセアン特別首脳会議など重要な国際会議の場となっている。平成21年（２００９年）には国宝に指定された。

フランスのヴェルサイユ宮殿にも比肩する、このような大理石造りの立派な建物が日本にあることは、国民にとっても一つの誇りである。

荘厳な雰囲気の玄関を抜けて、一階のホールの奥にある待合室に通された。待合室とはいえ、豪華なシャンデリアとギリシャ風の円柱に囲まれた西洋風の大広間である。そこでウェルカム・ドリンクを頂きながら、他の来訪者と挨拶を交わしつつ開会の時を待つのであるが、久しぶりに初対面の女性と英語で話をするのは疲れるものであった。

ほどなく階段を通って二階へと案内されることになった。イタリア製の白い大理石の階段の上に敷かれた朱色のジュータンを踏みながら上階へ上がる折に、左右の壁面の黄土色とベージュの混じった大理石（仏産のルージュ・ド・フランス）や、天井の白と金箔張りの装飾に目を奪われてしまう。

キョロキョロと周りを見渡しながら、ちょっとしたシンデレラ気分（?）のまま、次の「羽衣の間」に通された。ここはフランスのルイ16世様式で造られた部屋であり、館内でももっとも大きな部屋の一つであるそうだ。

「羽衣の間」という名は、謡曲の「羽衣」の景趣が曲面画法によって天井一面に描かれていることによる。天井の3基のシャンデリアは、およそ7000個の部品で組み立てられており、高さは約3メートル、重さはそれぞれ約800キロあるという。壁は楽器や楽譜をあしらった石こうの浮き彫りで飾られている。

赤坂離宮迎賓館「羽衣の間」

この部屋は舞踏会場として設計されたものだそうであるが、現在はレセプションや会議場等に使われている。私たちはここで招待グループごとに振り分けられ、隣の本会場の「花鳥の間」に案内されることとなった。

「花鳥の間」の名は、天井に描かれた36枚の絵や、欄間に張られたコブラン織風の綴織、壁面に飾られた30枚の楕円形の七宝焼きに花や鳥が描かれていることに由来している。

周囲の腰壁は茶褐色の木曽産のシオジ材の板張りであり、その壁の中段を飾る七宝は、日本画家の渡辺省亭《わたなべせいてい》が下絵を描き、明治期の天才七宝焼師である涛川惣助《なみかわそうすけ》が焼いたものだという。

部屋の装飾はアンリ2世様式で、天井には、格子状の区画に、フランス人画家が描いた花卉鳥獣の油絵24枚と、金箔地に模様描きした絵12枚が張り込まれている。この部屋のシャンデリアもフランス製で、重量は迎賓館でいちばん重く、約1125キロあるという。

「花鳥の間」では主に公式の晩餐会が催され、最大約130名の席が設けられる。これまで首脳会談やG7（1986年）にも使われた会場である。

少し説明が長くなったが、あまり紹介される機会も少ないと思い、少々マニアックに詳しく書かせて頂いた。


当日、日本側は40人、スウェーデン側も40人という同人数であり、それぞれに両国の友好通商に何らかの関係のある方々ばかりであった。

私は、いうまでもなく、岡崎市とウッデバラ市が姉妹都市提携50周年という御縁で招待されることとなったのである。ちなみに、40年前に同国王が来日された折には私の父が招かれており、不思議な御縁ではある。

「花鳥の間」に通され、ほどなくして安倍総理ご夫妻と共に国王ご夫妻も入場され、私たちは拍手でお迎えした。開会後の挨拶は総理と国王のお二人だけであった。

安倍総理は、箱根駅伝の創始者であり、明治期の名マラソンランナー・金栗四三《かなくりしそう》氏の逸話を話された。

１９１２年のストックホルムオリンピックに出場した金栗氏は、当時の世界記録保持者であったものの、船と列車で20日間かけて日本から到着したばかりだったことや、大会当日の高温（摂氏40度）と慣れぬ食事や習慣による不調から、日射病により途中退場した。しかし正式な棄権届けが出ていなかったため、当時現地では「消えた日本人」としてニュースになったそうである。

後に、１９６７年のストックホルムオリンピック55周年の式典に、スウェーデンのオリンピック委員会から金栗氏に招待状が送られ、75歳となっていた金栗氏がスーツ姿のまま競技場を走り、ゴールするという粋なセレモニーを行ったという。

安倍総理はそのことを感謝すると共に、金栗氏の記録を「54年８ヶ月５時間32分20秒であった」と紹介して場内に笑いを誘っていた。

挨拶をするスウェーデン国王・カール16世グスタフ殿下

その後「スコール」（乾杯）の声と共に、テーブルごとになごやかに会話が続けられた。私はこの手の正式な国レベルのパーティーの作法がよくわからず、同席しておられた駐スウェーデン大使夫人に「40年前に父が国王と握手している写真が、家に飾ってあることを話しに行ってもいいですか？」と尋ねたところ、困った顔をされていた。はっきり答えて頂けなかったが、相手は仮にも国王である。「イナカの飲み会で、隣のオジさんにちょっとあいさつ」というわけには参らぬようであった。

いずれにしても、左右は外国人となるこうしたパーティーに出席するためには、適した話題をいくつか用意して来ないと苦労することになる。私も話題に困って「サシミは大丈夫ですか？」などというベタな話から始まって、昔留学中に先輩から聞いた、アメリカ中西部に初めて日本人が訪れた時、町の人が生魚を食べるという日本人を歓迎して「ナマズを皿にのせて出した」という話までしてしまった。その時、町の人たちは生の魚をどうやって食べるか窓の外から見ていたそうである。もちろん、昨今日本に来る外国人、ことに本席に招待されるような方々は、サシミに限らず私よりも日本食通の人が多いようである。

それまで録音と思っていたＢＧＭがすべてオーケストラの生演奏であったことを知ったのは、帰る間際のことであった。

50年前、岡崎市は駐日スウェーデン大使館から、本市と同様に花崗岩の上に築かれている都市・ウッデバラ市を紹介された。これがきっかけで昭和43年（１９６８年）９月17日に姉妹都市提携が結ばれ、以来、両市の交流は行政視察や相互訪問などを通じて継続されている。

この５月17日、姉妹都市提携50周年を記念して、ウッデバラ市からアルフ・ギルベリ市長を団長とする使節団と合唱団総勢44人が来岡される。また10月には本市からも使節団を派遣する予定である。

今後も友情の輪を広げていきたいと考えている。

最近はやりの「声なき声」について

2018年
6月13日

「声なき声を聞く」という言葉が再び、各地の議場や街頭演説の決めゼリフの一つとして流行《は　や》っているような気がする。

しかし私のように政治の世界に長く首を突っ込んでいる人間にとって、最近の「声なき声」の言葉の使い方に大きなとまどいと違和感を覚えるものである。

そもそも「声なき声」の語源は英語のサイレント・マジョリティ（Silent Majority）である。元々の意味は「静かなる多数派」「物言わぬ大衆」であり、現状に満足しているか、あるいは大きな不満がないため、あえて声にして意見をしない人々のことである。

ところが現在この言葉を好んで使う人たちの用法は、「自分たちの意見が政治に反映されない人たちの声」という意味で、明らかに誤用である。しかもその実態は「声の大きな少数者」であり、「自分たちの特異な意見に固執するがゆえに多数となりえない異端者の声」を「声なき声」として表現しているケースが多いのである。

かつてアメリカのニクソン大統領が１９６９年11月３日の演説で「グレート・サイレント・マジョリティ」としてこの言葉を使ったことがある。当時私は高校生であったが、ベトナム戦争に反対して過激な活動を行う一部の学生に対し、ニクソン氏が「そうした運動や声高な発言をしない多くのアメリカ国民は決してベトナム戦争に反対していない」という意味でこの言葉を使っていたことを覚えている。実際、その後１９７２年の大統領選挙において、ニクソンは50州中49州で勝利し、圧勝している。

また、日本においても１９６０年（昭和35年）の第1回目の「安保闘争」（日米安全保障条約反対闘争）の折に、当時の岸信介首相（安倍総理のおじいさん）が「国会周辺のデモ隊は騒がしいが、銀座や後楽園球場はいつもどおり人であふれている。私には、そうした〝声なき声〟が聞こえる」と発言して、安保反対運動に参加していない一般の国民のことを「声なき声」として表現している。

「声なき声」の用法としては、本来はこうしたものが正しい使い方である。

とかく政治の現場は声の大きな人々の意見の影響を受ける傾向があるが、必ずしも大きな声が正当な意見、多くの人々の意志を体現しているとは限らない。声だけ大きく遠慮知らずのワガママな意見に辟易しながらも、自らの意見はあえて述べない多くの人々がいるということをもっと冷静に考えるべきではないかと思っている。

そしてさらに気になるのは、これは以前指摘したことでもあるが、TVや新聞で「この件に関して市民は……」といった書き出しで登場する人物及びその意見が、とても一般市民の代表的な考えとは思えないものが目につく点である。

その地域では有名な特殊政治集団の活動家や、何事にも文句を言うことが生きがいのような「地元の困ったちゃん」、はたまたモノゴトの本質を全く理解していないと思われる第三者の声が〝市民の声〟として紹介されることがあるのである。まるで誰かによって意図的に選別され編集された発言を、〝市民の声〟というオブラートに包んで一般的に広めようとする隠された意志の存在が感じられるのである。

事実を平穏に伝えるのではなく、あえて平地に乱を喚起するかのような報道姿勢がうかがえることがある。世の中には未だに社会主義を最良と考える人々がいるものであるが、あたかも反権力的な発言や意見を取り上げることが報道の使命であるかの如く勘違いしているマスコミ関係者もいるようである。より中立性が求められる選挙時における報道においてすら、一方的に偏った報道がなされることがある。時に事実を誤認させるようなキャンペーン記事を意図的に流すマスコミもあるのである。例えば犯罪者と特定地域の関係性を必要以上に強調しようとしたりすることもある（これを〝イメージ操作〟と称する）。

最近政府の放送制度改革を一部マスコミが反対している。これまでの規制を緩和して自由な情報発信ができるようになるのであるから結構なことであると思われる。逆にこれまで自分たちの首カセとなっていた建前の中立性がとれるのであるから、この際もっと自由にして欧米のように自社の思想的立場、報道姿勢、支持政党まで公表して堂々と論陣を張った方がよほどスッキリしてわかりやすい。

〝言論の自由の守護者〟を任じる人々が自分たちの考えと異なる意見が出ることに反対するというのもおかしなことである。よほど新たな競争相手の参入を歓迎していないかのようにみえる。

「報道の中立」を建前上の表看板としながら、実際は御都合主義的に偏向報道を行う現在のあり方の方がよほど不健全な姿である。情報提供を多様化して、判断は市民の良識に任せる方がより正しいあり方ではないだろうか？

小中学校67校にエアコン設置（酷暑対策）

2018年
8月2日

「暑い」という言葉が挨拶となるような酷暑が続いている。これまでも暑い夏の年はあったが、今年は格別であり、災害級ともいわれている。隣接市で小学生が亡くなったこともあり、市役所へは連日のように夏の屋外活動、スポーツ大会に関する問い合わせが続いている。

岡崎市においては、長年恒例の「伊賀川の川まつり」も金魚の配布のみとなった。各種スポーツ大会も秋に延期、あるいは中止のやむなきに至った。これまで開催に向けて準備して頂いた皆様には誠に申し訳なく思うが、異常気象の中、子どもたちの命を守るため何とぞ御理解頂きたい。

今年の場合、夏のスポーツである水泳においてすらプールの水温が高温のため競技会が中止されている所さえある。水温が35度を超えると人体に影響があり、プールサイドにおいては地表温度が50度以上にもなることがあるため、体の小さな子どもには影響が大きく、慎重な対応をとらなくてはならない。

私が子どものころ（昭和30年代）は暑い夏といっても、せいぜい32～33度で、そんな日が2、3日続けば必ず夕立が来て清涼感を味わうことができたものである。しかし近年は夕立もなくなり、気温も35度を超えることが常態という異常さである。地球規模の気象サイクルの変動なのか、化石燃料多用による温暖化のせいなのか、またその両方なのか判然としないが、いずれにせよ災害といわれるほどの高温が常態となっている現状を我々は直視しなくてはならないと思うものである。

そしてこの度、これまでも実現に向けて準備をしていた小中学校におけるエアコン設置について、前倒しして実行する方針とした。7月31日（火）、記者会見を開き、市内の小学校47校、中学校20校のすべての普通教室１１９４教室へエアコンを設置することを発表した。

私としては子どもを持つ親御さんたちと同じく、何とか来年の夏までにエアコンの設置を完了させたい思いで一杯であるが、予算的措置は前倒しするとしても、施策推進のための手続き（現地調査、設計、入札、機器の製造、職人の配置等）に時間を要する。これからも早期実現のための努力を払うが、設置完了は平成32年6月となる見込みである。

一般住宅と比べ、小中学校の教室は広く、天井高であり、また窓部が大きいことから外気の影響を受けやすく、壁や天井の断熱材も十分ではない。40人前後の人の発する息や熱で高温化する教室（子どもが40人いると暖房機を使うほどの気温となる）のことを考えると、私が当初考えていた一般家庭用の大型機の転用では出力不足となり、不十分な対応となることが予想される。さらに今年以上の暑さとなれば対応不能となる可能性もある。そのため実施に当たっては、基本どおり業務用の出力の高い機器の設置の方針とすることとなった。

完全実施は平成32年度にズレこむが、当初の計画では33～34年実施であったものであり、最大限前倒しの努力をして今回の決定となった（2年前倒し）。何とぞ御理解ください。

なお、業務用の機器の数をそろえるために新しく造る必要があり、製造に3か月ほどかかる。また今後、各自治体が一斉に設置の方向に動き出すことを考えると、職人の人数をそろえることも難しくなることが予想されるが、市内の業者には市内の仕事を優先してもらうように要請していきたいと考えている。

各学校にも、それぞれの状況に合った工夫をして、31年度の暑さ対策を行ってもらうことを指示している。また災害時の避難所となる各学校の体育館についても、今後の国の支援のあり方をふまえて防災施策の一環としても考えてゆく心づもりでいる。

一度にすべてのことを成し遂げることはできませんが、これから

◆小学校の普通教室・特別教室・その他教室・配膳室、中学校の特別支援学級
→ 2019 年 6 月末までに設置完了

◆中学校の普通教室（特別支援学級を除く）・特別教室・その他教室・配膳室
→ 2019 年 12 月末までに設置完了

◆エアコン設置の教室数
→対象を普通教室以外にも広げ、総計 1,779 教室に設置

も岡崎市としては精一杯の努力をして参りたいと思いますので、何とぞよろしくお願い致します。

追記

当初は従来どおりの発注形式での設計及び工事を行う予定であったが、近隣自治体などが今後一斉に設置をめざすことが予想されることから、ＰＦＩ事業により施工者と契約をし、設置完了時期をさらに前倒しすることを８月20日（月）に発表した。主な変更点は前頁のとおりである。

ルーツ・オブ・カワイイ、内藤ルネ

2018年
9月12日

岡崎生まれであり、今日の「カワイイ文化」の生みの親といわれるのが、内藤ルネ氏（1932～2007）である。彼のイラスト作品を見たことがあっても本人のことをよく知らない人の中には、内藤氏を女性だと思っている人も多い。

内藤氏は本名を内藤功《いさお》といい、羽根町の八百屋さんの息子として誕生し、小中学校時代にはクラスの人気者であったという。

アーチスト名のルネは、フランスの代表的な映画監督ルネ・クレマン（アラン・ドロン主演の１９６０年の映画『太陽がいっぱい』の作者）の名に由来している。

私は、同時代のイタリアのルキノ・ヴィスコンティやフェデリコ・フェリーニ、フランスのフランソワ・トリュフォーなどの映画が好きで、ルネ・クレマンのものも含め、20本ほどこの時代のＤＶＤのコレクションを持っている。当時、新時代の青春像として登場して来たのがアラン・ドロンやジャン＝ポール・ベルモンドたちであったが、今や彼らも80歳代となっていることに時の移ろいの無情さを感じるものである。

ルネ氏が岡崎出身であることを知ったのは市長になってからのことである。しかし、子ども時代に妹のオモチャ箱や洋服ダンスにルネ氏のイチゴや花のシールが貼ってあったことをはっきり覚えている。また彼の描く、目が大きくお洒落な服を着た女の子の絵は今も子どものぬり絵などにも影響を与えているようだ。

私の生まれた１９５０年代において、すでに内藤氏はイラストレーターとして世に出ており、一時代を画す活躍を始めている。大学生のころ、本屋で何気なく『薔薇族《ばらぞく》』という雑誌を手にとったことがある。購入はしなかったものの、見慣れぬ感じと不思議な情感を漂わせたバラの花を持つ青年の絵に目が止まったのである。

半世紀近く経った今日も時代に変わらぬ新鮮さを保ち、「ルネガール」や「ルネパンダ」が愛好され、さまざまな分野において内藤ルネ氏の生み出した世界の影響を受けて活躍している人が多いことに驚かされるものである。

８月１日～12日の期間、イオンモール岡崎店の３階で「内藤ルネ展」が開催された。初日のオープニング・セレモニーに招かれた折に改めて内藤氏の作品をじっくり見せて頂くことができた。

「内藤ルネ展」での作品　©R.S.H/RUNE

当日会場には、私と同年輩と思われる、かつて少女であった多くの女性が家族やお孫さんたちと訪れていた。今回の展示は若者や子どもさんの来場が考慮されたのか、明るい基調の作品が多かった。

個人的趣味として私は、ヨーロッパで疑似品も出回っているという、イギリスの衛兵やパリの警察官、キュートな海賊などを陶器の人形で表現した〝シャルマン・トリオ・シリーズ〟が好きである。また、少しダークで大人の哀愁を秘めた〝ゴシック&ロリータ〃などの作品も好みである。

これらの作品を岡崎市のオミヤゲの一つとしてぜひアピールしていきたいものと考えている。そのために康生でルネ・ショップが出店できないものかと思っている。

また、余談になるがパンダの尾は白色なのであるが、１９７０年代に「ルネパンダ」の尾が黒く描かれたため、多くの人が今も黒い尾っぽを描くようになっていることも面白い現象である。

私も帰りがけに孫娘のためにルネパンダのキーホルダーとマグカップを買った。このように思わず買いたくなるカワイらしさも、岡崎の新たなオミヤゲとして有効であると思うものである。

おわりに

改めて振り返ってみて、よくブログを本にするところまで来たものだと思っている。そもそもブログを始めたのも、市長選挙前に私のホームページを見た地元市議の青年部の一人から「今の形ではダメだ」と言われ、構成から文体まで見直したことがきっかけだった。

文章を書くことは決して嫌いではなかったが、これまで足掛け7年にわたり途切れることなく続けてくることができたことに自分でも感心している。私としては、仕事を行う中で考えたことや日々折々の感想を率直に綴ってきただけのことであるが、タウン誌「リバ！」に転載していたところ、「あんたの文章面白いから本にしたらどうか」と言われ今回の出版に至った次第である。

人に言われてから動いているようで、何とも主体性が無いようにも思えるが、それだけ柔軟に人の意見を採り入れてきたともいえる。とかく人生は、不退転の決意よりも柔軟にさまざまな考えを受け入れた方がうまく運ぶものではないかと思っている。

かつて県議会議員時代に『多岐亡羊《たきぼうよう》』（1994年）という本を出した。私にとって2冊目となるこの本が人生の一つの道標となり、市政の報告書となれば幸いである。

内田康宏（うちだ　やすひろ）

一九五二年十二月二十三日、愛知県岡崎市東康生に生まれる。

岡崎市立連尺小学校、城北中学校、愛知県立岡崎北高校、日本大学法学部政治経済学科卒業。

インディアナ州立大学に入学し、政治学を専攻。

衆議院議員安倍晋太郎先生の秘書を経て、一九八七年、自民党最年少議員として愛知県議会議員に初当選（三十四歳）。

以後七期連続当選。その間、県議会副議長、議長を歴任。

二〇一二年十月二十一日、岡崎市長選挙に初当選。

二〇一六年、岡崎市長に二期目の当選。

座右の銘は「我が志によって立ち、我が旗のもとに倒れる、もって悔いなし」

写真協力　岡崎市
編集協力　梅村　寧
装丁・口絵デザイン　小寺　剛（リンドバーグ）

夢ある新しい岡崎へ

２０１８年10月29日　初版第１刷　発行

著　者　内田康宏
発行者　ゆいぽおと
〒４６１-０００１
名古屋市東区泉一丁目15-23
電話　０５２（９５５）８０４６
ファクシミリ　０５２（９５５）８０４７
http://www.yuiport.co.jp/

発行所　ＫＴＣ中央出版
〒１１１-００５１
東京都台東区蔵前二丁目14-14

印刷・製本　モリモト印刷株式会社

内容に関するお問い合わせ、ご注文などは、すべて右記ゆいぽおとまでお願いします。

乱丁、落丁本はお取り替えいたします。

ISBN978-4-87758-474-0 C0095
JASRAC 出 1810853-801